JOHANNES FIEBAG

Die Anderen

JOHANNES FIEBAG

Die Anderen

Begegnungen mit einer
außerirdischen Intelligenz

Mit 24 Farbfotos und
44 Zeichnungen

HERBIG

Bildnachweis

Fotos: Archiv Autor: 4, 5, 6, 7, 8, 9, 10, 13, 14, 17, 18, 19, 21, 23
MUFON: 1
NASA: 2, 20, 22 (NASA/DLR)
Aquamarin-Verlag: 3, 16
Kirche Jesu Christi der Heiligen der letzten Tage: 11, 12
Syndication International Ltd.: 15
Solar Wind Ltd.: 24
Zeichnungen: Alle Zeichnungen Archiv Autor, teilweise unter Verwendung der
beim Bild angegebenen Quellen

Vor- und Nachsatz: Der Steinkreis von Stonehenge – Datenträger einer extraterrestrischen Intelligenz? Wurden hier schon vor Jahrtausenden in der geometrisch-mathematisch ausgerichteten Anlage Informationen über ferne Sterne, über einen seltsamen Himmelskörper in unserem Sonnensystem und damit über die Anwesenheit uns fremder, außerirdischer Wesen gespeichert?

1. Auflage März 1993
2. Auflage April 1993

© 1993 F. A. Herbig Verlagsbuchhandlung GmbH, München
Alle Rechte vorbehalten
Umschlagentwurf: Wolfgang Heinzel
Umschlagbild: Wolf Schumacher, München
Satz: FotoSatz Pfeifer GmbH, Gräfelfing
Gesetzt aus der 11/13 Punkt Sabon auf Linotron 300
Druck: Jos. C. Huber KG, Dießen
Binden: Großbuchbinderei Monheim
Printed in Germany 1993
ISBN 3-7766-1771-3

»In einem fremdartigen Sinn ist dies
ein partizipierendes Universum.
Was wir gewohnt sind, ›physikalische Realität‹ zu nennen,
scheint nur eine Papiermaché-Konstruktion
unserer Imagination zu sein,
angehäuft zwischen den eisernen Säulen unserer
Beobachtungen.
Diese Beobachtungen konstituieren die einzige Realität.
Bis wir erkennen, warum das Universum
auf diese Weise gebaut ist,
werden wir nicht das Wichtigste darüber verstehen.
Wir werden erst verstehen, wie einfach das Universum ist,
wenn wir erkennen, wie fremdartig es ist.«

John Wheeler

»Ich wünsche mir, daß wir mehr und mehr das Vertrauen
verlieren in das, was wir
zu glauben meinen,
und das, was wir für sicher halten,
damit wir immer wieder
daran erinnert werden, daß es noch ein
Unendliches zu entdecken gibt.«

Antoni Tàpies

Für Gertrud,
Tobias
und Daniel

Inhalt

I	Auftakt	9
	Der »Fall des Jahrhunderts«	
II	Nächtliche Begegnung	15
	Die leuchtenden Riesen am Bodensee	
III	Panoptikum des Schreckens	27
	UFO-Insassen heute	
IV	In einem Land vor unserer Zeit	55
	Feen und Elfen, Zwerge und Gnome, Incubi und Succubi	
V	»Gar schröckliche Zeichen«	85
	Schlachten am Himmel und andere Wunder	
VI	Magonia	107
	UFO-Entführungen im Mittelalter	
VII	Auf den Schwingen der Nacht	133
	Das Luftschiff-Phänomen	
VIII	Besucher aus dem Nirgendwo	161
	Wer waren die »Herren der Lüfte«?	
IX	Traum-Schiffe	183
	Mysteriöse Abstürze – damals und heute	
X	Kuriositäten	213
	Yetis, Bigfoots, Drachenmänner… und andere unmögliche Gestalten	

| XI | Die Reise ins Zentrum . . . . | 241 |

Was passiert bei »UFO-Entführungen«?

| XII | Absurditäten . . . . | 271 |

Wer lügt: der Beobachter oder der Beobachtete?

| XIII | Mimikry . . . . | 297 |

Das Wirken einer außerirdischen Intelligenz

| XIV | Anhang . . . . | 319 |

Danksagung 320 Gespräch mit Rima
Laibow 322 Empfehlenswerte Organisationen
und Zeitschriften 330 Literatur 334
Personenregister 345 Sachregister 348
Ortsregister und astronomische Begriffe 352

I

Auftakt

Der »Fall des Jahrhunderts«

Manhattan, New York, 30. Oktober 1989: Die 35-jährige Linda Cortile schläft ruhig in ihrer Wohnung im zwölften Stock eines Hochhauses. Neben ihr liegt ihr Mann, im Zimmer gegenüber ihre beiden Söhne.

Um drei Uhr morgens geschieht das Unfaßbare: Linda Cortile erwacht, aber sie kann sich nicht bewegen. Sie ist wie gelähmt. Doch das ist noch nicht einmal das Schlimmste. Zu ihrem Entsetzen muß sie beobachten, wie drei kleine graue Wesen mit großen Köpfen und schwarzen, schrägstehenden Augen das Zimmer betreten. Ihr Mann neben ihr rührt sich nicht. Frau Cortile hat Angst um ihre Kinder. Was passiert mit ihnen, was passiert mit ihr?

Die drei Wesen berühren sie. Sie beginnt zu schweben. In einer embryonalen Haltung, völlig zusammengerollt, gleitet sie aus dem Bett. Und dann fliegt sie, zusammen mit den schweigenden Gestalten, *durch das geschlossene Fenster* nach draußen. Ein blauer Lichtstrahl erfaßt die vier ungleichen Wesen, die Frau und die grauen Zwerge aus einer anderen Welt. Sie werden nach oben gezogen. Dort, über dem Haus, schwebt eine grelle Scheibe. Die vier gleiten hinein.

Nur noch vage kann sich Linda Cortile später an das erinnern, was an Bord dieser Scheibe geschah: *Sie liegt auf einem Tisch. – Seltsame Apparaturen um sie. – Grelles Licht. – Die merkwürdigen Wesen. – Keinerlei Anteilnahme, völlige Emotionslosigkeit. – Etwas bohrt sich in ihre Nase. – In ihrem Kopf eine Explosion aus Schmerz.*
Dann ist sie wieder zurück. Liegt in ihrem Bett, schlägt die Augen auf. Sie rüttelt an ihrem Mann, aber er bewegt sich nicht. Die Kinder, was ist mit den Kindern?
Linda Cortile rennt hinüber ins Zimmer ihrer Söhne. Auch sie liegen starr in ihren Betten, ohne jegliche Regung. Frau Cortile ist wie geschockt. Sind sie alle tot?

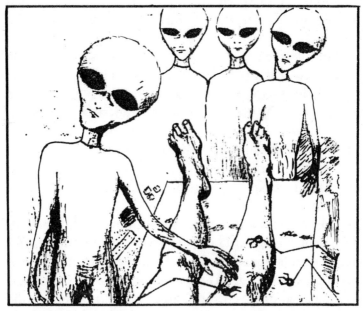

So wie auf diesem Bild soll auch Linda Cortile an Bord eines UFOs untersucht worden sein. Kleine, grauhäutige Fremde entführten sie aus ihrer Wohnung in New York – ein Vorgang, der von mehreren unabhängigen Zeugen beobachtet wurde.

Dann, wie auf ein unhörbares Kommando, nach Sekunden schrecklichster Pein, beginnen sie wieder zu atmen. Sie fallen aus ihrer todesähnlichen Starre zurück in einen normalen, tiefen Schlaf.

Am nächsten Morgen telefoniert Linda Cortile mit Budd Hopkins. Er ist einer der bekanntesten UFO-Forscher Amerikas. Sie erzählt, was in dieser Nacht vorgefallen ist und läßt sich noch am gleichen Tag unter Hypnose in die schreckliche Situation dieser Nacht zurückführen.

Es war nicht Lindas erste Verschleppung in ein UFO, es sollte auch nicht ihre letzte sein. Ereignisse wie diese häufen sich. Nach neuesten Schätzungen, die auf einer vom berühmten *Massachusetts Institute of Technology* veranstalteten Konferenz zum Entführungs-Syndrom bekanntgegeben wurden, kann die Gesamtzahl allein jener US-Amerikaner, die glauben, in ein UFO entführt worden zu sein, inzwischen auf bis zu 3,7 Millionen geschätzt werden. Eine unglaubliche Zahl!

Und der Fall Linda Cortile? Er hatte eine nicht minder unglaubliche Fortsetzung.

Ein halbes Jahr nach ihrer Entführung erhält Budd Hopkins einen Brief. Absender: zwei Sicherheitsbeamte. Inhalt des Schreibens: Sie hätten am Morgen des 30. Oktober 1989 etwas Haarsträubendes beobachtet, etwas, das sie nicht einordnen könnten und das sie nun ihm, dem bekannten UFO-Forscher gegenüber, endlich einmal loswerden müßten.

Die beiden hatten einen hochrangigen Politiker im Auto. Sie fuhren ihn gerade zum Hubschrauberlandeplatz der UNO in New York, als der Motor ausging. Nicht nur ihr Motor, auch die Motoren anderer Autos auf der Brooklyn-Brücke gegenüber. Einer der Beamten schaute zufällig hinauf zum Himmel. Und was er dort sah, verschlug ihm die Sprache.

Über einem zwölfstöckigen Hochhaus schwebt, in bläuliches Licht getaucht, ein kreisrundes UFO. Auch sein Kollege und der Politiker sehen das Objekt. Sie holen einen Feldstecher aus dem Kofferraum. Kein Zweifel, da steht dieses riesige Ding mitten über der Straße. Kein Zweifel auch: irgend etwas bahnt sich dort oben an, irgend etwas geht dort vor...

Und dann geschieht es. Fast können sie ihren eigenen Augen nicht trauen, aber aus einem der Fenster im zwölften Stockwerk schweben plötzlich eine zusammengekrümmte Frau, bekleidet nur mit einem weißen Nachthemd, und »drei der häßlichsten Wesen, die wir je gesehen haben«. Einer gleitet voran, die zwei anderen folgen der Frau. Mit dem Fernglas können sie genau erkennen, wie die Gruppe von einem blauen Lichtstrahl erfaßt wird und dann innerhalb von Sekunden in dem UFO verschwindet. Lautlos schießt die Scheibe nach oben und rast davon. Dann stoppt sie, sinkt nach unten und taucht in den nahen Hudson-River ein. Nur für kurze Zeit deuten noch ringförmige Wellen und Turbulenzen auf das ungewöhnliche Geschehen. Keiner der Zeugen ist dabei, als die Scheibe sich Stunden später wieder aus den Fluten des Flusses erhebt.

Nur ein paar Wochen später erhält Hopkins einen weiteren Brief: von einer Frau, deren Auto auf der nahen Brooklyn-Brücke stehengeblieben war und die die Entführung ganz genauso mit angesehen hatte. Die Zeugen kannten sich untereinander nicht, sie kannten auch nicht Linda Cortile. Sie alle aber waren, unabhängig und jeder für sich, in ein geradezu atemberaubendes, unglaubliches Geschehen verwickelt.

Und noch einen bizarren Aspekt enthält dieser Fall: In der Hypnoserückführung erinnerte sich Linda Cortile, in jener Nacht ein Implantat in den Nasenansatz eingepflanzt bekommen zu haben, etwas wie eine Sonde, die man ihr unter höllischen Schmerzen durch das linke Nasenloch nach oben getrieben hatte. Noch am gleichen Tag ließ sie eine Röntgenaufnahme machen. Das Unwahrscheinliche wurde zur Gewißheit: Ein kleines zylinderförmiges Objekt steckte im Kopf von Linda Cortile. Nicht lange allerdings. Denn nur ein paar Tage später kamen ihre grauen Entführer erneut. Wieder holten sie sie in das UFO, wieder legten sie sie auf den Tisch. Und zogen ihr das Implantat aus der Nase.

Aber das Röntgenbild existiert. Die Protokolle der Hypnoserückführungen existieren. Die Aussagen der Sicherheitsbeamten existieren, die Bestätigung der Augenzeugin von der Brooklyn-Brücke existiert, ihre Zeichnungen des Ereignisses existieren. Und es existiert ein bislang anonym gebliebener hochrangiger Politiker, der all das mit angesehen hat.

Wer? Inzwischen kocht die Gerüchteküche. Aber es deutet sich an, daß dieser Politiker vermutlich niemand anderes war als Perez de Cuellar, der damalige Generalsekretär der UNO selbst. Ausgerechnet der amerikanische UFO-Erzskeptiker Phill Klass, seit Jahren damit beschäftigt, gegen UFO-Sichtungen jeglicher Couleur zu polemisieren, scheint dies aufgedeckt zu haben. Er wollte den Fall nach Bekanntwerden rasch widerlegen – und stieß auf diesen interessanten Aspekt. Fast könnte man vermuten, das ganze Ereignis sei nur inszeniert worden, *damit* Perez de Cuellar es sieht.

Am 11. Juli 1992 präsentierte Budd Hopkins auf dem Internationalen Symposium der größten weltweit arbeitenden UFO-Forschungsorganisation, der MUFON (Mutual UFO Network) in Albuquerque (New Mexico) den Fall, der noch längst nicht abgeschlossen erscheint (Im

Original veröffentlicht von Budd Hopkins: *The Linda Cortile Abduction Case,* Mufon UFO Journal, 293, S. 12–16, Seguin, Texas 1992). Die Versammelten, meist Wissenschaftler und Ingenieure, sind selbst UFO-Forscher und seit langem mit den seltsamsten Ereignissen konfrontiert. Doch Derartiges hatten auch sie nicht erwartet. Kein Wunder, daß man schnell vom »Fall des Jahrhunderts« sprach.

Was geschieht in diesen Tagen auf unserer Welt? Was geschah am 30. Oktober 1989 in New York? Was passiert seit Jahrhunderten, seit Jahrtausenden wieder und immer wieder?

Gibt es eine Antwort auf all diese Fragen...?

II

Nächtliche Begegnung

Die leuchtenden Riesen am Bodensee

Es war wie in einem Grusel-Film!« Der junge Mann, der mir gegenüber am Tisch saß, fühlte sich sichtlich unwohl. »Bislang habe ich diese Geschichte niemandem erzählt. Niemand würde sie mir glauben. Manchmal kommt es mir vor wie ein Horrortrip, wie etwas völlig Irreales – aber dann wieder... All die Dinge, die danach geschahen. Die mich noch heute beeinflussen...«
Jürgen Rieder ist ein eher unscheinbarer, manchmal etwas hektisch wirkender Mann Anfang dreißig. Wir hatten uns über ein gemeinsames Wirkungsfeld kennengelernt: die Arbeit mit Computerprogrammen. Jürgen erwies sich mir gegenüber rasch als Spezialist in Sachen elektronischer Datenverarbeitung und künstlicher Intelligenz – ein wahres Genie, wenn es darum ging, vertrackte Probleme im Programmieren oder mit der Hardware selbst, dem Computer, zu lösen.
»Jetzt mal ganz ruhig und von Anfang an. Was geschah denn nun damals – ich meine: worin bestand dieses unglaubliche Erlebnis?« Ich wußte, daß ich Jürgen nicht überfordern durfte. Es war das erste Mal, daß er mit einem anderen Menschen über jenes Ereignis redete, ein Ereignis, das ihn all die Jahre danach nicht mehr losgelassen und seinen Werdegang bestimmt hatte.

Die Unsicherheit in Jürgens Bewegungen nahm eher noch zu, die Worte kamen nur noch flüsternd über seine Lippen. Es war ihm anzumerken, daß es um ein fundamentales, existentielles Problem in seinem Leben ging.

»Damals, ich war 16 Jahre alt, lebte ich mit meinen Eltern in der Nähe des Bodensees. Ich kann mich gut an diese Nacht im Februar 1975 erinnern. Es war sehr kalt, der Himmel tiefschwarz, wolkenverhangen. Irgendwann gegen Mitternacht läutete das Telefon. Heiner, mein bester Freund, war dran – und er war wahnsinnig aufgeregt.«

»Warum? Was war geschehen?«

Heiner, gleichalt wie Jürgen, hatte sich Vaters Jagdgewehr aus dem Schrank genommen und war am späten Nachmittag in die nahen Bergwälder geschlichen. Er muß wohl eine große Portion »Anfängerglück« (oder »Pech«) gehabt haben, denn ein Hase war ihm direkt vor die Flinte gelaufen, er hatte abgedrückt und das Tier erlegt. Soweit – so schlecht. Denn unmittelbar darauf vernahm er die zwar noch entfernten, sich aber beständig nähernden Rufe des Försters, der wohl zufällig in der Nähe gewesen und den Schuß gehört haben mußte. Heiner machte, was wohl alle in einer solchen Situation tun würden: Er nahm die Beine in die Hand und lief davon.

Es muß ihm gelungen sein, den Förster abzuschütteln. Noch ganz außer Atem erreichte er jedenfalls eine Telefonzelle und rief Jürgen an. Würde er ihm helfen können?

»Ich bin sofort zu ihm raus«, sagte Jürgen. »Wir hatten einen geheimen Treffpunkt im Wald, nahe eines alten, aufgelassenen Steinbruchs. Heiner zitterte wie Espenlaub, als ich eintraf. Wir diskutierten hin und her, ich riet ihm, sich zu stellen, er wollte nicht. Wir froren. Es war bitterkalt. Und dann geschah es.«

Jürgen blickte sich vorsichtig um, so als fürchte er, unliebsame Mithörer zu haben. Aber wir waren allein, niemand außer uns war im Raum.

»Es war ganz seltsam. Es war so um drei Uhr nachts – im Februar doch eigentlich stockdunkel. Trotzdem hatten wir beide plötzlich das Gefühl, als ob es zu dämmern anfängt. Ja, irgendwie bekam die Luft einen milchigweißen Charakter.« Er zuckte mit den Schultern, als glaubte er sich dafür entschuldigen zu müssen, keine geeigneteren Ausdrucksmöglichkeiten zu haben.

»Aber damit fing alles erst an. Wir schauten uns suchend um, weil wir uns nicht erklären konnten, wieso es plötzlich hell werden sollte. Und dann sahen wir es, beide fast gleichzeitig: Weit entfernt zwischen den Bäumen waren drei Lichter. Sie bewegten sich, fast sah es aus, als tanzten sie, um dann wieder hinter den Bäumen zu verschwinden. Sie mußten noch ziemlich weit weg sein, aber sie kamen näher. Das war uns sofort klar.«

»Tanzende Lichter zwischen den Bäumen? Vielleicht waren es die Taschenlampen der Polizei oder des Försters.«

»Das dachten wir auch. Wir rannten beide los und versteckten uns hinter den Bäumen. Aber die Lichter kamen näher. Irgendwie müssen sie gewußt haben, wo wir sind, obwohl es so dunkel war.«

Noch immer enthielt Jürgens Geschichte nichts wirklich Außergewöhnliches, nichts, das nach so vielen Jahren seine offenkundige Angst erklären würde. Doch aus Erfahrung wußte ich, daß außergewöhnliche, das normale Alltagsgeschehen sprengende Ereignisse häufig in völlig unvorhergesehenen, »normalen« Situationen über die Menschen hereinbrechen können. Ich war gespannt, was folgen würde.

»Je näher die Lichter kamen, um so mehr hatte ich den

Eindruck, daß es sich nicht um Taschenlampen, sondern um so etwas wie senkrecht stehende Neonleuchtröhren handelte. Es war absolut seltsam. Sie erloschen manchmal und tauchten fast im gleichen Moment an einer anderen Stelle wieder auf. Es war komisch, doch ich hatte jetzt eigentlich keine wirkliche Angst mehr. Heiner wollte mich zurückhalten, er zerrte an meinem Anorak. Aber ich ließ mich nicht beirren: Mir war irgendwann zu diesem Zeitpunkt klar, daß es sich weder um die Polizei noch um den Förster handelte. Ich wollte einfach wissen, was da los war.«

»War das nicht sehr leichtsinnig? Immerhin konntest du nicht ahnen, mit was du dich da anlegst.«

»Im nachhinein – ja. Aber es war ein ganz merkwürdiges Gefühl, das mich plötzlich umgab. Ich weiß auch nicht. Ich trat jedenfalls hinter dem Baum hervor und auf die Lichter zu. Diese hatten angehalten, vielleicht 20 oder 30 Meter von mir entfernt. Und dann sah ich das Seltsamste, was ich in meinem ganzen Leben je gesehen habe.«

Nun war ich doch mächtig neugierig geworden. Ich hatte in all den Jahren, in denen ich mich mit dem Seltsamen, dem Unfaßbaren, dem Phantastischen in unserer »aufgeklärten« Welt und ihrer sich so gern »rational« gebenden Gesellschaft beschäftigte, die merkwürdigsten Geschichten gehört: von Menschen, die im »Nichts« verschwinden, von Begegnungen mit »Außerirdischen«, von Leuten, die fest daran glauben, schon früher einmal gelebt zu haben. Doch die Geschichte, die ich nun zu hören bekommen sollte, sprengte den Rahmen des Üblichen. Sie war – und ist es für mich noch heute – eine der beeindruckendsten Begegnungen mit der Welt des Unbekannten, mit jenem Bereich der Realität, der in den Dämmerzonen unserer High-Tech-Welt schlummert, unerkannt, unsichtbar, unvermutet, nur manchmal ahnungsvoll zur Kenntnis genommen in unseren Träumen und Phantasien.

»Als ich näher kam«, flüsterte Jürgen, und ich spürte, wie seine Stimme dabei zitterte, »sah ich, daß es Gestalten waren, große, sehr große Gestalten, vielleicht drei Meter groß. Das grelle Leuchten kam wie aus ihnen selbst. Am kuriosesten war: Sie saßen in so einer Art fliegendem Sessel. Mit den Händen bedienten sie Hebel, die an ihren Seiten waren. Der Kopf war völlig von einem Helm umschlossen, konturlos, und die obere Hälfte des Helms war hell, die untere dunkel. Gesichter konnte ich keine erkennen. Bei einer der Gestalten glitt der dunkle Bereich des Helms langsam nach oben und kam etwa in Höhe der Stirn zum Stillstand.«

»War für eine solche Beobachtung das Licht nicht viel zu grell?« warf ich ein.

»Nein, irgendwie hatten sie die Helligkeit zurückgefahren. Ich konnte sie jetzt jedenfalls gut erkennen, ohne geblendet zu werden.« Die Gestalten trugen eine Art großen Rucksack, der bis über ihren Kopf geschwungen war, und schwebten auf ihren seltsamen Sesseln etwa zwei Meter über dem Boden. Jürgen konnte beobachten, wie sich genau unterhalb des »Fluggeräts« die Gräser steil nach oben ausrichteten – so, als wirke eine unsichtbare Kraft auf sie ein. Eine der Gestalten befand sich über einem schmalen geschotterten Waldweg, und auch hier begannen die Steinsplitter förmlich zu »tanzen« als der »Sessel« darüberglitt: »Regelrechte Pirouetten drehten sie, und man hörte das klirrend-splitternde Geräusch, als sie so in der Luft umeinandertanzten. Sonst war es fast völlig still. Von den Sesseln kam nur ein ganz leises, tiefes Brummen.«

Begegnungen mit »Außerirdischen« und »Verschleppungen« in gelandete UFOs haben sich – zumindest in den USA – inzwischen zu einem regelrechten »Entführungssyndrom« ausgeweitet. In gewisser Weise »schuld« daran sind die Bucherfolge Whitley Striebers[1, 2] und Budd Hopkins,[3, 4] die das Bewußtsein der Bevölkerung für dieses brisante Thema geöffnet haben. Was sind das: »Entführungen in UFOs«? Die jeweiligen Opfer behaupten, irgendwo auf einer einsamen Landstraße in ihrem Auto angehalten, von meist kleinen, grauhäutigen Wesen mit überdimensionalen Köpfen, großen Augen und einem eher schmächtigen Körper in ein »Raumschiff« gebracht, dort medizinisch und psychologisch untersucht und schließlich wieder freigelassen worden zu sein. Andere seien – wie Linda Cortile – sogar direkt aus ihrer Wohnung entführt, schwebend zu großen Objekten in der Luft geleitet und dort der gleichen mehr oder weniger angenehmen Prozedur unterzogen worden. Am Ende der Entführung hätten die »Außerirdischen« bei den meisten ihrer Opfer eine mentale Sperre installiert, die einen Zeitverlust von etlichen Stunden zur Folge gehabt habe. Oftmals kann nur eine Behandlung unter Hypnose das Geschehen wieder ins Bewußtsein zurückbringen. Wir werden uns noch ausführlich mit derartigen Begegnungen auseinandersetzen.

Doch all die Fälle, die ich bislang kannte, hatten in keiner Weise eine Ähnlichkeit mit jenem, von dem Jürgen mir hier erzählte: drei Meter große leuchtende Riesen auf fliegenden Sesseln, deren »Antriebe« deutliche, physikalisch verifizierbare Wirkungen auf die Umwelt ausübten, waren mir bislang nirgends untergekommen. Aber die ganze Geschichte sollte noch viel seltsamer werden.

»Die drei Gestalten«, erzählte mir Jürgen weiter, und die

Anspannung war ihm dabei ins Gesicht geschrieben, »fixierten mich. Oder ich hatte jedenfalls das Gefühl, daß sie mich mit ihren Blicken fixierten, denn ich sah ihre Augen nicht. Dann setzte sich der rechte von ihnen, der, der über dem Weg geschwebt hatte, in Bewegung und kam auf mich zu. Und das absolut Irrste war: ich konnte mich plötzlich nicht mehr bewegen. Nicht einmal mit den Augen konnte ich noch zwinkern.«

Paralyseerscheinungen bei Menschen und Tieren sind ein häufig berichtetes Phänomen im Umfeld von sogenannten CE-III-Kontakten, »Close-Encounter«- oder Nah-Begegnungen mit Insassen von UFOs. Die Zeugen sind plötzlich nicht mehr in der Lage, sich zu bewegen, sie sind wie auf die Stelle gebannt, unfähig selbst zu einem Kopfnicken oder – wie Jürgen Rieder – zu einem Zwinkern mit den Augen.

»Dieses Ding kam auf mich zu. Ich konnte im Helm mein eigenes Spiegelbild sehen, wie ich dastand, ohne mich zu rühren. Ich sah jetzt auch, daß rechts und links neben dem Helm am Rucksack so etwas wie Facettenaugen waren, vier Stück insgesamt, zwei auf der einen und zwei auf der anderen Seite. Ich hatte den Eindruck, als ob mich von ihnen aus etwas wie ein Laserstrahl völlig durchleuchtet.«

Auch dieses Phänomen ist nicht unbekannt. Manche Zeugen einer Nahbegegnung schildern, sie seien von seltsamen Lichtern durchstrahlt worden, die alles durchdrangen, sogar das Dach ihrer Autos, die eigene Haut, die Knochen.

»Der ganze Körper kribbelte, es tat richtig weh. Irgend etwas zerrte an meiner Haut. Es war, ja, als ob meinem

Körper alles Wasser, alle Flüssigkeit entzogen würde, als ob ich schlagartig austrocknen würde. Mein Kopf dröhnte wie eine Kirchenglocke, ich glaubte, all meine Knochen würden gegeneinandergerieben. Mir war furchtbar heiß, und ich dachte: Verdammt, ich verbrenne, ich sterbe. Es war schrecklich. Nie in meinem Leben habe ich eine solche Angst gehabt wie in diesen Augenblicken.«

»Wie lange hat das gedauert? Wie lange mußtest du das aushalten?«

»Ich weiß es nicht. Es war brutal. Heiner sagte mir, es habe ein paar Minuten gedauert, ich sei von einer Feuerwolke umgeben gewesen. Jedenfalls waren die drei Gestalten plötzlich fort, verschwunden. Puff, einfach weg. Keine Ahnung, wie sie das gemacht haben. Von einer Sekunde zur anderen hatten sie sich aufgelöst.«

Während ich mir Notizen machte, dachte ich daran, daß viele Menschen auf der Welt ähnliche Erlebnisse gehabt hatten – wenn auch keines jenem glich, von dem ich gerade hörte. »Heiner hatte alles mitangesehen?«

»Ja. Er war völlig aus dem Häuschen. Er schlug sich immer wieder die Hände vor den Kopf und rief: Das gibt es nicht! Das gibt es nicht! Komisch, ich konnte mich recht schnell beruhigen, die Schmerzen waren in dem Moment vorbei, als die Gestalten verschwanden und ich mich wieder bewegen konnte. Heiner war noch in den nächsten Tagen völlig fertig. Ich begann, mir Gedanken über die Antriebsweise dieser Sessel zu machen. Seltsam, nicht?«

In der Tat – ein seltsamer Fall. Jürgen Rieder selbst hatte bis zu diesem Zeitpunkt noch keine Parallele zum UFO-Phänomen gezogen. Entführungsberichte kannte er nach eigenem Bekunden nicht, und ich glaube ihm. In all der Zeit, in der wir uns über diesen merkwürdigen Zwischenfall in den Wäldern am Bodensee unterhielten, hatte ich nie den Eindruck, es mit einem Schwindler zu tun zu haben. Hier war jemand, der vor einem großen Rätsel stand, vor einem geradezu unglaublichen Ereignis, das völlig unvermittelt über ihn hereingebrochen war. Jemand, der eine Antwort suchte, eine Antwort, die ihm letztlich niemand würde geben können.

Seit jener Nacht steht Jürgen Rieder wie unter einem Zwang: unter dem Zwang, eine bestimmte, den Gesetzen der Schwerkraft zuwiderlaufende Maschine zu konstruieren. Sogar ein Zeitlimit sei ihm dafür gesetzt worden: bis 1992. Denn dann, so habe er es in Visionen und Träumen immer wieder durchlebt, würde die Welt untergehen.

Auch bezüglich seiner Antigravitationsmaschine wurden die Visionen, die er im Laufe der Jahre hatte, zunehmend konkreter. Anfangs habe er nur ein Dreieck mit rotierenden Wirbeln an den Ecken gesehen. Dieses habe sich dann zu einer Bipyramide gewandelt, in der er schließlich ein eingeschlossenes Siliziumoxyd-Kristall erkannt habe. Spätere Visionen machten ihm deutlich, daß derartige Kristalle oder vergleichbare Kunststoffe – in Paketen übereinandergelegt – bei bestimmten Schwingungszuständen antigravitativ, d.h. die Schwerkraft aufhebend, arbeiten könnten. Oftmals wache er nachts auf und zeichne stundenlang wie besessen verschiedene Modelle durch. Und in gleicher Weise sei auch seine Beschäftigung mit künstlicher Intelligenz zu verstehen.

Ich kann nicht mit letzter Sicherheit sagen, ob Jürgen Rieder wirklich diese Begegnung hatte, ich weiß auch nicht, ob er eines Tages seine Antigravitationsmaschine bauen wird. Sicher ist nur, daß das Jahr 1992 verstrichen ist und unsere Welt immer noch besteht. Unbestritten ist aber auch, daß sich selbst hinsichtlich dieser Visionen sein Fall mit dem zahlreicher anderer deckt: Der Anteil jener in »UFOs« Entführten, jener mit seltsamen mächtigen Wesen in Kontakt Gekommenen, die nach ihrer Begegnung wie unter einem inneren Zwang beginnen, Antigravitationsmaschinen oder ein *perpetuum mobile* zu basteln, geht in die Hunderte. Andere »entdecken« die Formeln für den Weltfrieden oder »erfinden« neue (und doch längst bekannte) chemische Substanzen. Und häufig berichten sie über Prophetien angekündigter, aber nie stattgefundener Weltuntergänge. Jürgen Rieders Erlebnis ist kein klassischer »UFO-Fall«, denn weder hat er noch sein Freund ein UFO gesehen. Aber es ist ein deutlich technologisch geprägtes »Begegnungs-Erlebnis«, wie es Menschen überall auf der Welt erfahren – und in der ein oder anderen Weise seit jeher erfahren haben.

Wir werden auf den folgenden Seiten dieses Buches mit kuriosen und abenteuerlichen, bizarren und wirklich unglaublichen »Begegnungen« konfrontiert werden: mit skurrilen »UFO«-Insassen und Luftschiffahrern, mit solchen, die unsere Vorfahren als Geister oder als Zwerge betrachtet haben, mit Ungeheuern in schottischen Seen und in den Bergwäldern Nordamerikas, mit Göttern, Teufeln und Dämonen. Sind solche Begegnungen nur Einbildungen? Handelt es sich um gestaltgewordene Projektionen des Unterbewußtseins oder des kollektiven Unbewußten der Menschheit selbst? Sind es Hirngespinste, Wahnvorstellungen, krankhafte Phantasien?
Wir werden sehen. Und wir werden eine Entdeckungsreise machen, die uns hinaus in die Tiefen des Universums und hinein in die Welt unserer Seele führen wird. Wir

werden bald bemerken, daß beides auf untrennbare Weise miteinander verbunden ist und daß das, was wir als »Wirklichkeit« betrachten, nur eine Facette ist, ein Ausschnitt, ein von uns wahrgenommenes *Bild* der Welt.

Und schließlich werden auch wir eine *Begegnung* haben: mit jener fremden Intelligenz, die uns seit Anbeginn unserer Geschichte begleitet. Man hat ihr viele Namen gegeben: Früher waren es die Götter und Engel, die Teufel und Dämonen, die Feen und Elfen, heute sind es die »Außerirdischen«, die »Fremden«, die »Besucher«, die »Wächter«. Ich nenne sie einfach *die Anderen*.

Denn etwas ist da, etwas ist um uns. Etwas nimmt Einfluß auf uns. Es konkretisiert sich, wo wir es nicht erwarten. Es lauert in den Wäldern und über einsamen Landstraßen. In Deutschland, in Amerika, überall auf der Welt. Vor allem aber lauert es in uns selbst, ganz tief unten, in den unbekannten Abgründen unserer Seele.

Die Namen und Ortsangaben in diesem Abschnitt wurden verändert. Der Zeuge wünscht absolute Anonymität, und ich habe diesem Wunsche entsprochen.

III

Panoptikum des Schreckens

UFO-Insassen heute

Es gibt sie noch, die Ungeheuer unserer Kindertage, die Gespenster der Vergangenheit. Heute tragen sie Raumanzüge und dunkle Visierklappen vor konturlosen Helmen. Sie reiten nicht mehr auf Besenstielen oder heulen um alte Burgruinen, sie bedienen sich manövrierfähiger Raketensessel und glitzernder Raumschiffe. Sie leben auch nicht mehr in dunklen Höhlen, unter großen Steinen, in verwunschenen Zauberwäldern, sie kommen von weit entfernten Sternen: von der Venus, von Zeta Reticuli, irgendwo aus dem Andromeda-Nebel.

Und doch sind es noch immer die gleichen schrecklichen Wesen. Schrecklich, weil wir sie nicht fassen können, weil sie sich unserem Zugriff entziehen, weil sie dort auftauchen, wo wir sie nicht erwarten. Furchtbar, weil sie Macht haben, Macht, mit uns zu tun, was immer ihnen beliebt. »Es gibt«, so hat der englische Schriftsteller Arthur Machen geglaubt, »rings um uns her Sakramente des Bösen, so wie es Sakramente des Guten gibt, und unser Leben wie unsere Handlungen verlaufen, möchte ich sagen, in einer unheimlichen Welt von Höhlen und Dunkelheiten, die von Schattenbewohnern bevölkert ist.«

Ich weiß nicht, ob diese Wesen im Schatten »gut« oder »böse« sind – jedenfalls im menschlichen Sinne. Sie sind anders, sie sind fremd. Aber sie sind bei uns, seit es uns Menschen gibt, und vielleicht gibt es uns Menschen nur, weil *sie* da sind. Wir haben ihnen im Laufe der Jahrtausende viele Namen gegeben – heute treten sie uns in Gestalt »extraterrestrischer Raumfahrer« von der Venus entgegen, als großgewachsene, blonde Menschen, als überdimensionale Riesen, als Zwerge mit grauer Haut, großen Köpfen und klauenartigen Händen.

Unsere aufgeklärte, hochtechnisierte Welt leugnet diese Wesen. Sie muß sie leugnen, denn sie passen ganz und gar nicht in das Bild, das sich der moderne Mensch von dieser Welt macht. Das ist verständlich. Eine Gesellschaft, die nur noch bestehen kann, wenn ein Rädchen ins andere greift, wenn die Technik, die wir uns erworben haben, nach exakten Plänen und Formeln funktioniert, kann sich Abweichungen und Abnormitäten nicht leisten. Fremdelemente haben darin keinen Platz.

Als Naturwissenschaftler ist mir das mechanistische Weltbild nicht fremd, und ich sehe – im Gegensatz zu vielen Esoterikern – durchaus die Notwendigkeit, sich in einem vordergründig materiell geprägten Universum zunächst an das zu halten, was die fünf Sinne einem vermitteln. Und trotzdem frage ich mich manchmal, ob man nicht irgendwo ein paar wichtige Punkte übersehen hat. Wie gesagt: Unsere »rational« geprägte Weltsicht gestattet, da alles fehlerlos funktionieren und ineinandergreifen muß, keine Abweichungen von der Norm. Sonderfälle müssen folglich begradigt und als »Bestätigung der Regel« integriert werden – oder man ignoriert sie am besten ganz.

Genau das gilt für jene Wesen, die da um uns sind. Der amerikanische Autor Whitley Strieber, der fortgesetzt im

Bannkreis ihres Wirkens steht (er nennt sie »die Besucher«), schreibt:[2] »Die Besucher sind durchaus in der Lage, sich auch in großen Städten zu manifestieren. Da unsere Gesellschaft ihre Existenz leugnet, können sie ganz nach Belieben schalten und walten. Wer von Begegnungen mit ihnen berichtet, wird für gewöhnlich ausgelacht, und das gibt den fremden Wesen völlige Freiheit. Ganz gleich, was sie auch anstellen: Sie können sicher sein, daß man sie ignoriert. Es ist seltsam, aber wahr: Diejenigen, die ihre Realität bestreiten, arbeiten ihnen direkt in die Hände.«

Die »Besucher«, die Fremden, die *Anderen* lebten schon immer im Verborgenen. Aber noch nie wurde es ihnen so einfach gemacht, in unserer Welt zu erscheinen. Im Altertum, im Mittelalter bis hinein in die Zeit der Aufklärung war ihre Existenz keine Frage: jedermann glaubte daran, jedermann war innerlich beständig darauf vorbereitet, ihnen zu begegnen.

Heute ist das anders. Wer heute an die *Anderen* glaubt, wer heute von Begegnungen mit ihnen erzählt, gilt als Spinner, bestenfalls als Phantast. Er wird nicht ernstgenommen, sein Erlebnis als »Traum«, als »Vision«, als »Erfindung« abqualifiziert. Es steht außer Frage, daß es unter all den Berichten, die wir über Begegnungen mit den *Anderen* haben, auch zahllose derartige Fälle gibt: Die Schar der pathologischen Lügner, der Aufschneider, derjenigen, die sich gern im Rampenlicht eines vergänglichen Ruhms sehen, ist nicht zu unterschätzen. Es steht auch außer Frage, daß »Träume« und »Visionen«, daß also die Bilder der menschlichen Innenwelt, das Kaleidoskop der Seele, an diesem ganzen Prozeß der Begegnung mit den *Anderen* nicht unbeteiligt ist, ja sogar, wie wir noch sehen werden, eine ganz entscheidende Rolle spielt. Aber für mich steht in gleicher Weise auch fest, daß das

Gesamtphänomen einen harten, realen Kern hat, der nur deswegen so schwammig wirkt, weil wir selber ihn durch unser Verhalten, unsere Ignoranz und unsere Arroganz beständig verwässern.

Stellen Sie sich vor, Sie sitzen bequem in einem großen Linienflugzeug. Sie haben die Kanalküste Großbritanniens überquert, unter ihnen breitet sich die grüne Hügellandschaft Südenglands aus. Ein paar Wölkchen trüben kaum den Blick hinab auf Städte und Dörfer, Sie erkennen große Felder, Flüsse und Wälder. Es ist nichts Außergewöhnliches daran. Sie sind schon oft geflogen, kennen diese Perspektive, Sie wenden sich wieder Ihrer Lektüre zu.
Plötzlich ruft Ihr Nebenmann, der direkt am Fenster sitzt, laut und erschrocken auf. Wild gestikulierend zeigt er nach draußen. Ihr Blick geht von der Zeitung, aus der Sie gerade das Neueste über die Turbulenzen am britischen Königshof erfahren haben, hinaus in die ruhige, anscheinend so normale und unaufregende Welt der Realität.
Was Sie sehen, verschlägt Ihnen den Atem: Da schwebt, mitten in den Schäfchenwolken knapp unter Ihrem Flugzeug, ein riesiger, orangefarbener Elefant. Sie zwinkern mit den Augen, Sie denken: Das gibt es doch nicht! Aber der Elefant ist wirklich da, er dreht sich langsam um sich selbst, er scheint in den Wolken gemächlich hin und her zu schwingen. Und nicht nur Sie erkennen ihn, auch andere Passagiere haben ihn inzwischen entdeckt. »Da, ein Elefant!«, »Ein Elefant in den Wolken!«
Absurd? Keineswegs! Genau diese Situation ereignete sich im April 1979 über Southampton.[5] Passagiere einer Linienmaschine gaben übereinstimmend an, während des Fluges über England einen großen, orangefarbenen Elefanten zwischen den Wolken gesehen zu haben.

Des Rätsels Lösung ist indes so banal wie komisch: Der »Elefant« war nichts anderes als der riesige Reklameballon eines Zirkus, der sich von seiner Befestigung losgerissen hatte und bis in eine Höhe von 12.000 Metern aufgestiegen war.

Was zeigt uns dieser Fall? Menschen in einer ganz normalen alltäglichen Situation erleben plötzlich etwas völlig Unerwartetes, Fremdartiges, nie für möglich Gehaltenes. Wie reagieren sie? Was beschreiben sie?
Sie beschreiben, was sie sahen: einen riesigen, schwebenden, orangefarbenen Elefanten. Nicht mehr und nicht weniger als das, was es war. Sie konnten nicht wissen, daß 12.000 Meter unter ihnen ein Zirkus unterwegs war und sich dort ein Ballon in Form eines Elefanten losgerissen hatte. Sie konnten nicht einmal wissen, daß es *überhaupt* Ballone in Form von Elefanten gab. Was sie beobachteten und beschrieben, entsprach genau der Realität draußen in den Wolken. Sie erfanden nichts dazu, niemand sah zusätzlich noch fliegende Giraffen oder torkelnde Nashörner, hatte Visionen oder Träume, sondern alle beobachteten nur einen schwebenden, orangefarbenen Elefanten.
Ich halte dieses Erlebnis – so kurios es auch klingen mag – für ein sehr bedeutendes Ereignis. Es zeigt uns nämlich auf eindringliche, weil urkomische Weise, daß Menschen, selbst wenn sie dem Unerklärlichen begegnen, in der Regel richtig beobachten und das Beobachtete entsprechend wiedergeben. Es ist einfach, dem Zeugen einer UFO-Sichtung, also der Beobachtung eines unidentifizierten fliegenden Objekts, zu unterstellen, er habe nur eine psychische Projektion seiner eigenen Vorstellung gesehen, ausgelöst durch einen natürlichen Reiz, etwa die helleuchtende Venus. Aber die Zeugen wissen in der Re-

gel sehr genau, was sie gesehen haben – auch wenn sie es sich nicht erklären können. »UFO-Berichte«, schreibt James McCampbell,[6] »sollten so lange, wie sich keine andere Hypothese als fruchtbarer erwiesen hat, als ehrliche Versuche der Leute betrachtet werden, persönliche Erfahrungen zu beschreiben, auch wenn diese noch so bizarr sein mögen.«

Das meine ich auch. Wer gibt der kleinen Schar selbsternannter, aber um so lautstärkerer »UFO-Skeptiker« das Recht zu behaupten, Menschen, die über einen Zeitraum von Stunden hinweg fliegende Objekte beobachten, die sich ihnen nähern, wieder verschwinden, erneut auftauchen, denen sich eine Besatzung zeigt, die ihnen zuwinkt (wie im sogenannten Gill-Fall am 29. Juni 1969 auf Papua Neu-Guinea), daß all diese Menschen nur die Venus gesehen hätten[7]? Für wie naiv halten solche »Leugner aus Passion« eigentlich ihre Mitmenschen? Mir scheint, manchen macht es einfach Spaß, sich an ihren Computer mit dem neuesten Astronomie-Programm zu setzen, die Konstellationen zum angegebenen Zeitpunkt der Beobachtung auf den Bildschirm zu holen und mehr oder weniger wahllos auf irgendwelche Lichtpunkte zu tippen. Ein heller Stern, ein heller Planet wird sich in der Umgebung der genannten UFO-Beobachtung schon finden lassen.
Es wäre töricht auszuschließen, daß tatsächlich etliche UFO-Sichtungen auf natürliche Stimuli wie Sterne zurückgehen. Insbesondere bei Beobachtungen kleiner, heller Objekte in der Nacht mag dies zutreffen. Wenn hingegen große Flugkörper beschrieben werden, wenn die Beobachtung über längere Zeit gemacht wird, wenn deutliche Reaktionen (im Gill-Fall: das Winken der Besatzung) oder sogar physikalische Wechselwirkungen mit der Um-

welt registriert werden, bedarf es schon einer Menge Phantasie (oder Naivität?), Sterne als Verursacher zu postulieren.

Weil es so kurios ist, möchte ich ein weiteres Beispiel nennen:[8] Am 9. November 1979 ist der 61jährige Forstaufseher Robert Taylor zusammen mit seinem Hund in den Wäldern seines Heimatortes Livingston (Schottland) unterwegs. Es ist gegen 10.15 Uhr am Vormittag, als er eine Lichtung betritt und vor sich ein erstaunliches Objekt schweben sieht.

Er schätzt den Durchmesser auf etwa sechs Meter, die Höhe auf dreieinhalb Meter. Es ist kugelförmig, um die Mitte zieht sich ein ringförmiger Wulst. Auf dieser Wulst erkennt er nach oben gerichtete Stangen mit so etwas wie bewegungslosen Propellern. Eine Reihe von Fenstern oder bullaugenähnlichen Löchern umzieht die Kugel oberhalb der Wulst. Das Objekt scheint von grauer Farbe zu sein, aber es wechselt diese Farbe beständig, und Taylor hat den Eindruck, als wolle es transparent werden, ohne daß ihm dieses Vorhaben gelingt.

Seit dem Moment, da Taylor die Lichtung betreten und das Objekt erkannt hat, sind nur ein paar Sekunden vergangen, als etwas scheinbar Abstruses geschieht: Zwei kleine, etwa knapp einen Meter durchmessende Metallkugeln mit antennenförmigen Stangen kommen auf Taylor zugerollt, heften sich an seine Seiten und beginnen, ihn auf das Objekt zuzuschieben. Taylor verliert in diesem Moment das Bewußtsein.

Als er wieder zu sich kommt, sind das große Objekt und die beiden Kugeln verschwunden. Sein Hund läuft aufgeregt bellend um ihn herum. Taylor hat seine Stimme verloren, sein Kopf dröhnt. Er zittert am ganzen Körper. Auch der Hund ist völlig verängstigt. Er hat weißen

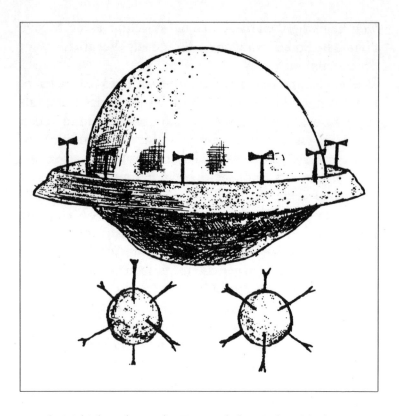

Die drei Objekte, denen der Forstaufseher Robert Taylor am 9. November 1979 in der Nähe von Livingston (Schottland) begegnete.

Schaum vor dem Mund und weicht nicht von Taylors Seite. Mühsam schleppt sich der Mann zu seinem Geländewagen zurück. Er zittert hinter dem Steuer und setzt das Fahrzeug auch prompt in den schlammigen Morast, so daß er aussteigen und den Weg nach Hause zu Fuß antreten muß. Die Kopfschmerzen halten stundenlang an, noch zwei Tage später wird er ständig von quälendem Durst geplagt.

Die folgenden Untersuchungen zeigen in der Lichtung, dort, wo Robert Taylor dem Objekt begegnet war, Abdrücke im Boden, die offenbar von den Teleskopstangen der Objekte hervorgerufen worden waren. Taylors Hose war an beiden Seiten aufgeschlitzt. Die Schlitzrichtung zeigt nach vorn und aufwärts und entsprach damit genau dem Erlebten, daß nämlich die Kugeln ihn mit ihren Teleskopstangen packten und nach vorne, in Richtung auf das größere Objekt hin bewegten. Taylor selbst gilt als zuverlässig und ehrlich, medizinische Untersuchungen und seine Krankengeschichte erbrachten keine ungewöhnlichen Erkenntnisse, er neigte nie zu Kopfschmerzen oder Ohnmachtsanfällen.

Was die Objekte von Livingston waren, weiß ich auch nicht. Andere hingegen scheinen sich da ziemlich sicher zu sein: Es waren Venus und Merkur!

Man mag es nicht für möglich halten, aber es gibt wirklich Leute, die das glauben. Da ist z.B. Stewart Campbell, der sich eine ganze Weile um diesen Fall gekümmert hat, aber mit seinen eigenen Erklärungen wohl nicht so recht zufrieden gewesen sein muß. Ursprünglich hatte er nämlich geglaubt, Taylor habe einen Kugelblitz gesehen – kurios genug angesichts der tatsächlichen Beobachtung. 1986 hingegen muß er eine wahrhaft »astrale« Erleuchtung gehabt haben, denn er schreibt:[9] »Jüngst kam es zu folgender einfacher Erklärung. Da sich viele UFO-Berichte (auch scheinbar spektakuläre) durch astronomische Gegebenheiten erklären ließen, beschloß ich, trotz der Tatsache, daß der Vorfall im hellen Tageslicht geschah, die astronomische Hypothese ... zu überprüfen.«

Was kam dabei heraus?

Taylor trat demnach auf die Lichtung, sah Venus und Merkur, erlitt einen epileptischen Anfall, zerriß sich seine

Kleidung selbst (vielleicht wurde sie aber auch von dem Hund zerrissen?), fiel in Ohnmacht und wachte kurz darauf mit Kopfschmerzen wieder auf.

Ist das glaubhaft? Ganz richtig bemerkt Campbell, daß Venus zuweilen bei Tageslicht gesehen werden kann. Aber selbst dann ist sie so lichtschwach, daß nur das geübte Auge eines guten Beobachters, der genau weiß, wo sie zu suchen ist, sie auch entdecken kann. Und in noch stärkerem Maße gilt dies für den lichtschwachen Merkur, der sich ohnedies wegen seiner Nähe zur Sonne nur unter extrem guten Bedingungen sehen läßt und bei Tageslicht (um 10.15 Uhr!) noch nie beobachtet wurde. Zudem ist überhaupt nicht klar, ob der Himmel zum angegebenen Zeitpunkt wolkenfrei war; um 9.20 Uhr jedenfalls war er über Livingston noch bedeckt.

Entscheidender ist, daß sich Venus zum angegebenen Zeitpunkt überhaupt nicht mehr über dem Horizont, sondern unterhalb der Hügellinie des »Dee Hill« südöstlich der Lichtung befand. Folgerichtig muß Campbell also auch noch eine Fata Morgana konstruieren, die Venus und Merkur über den Horizont zauberten, und zwar so hell, strahlend und kugelförmig, daß der arme Robert Taylor davon einen epileptischen Anfall bekam und ohnmächtig zu Boden fiel (laut Krankengeschichte hatte Taylor weder vor noch nach diesem Zwischenfall je einen epileptischen Anfall – warum gerade zu diesem Zeitpunkt?). Wäre es nicht ernst gemeint, man müßte in lautes Gelächter ausbrechen. Daß einer der deutschen UFO-Erzskeptiker dazu meint, hiermit schlösse sich »der Sargdeckel über einem der spektakulärsten englischen ... Fälle der letzten zehn Jahre«,[10] spricht für sich selbst. Für alle anderen hingegen zeigt sich das ganze als das, was es ist: ein ziemlich krampfhafter Versuch, mit Hängen und

Würgen eine Erklärung für das Ereignis zu konstruieren, dessen Wirklichkeit einem zutiefst suspekt wäre.

Wenn wir das Rätsel der UFOs und das mit ihm verbundene Phänomen der *Anderen* einer Lösung näher bringen wollen, müssen wir uns in jenen Irrgarten des Phantastischen wagen, der leicht zu völliger Konfusion führen kann. Irrgarten ist in der Tat ein passender Begriff, denn nur zu leicht kann man sich in dem Wust an kuriosen, haarsträubenden, irreal erscheinenden Berichten aus den Schattenzonen unserer Welt verlieren. Diejenigen, die dort ihre uralten Wege gehen, mögen wie die Gestalten aus der *Göttlichen Komödie* eines Dante Alighieri oder den surrealistischen Bildern eines Hieronymus Bosch wirken.

Wäre es nicht von so negativem Beigeschmack, könnte man sie *Dämonen* nennen, denn der ursprüngliche griechische Sinn dieses Wortes bedeutete nichts anderes als »Mittelwesen zwischen Mensch und Gott«, und ihre Taten konnten als gut und als böse verstanden werden. Im Grunde entsprechen sie damit der Vorstellung der christlichen Engel, auch sie waren Mittler zwischen den Welten, auch sie waren gut und böse. Insofern ist dem UFO-Forscher John A. Keel beizustimmen, wenn er schreibt:[11] »Die Dämonologie ist keine Spinnerei von Phantasten. Sie ist das in uralte Zeiten zurückweichende Studium der Geister und Dämonen, die offenbar die ganze Geschichte hindurch neben dem Menschen existiert haben. Tausende von Büchern sind über das Thema geschrieben worden. Viele davon stammen von gelehrten Kirchenmännern, Naturwissenschaftlern und Gelehrten. Unzählige gut dokumentierte Ereignisse stehen jedem Forschenden zur Nachprüfung offen. Die Manifestationen, die in dieser beeindruckenden Literatur beschrieben sind, besitzen

Ähnlichkeit mit dem UFO-Phänomen, ja sind sogar häufig *völlig identisch* mit ihm. Die Opfer der Dämonomanie (Besessenheit) zeigen genau diesselben medizinischen und seelischen Symptome wie die UFO-Kontaktpersonen.«

Schauen wir sie uns also an, diese *Anderen*, die Dämonen der Vergangenheit, die Engel und Teufel des Altertums, die den Weg hinein in unsere heutige Zeit gefunden haben. Machen wir uns bereit für eine Begegnung mit dem Unheimlichen, dem Unbegreiflichen, dem Unerklärlichen. Und denken Sie daran, daß, während Sie diese Geschichten lesen, Menschen unter uns leben, denen diese Gestalten nicht nur auf den Seiten dieses Buches, sondern *wirklich* begegnet sind: in den Häusern ihrer Städte, in den Wäldern ihrer Heimat, in den Ländern dieser Erde, die wir »unsere« Welt nennen.

Am Abend des 21. August 1955 ist Frau Glenie Langford mit ihren Kindern Lonnie, Charlton und Mary zu Gast bei dem befreundeten Ehepaar Elmer und Vera Sutton und ihren Kindern. Ebenfalls im Haus ist ein weiterer Freund von Elmer, Bill Ray Taylor. Das Farmhaus der Suttons liegt ziemlich abgelegen zwischen den kleinen Ortschaften Kelly und Hopkinsville in den Wäldern von Kentucky.[8, 12, 13]
Etwa um 19 Uhr verläßt Bill Ray Taylor das Haus, um sich am Brunnen im Hof etwas Wasser zu holen. Er hat gerade den Eimer hinuntergelassen, als er etwas sieht, das ihm die Sprache verschlägt. Nicht weit entfernt am Himmel bewegt sich ein strahlendes fliegendes Objekt, »richtig grell, es schimmerte in allen Farben des Regenbogens«. Nicht nur das: Hinter den Büschen, die das Anwe-

38

sen gegen einen kleinen, jetzt zur Sommerzeit ausgetrockneten Bach abgrenzen, setzt es zur Landung an.

Bill Taylor rennt zurück ins Haus, aber niemand will ihn recht ernstnehmen. Er habe wohl eine Sternschnuppe gesehen, vielleicht auch einen Blitz. Keiner ist bereit, mit ihm hinaus zu gehen und das Bachbett zu überprüfen, niemand glaubt ihm.

Etwa eine Stunde später beginnt der Hund draußen im Hof wie verrückt zu bellen. Elmer Sutton und Ray Taylor schauen sich an, stehen von ihren Plätzen am gedeckten Tisch auf und schauen zur Tür hinaus. Was sie, keine zehn Meter entfernt, vor sich sehen, muß wie die Inkarnation des Irrsinns gewirkt haben.

Ein kleines, etwa 1,20 Meter großes Wesen steht vor ihnen: Es scheint nackt zu sein, hat eine graue Haut, einen überproportionalen Kopf, die langen Arme enden in krallenartigen Fingern, sie schleifen fast auf dem Boden. Am furchterregendsten ist sein Gesicht: große elefantenförmige Ohren, riesige runde gelbe Augen, ein schmaler, schlitzförmiger Mund. Und – das seltsame Wesen glüht, als strahle es von innen heraus.

Die beiden Männer fackeln nicht lange. Nach einer Schrecksekunde stürzen sie zurück in die Wohnung, reißen zwei Gewehre aus dem Schrank und feuern auf das, was da leuchtend wie ein Gespenst in ihrem Hinterhof steht.

Der bizarre Zwerg wird getroffen. Die Wucht des Aufpralls wirft ihn nach hinten. Aber – Elmer und Bill trauen ihren Augen kaum – es dreht sich einfach herum und läuft, auf Beine und Arme gestützt, wie ein Tier davon.

In diesem Moment hören die verschreckt und ängstlich im Wohnzimmer sitzenden Frauen und Kinder ein kratzendes Geräusch über dem Küchendach. Die beiden

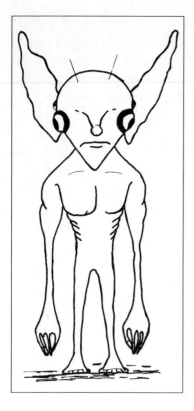

Einer der Zwerge mit den »Elefantenohren«. Solche Alptraumgestalten versetzten die Familien Lengford und Sutton in der Nacht vom 21. auf den 22. August 1955 in Angst und Schrecken.

Männer laufen hinaus auf den Hof: Tatsächlich, dort sitzt ein weiteres dieser Wesen. Wieder schießt Elmer, die Gestalt scheint getroffen, kippt nach hinten, aber schwebt ganz langsam zu Boden und läuft dann – wie sein Vorgänger – gemächlich auf allen Vieren davon. Damit nicht genug, tauchen fast gleichzeitig weitere und immer mehr dieser Wesen auf: Sie klettern auf das Dach, turnen über die Zäune und hinauf in die Bäume. Eines von ihnen berührt Bill Taylor am Kopf, aber diese Berührung erscheint eher wie ein »Streicheln« denn ein Angriff. Trotzdem verbarrikadieren sich die Familien im Haus.

Schreckerfüllt beobachten sie über drei Stunden lang die seltsame Invasion. Noch immer bewegen sich die Wesen scheinbar ziellos durch ihren Hof, schauen zu den Fenstern hinein, unternehmen aber nichts, was wirklich feindselig erscheinen könnte. Schließlich, gegen 23 Uhr, wagen die acht Eingeschlossenen einen »Ausbruch«: Sie rennen zu ihren Wagen und fliehen ins 16 Kilometer entfernte Hopkinsville. Die leuchtenden kleinen Zwerge sitzen nur da, starren sie an und lassen sie ziehen.

Sheriff Russel Greenwell, Hilfssheriff George Batts, vier weitere Polizisten und ein Journalist der lokalen Zeitung lassen sich überreden, mit ihnen zusammen zur Farm zurückzukehren. Sie werden nichts mehr finden, was auf die Anwesenheit der Gestalten Rückschlüsse zugelassen hätte. Aber als sie mit ihrem Autokonvoi noch etwa drei Kilometer vom Haus der Suttons entfernt sind, sehen sie zwei grelle Lichtstreifen, die den Himmel aus Richtung der Farm überziehen, und hören ein lautes, dröhnendes Geräusch. Am nächsten Morgen finden sie dort, wo Bill Taylor das UFO hatte niedergehen sehen, mehrere kleine flache Mulden im Bachbett. Sheriff Russel Greenwell sagte später, »irgend etwas« müsse diese Menschen völlig verschreckt haben, »etwas jenseits ihres Vorstellungsvermögens«.

Als die Polizei wieder abgerückt ist, als alle sich ins Bett begeben haben und glauben, die schlimmsten Stunden ihres Lebens überstanden zu haben, beginnt der ganze Alptraum von vorn. Glenie Langford sieht als erste die in ihr Schlafzimmer starrenden riesigen gelben Augen eines der Wesen. Bis zum Anbruch der Morgendämmerung bleiben die leuchtenden Zwerge da: Wiederholt schießen die beiden Männer mit ihren Gewehren, aber die Wirkung ist nach wie vor die gleiche. Es passiert nichts.

Dann, irgendwann bevor das erste Tageslicht die Landschaft im Osten der USA wieder erhellt, verschwinden die Gestalten endgültig.

Es wurde viel darüber spekuliert, was die beiden Familien in dieser Nacht gesehen haben könnten: Einige glaubten, sie wären einer religiösen Hysterie verfallen, und andere machten darauf aufmerksam, daß in diesen Tagen ein Wanderzirkus in Hopkinsville Station gemacht hatte und die Wesen einfach entlaufene Affen gewesen sein könnten. Aber eine solche Hypothese ist wenig glaubhaft: Zum einen waren am nächsten Morgen noch alle Tiere in ihren Käfigen, zum anderen widerspricht das Verhalten dem jeglicher Affen – diese vermögen weder in der Nacht zu leuchten noch wären sie in der Lage gewesen, nach Volltreffern aus wenigen Metern Entfernung sich so ungerührt von dannen zu machen wie die Zwerge im Hof des Farmhauses.

Hopkinsville ist auch heute noch ein ungeklärter Fall. Trotzdem wird er in der UFO-Literatur nur selten und dann meistens eher oberflächlich behandelt. Warum? Der Grund ist offensichtlich: Der Fall ist *zu* bizarr. Obwohl sich keine Hinweise auf einen Scherz haben finden lassen, obwohl alle anderen rationalen Erklärungen versagten, tendieren selbst bekannte UFO-Forscher dazu, den »Fall Hopkinsville« nach Möglichkeit unter den Teppich zu kehren. Außerirdische oder andere fremde Wesen, die mit leuchtenden Raumschiffen landen und dann *so* aussehen, sich *so* verhalten – irgend etwas stimmt da nicht!

Aber das ist das Schlimmste, was wir in der UFO-Forschung machen können: Fälle von vornherein auszuschließen, nur weil sie uns *zu* außergewöhnlich, *zu* fremdartig, *zu*

seltsam erscheinen. Die Geschichten über kleine graue
Wesen, die in ihrem Aussehen immerhin noch über gewisse Menschenähnlichkeit verfügen und deren Haupttätig-
keit im Entführen von Erdenbürgern zu bestehen scheint,
ist schon skurril genug, kann aber noch immer irgendwie
ins Weltbild der meisten UFO-Forscher integriert werden: Ist es nicht genau ein solches Verhalten, das auch *wir*
an den Tag legen würden, wenn wir die Bevölkerung eines
fremden, neuentdeckten Planeten erforschen wollten?
Das geht sogar so weit, daß einer der bekanntesten UFO-
Forscher, der an der Temple-Universität in den USA leh-
rende Professor David Jacobs, neuerdings darauf besteht,
nur eben diesen Typus des »Außerirdischen« als echt an-
zuerkennen. Alle anderen Beschreibungen beruhten dem-
zufolge auf Schwindel.[14]
Ich halte viel von Professor Jacobs, und sein Buch über die
Geschichte des UFO-Phänomens in Amerika[15] gehört zu
den Standardwerken der Literatur. Aber hier vermag ich
ihm nicht zu folgen. Woher wollen wir wissen, wie »Außerirdische« auszusehen haben und sich verhalten? Aus
der Tatsache, daß ein bestimmter Typus *in den letzten
Jahren* immer häufiger aufzutreten scheint, zu schließen,
nur dieser Typus habe Anspruch auf »Echtheit« und alle
anderen könnten wir getrost vergessen, ist nicht nur
leichtsinnig, es ist ausgesprochen gefährlich. Wir verbau-
en uns damit nämlich jede Möglichkeit, eines Tages die
hinter dem Phänomen stehende Wahrheit zu finden, und
deklarieren all jene bedauernswerten Mitmenschen, die –
wie die Suttons und Langfords – vom Schema abweichen-
de Gestalten sahen, automatisch zu Lügnern oder bestenfalls Phantasten. Zur *ganzen* Wahrheit gehören leuchtende Zwerge mit glühenden Augen und Elefantenohren genauso wie leuchtende Riesen in Raketensesseln.

Die Reaktion von Jacobs und anderen mag verständlich sein: Wer sich nur noch auf einen Typus des »Außerirdischen« festlegt, gewinnt an Glaubwürdigkeit. Er kann alle bizarren und damit eher unglaubwürdigen Fälle beiseite schieben und kommt auf diese Weise der Einstellung der Öffentlichkeit (bzw. ihrer Repräsentanten in Staat, Militär, Presse und Kirche) recht nahe. Nur: Das UFO-Phänomen selbst kümmert sich darum nicht im geringsten. Ich möchte sogar soweit gehen und behaupten, daß der eigentliche Kern des Phänomens nicht in den schon fast Routine gewordenen »Entführungen« besteht, sondern in den bizarren und seltsamen, furchterregenden und schrecklichen Begegnungen mit den *Anderen*. Nur wenn wir *dieses* Phänomen verstehen, seine Hintergründe aufdecken, werden wir auch verstehen, was es mit den Entführungen und den »kleinen Grauen« auf sich hat. Schließen wir sie hingegen von vornherein aus, und sei es nur aus der Gefahr, uns lächerlich zu machen, werden wir nie die Chance haben, zum Grund des Problems vorzustoßen.

Weitere Beispiele aus dem »Panoptikum des Schreckens«?
Es gibt sie zu Hunderten – hier eine kleine Auswahl:
• Am 12. September 1952 glaubt eine Gruppe von Jugendlichen, hinter einem Hügel bei Flatwood, West Virginia (USA), einen Meteoriten niedergehen zu sehen. Auf dem Weg zur mutmaßlichen Absturzstelle kommen sie auch am Haus von Mrs. Kathleen May vorbei. Sie erzählen von ihrer Beobachtung, und sie, zusammen mit ihren beiden Söhnen und einem gerade zu Besuch anwesenden Nationalgardisten namens Gene Lemon, beschließen, die Gruppe bei ihrer Suche zu unterstützen. Als sie den Hügel

erklommen haben, sehen sie auf der anderen Seite eine leuchtende Kugel, »so groß wie ein Haus«. Seltsame pochende und zischende Geräusche gehen davon aus. Plötzlich bewegt sich etwas in den Sträuchern vor ihnen: Sie erkennen zu ihrem Entsetzen eine riesenhafte, über drei Meter hohe Gestalt mit blutrotem Gesicht und glühenden, grünlich-orangen Augen. Ein penetranter, ekelerregend stechender Geruch geht von ihr aus. Als das Wesen beginnt, sich schwebend auf sie zuzubewegen, fliehen alle hysterisch schreiend den Hügel hinab in die Ortschaft. Vielen von ihnen ist noch stundenlang danach übel, und am nächsten Morgen werden an der fraglichen Landestelle Spuren wie die von Kufen entdeckt.[12, 13, 16, 17]

● Am 11. Oktober 1973 begegnen die beiden Werftarbeiter Charles Hickson und Calvin Parker drei furchterregenden Kreaturen, die sie beim Angeln am Pascagoula-River (Mississippi, USA) überraschen. Sie gleiten aus einem ovalen, hinter ihrem Rücken niedergegangenen Objekt und bringen beide zu einer medizinischen Untersuchung an Bord. Die Wesen sind etwa zwei Meter groß, grauhäutig, haben klauenartige Hände und lange Arme. Der Kopf geht übergangslos in den Rumpf über, und dort, wo bei einem Menschen Nase und Ohren sind, besitzen sie drei spitz zulaufende, konisch geformte Ausstülpungen. Der Pascagoula-Fall ist eine der bestuntersuchtesten »Entführungen« aus der Sichtungswelle von 1973 und konnte bislang von keiner Seite als Betrug oder Sinnestäuschung widerlegt werden.[8, 15]

● An einem schönen Sommerabend des Jahres 1956 ist der Studienrat Karl Ackermann, später Professor für Biologie an einer Bundeswehrhochschule, zusammen mit seiner Mutter im Kräherwald bei Stuttgart unterwegs.

Um 21 Uhr befinden sie sich auf einem Asphaltweg, etwa 10 Meter vom Waldrand entfernt: »Plötzlich bogen sich die Bäume wie unter einer Sturmbö. Es war ein Sausen in der Luft zu vernehmen, und eine ungeheure rotglühende Scheibe zischte in geringer Höhe über uns hinweg ins Feuerbacher Tal hinab. Dort flammte ein Lichtschein auf, der langsam verglühte. Dann war es still. Aber bald krachte es im Unterholz. Eine Gestalt kam den Berg heraufgekeucht. Als sie näher kam, befiel uns ein panischer Schreck. Die Gestalt war von riesenhaftem Wuchs und trug eine Art Taucheranzug. Schwer atmend blieb sie vor mir stehen. Unter einem Arm trug sie ein schwarzes Kästchen. Sie machte mit der Hand eine winkende Bewegung. Dann eilte sie in langen Sätzen und schwer atmend weiter

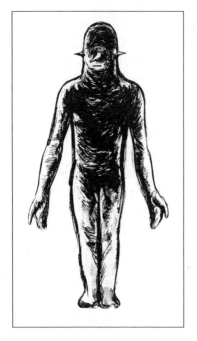

Am 11. Oktober 1973 wurden die beiden Werftarbeiter Charles Hickson und Calvin Parker von seltsamen Riesen mit Stummeln statt Augen und Ohren in ein gelandetes Objekt entführt und dort untersucht. Die Zeichnung entstand nach ihren Angaben.

den Berg hinauf. Wir sahen noch die Gestalt neben dem Bismarckturm stehen. Sie hob sich scharf gegen den Widerschein der Großstadt ab. Es war ein Riese. Dann kam die Erscheinung langsamen Schrittes zurück und blieb vor uns stehen. Wir waren wie gelähmt. Wieder die winkende Bewegung, und die Erscheinung eilte wieder den Berg hinab. Dann kam aufs neue das Sausen, und wieder zischte die ungeheure Glutscheibe über uns hinweg. Wir behielten das Erlebnis für uns. In der Presse stand kein Wort.«[18]

● November 1958: Zwei Soldaten der schottischen »Territorial Army« begegnen während eines Manövers in der Nähe von Aberdeen (Schottland) zwei riesenhaften, fast drei Meter großen Gestalten, die plötzlich hinter ihnen aus dem Gebüsch auftauchen und gurgelnde Geräusche von sich geben. Als die beiden fliehen und voller Panik davonlaufen, erhebt sich hinter ihnen ein großes, hell strahlendes, diskusförmiges Objekt und gleitet lautlos davon.[19]

● Einäugige Riesen tauchen am 12. Oktober 1963 auf einer einsamen Landstraße bei Monte Maiz (Argentinien) auf und später, am 6. Februar 1965, in Torrent (ebenfalls Argentinien). In beiden Fällen verhalten sie sich ausgesprochen aggressiv, dringen in ein Haus in Torrent ein und versuchen, den Bewohner zu entführen. Von den plötzlich auftauchenden, zu Hilfe gerufenen Nachbarn werden sie jedoch vertrieben.[20] Ähnliche einäugige Riesen sollen 1989 auch in der russischen Stadt Woronesch aufgetaucht sein — wie sich bald herausstellte, vermutlich eine konstruierte Geschichte, die sich so nicht abgespielt hat. Immerhin geht der damals weltweit verbreitete TASS-Agenturbericht wohl auf mehrere ähnliche, in den Monaten zuvor in der weiteren Umgebung abgelaufene Fälle zurück.

47

- Im August 1971 sind John Hodges und sein Freund Peter Rodriguez auf der Rückfahrt vom Besuch eines weiteren Freundes in Daple Grey Lane bei Los Angeles. Am Straßenrand erkennen sie zwei Konturen, die sich beim Näherkommen als »lebende Gehirne« entpuppen.

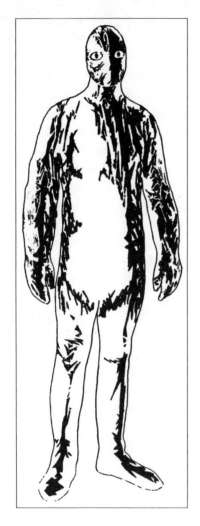

Kuriose Wesen wurden bei verschiedenen UFO-Landungen beobachtet. Die meisten erscheinen zwar humanoid, besitzen aber häufig Merkmale, die sie von gewöhnlichen Menschen deutlich unterscheiden.

Hodges, der den Wagen lenkt, rast an ihnen vorbei und bringt voller Angst seinen Freund nach Hause. Als er schließlich daheim ankommt, hat er für die Fahrt von Rodriguez bis zu seinem Haus zwei Stunden länger benötigt als gewöhnlich. Hodges läßt sich später hypnotisieren. Es zeigt sich, daß er den »Gehirnen« auf der Rückfahrt nochmals begegnete, sie ihn in ein gelandetes UFO führten und er dort von menschenähnlichen Besatzungsmitgliedern medizinisch untersucht wurde. Man vermittelte ihm auch Visionen vom Ende der Welt, das in Form eines Weltkrieges unmittelbar bevorstünde[8] – wir kennen die Übermittlung derartiger »Prophezeiungen« bereits aus dem Bodensee-Fall (siehe Kapitel II).

● Riesigen, bärengestaltigen UFO-Insassen begegnet der Farmer Stephen Polaski am 25. Oktober 1973 in Greensburg, Pennsylvania. Polaski hatte zusammen mit 15 anderen Augenzeugen das Objekt hinter einem nahegelegenen Wald niedergehen sehen. Während der Suche nach der Landestelle hören er und zwei ihn begleitende zehnjährige Jungen plötzlich zerbrechendes Holz und erkennen zwei näherkommende große dunkle Gestalten. Sie sind ganz und gar behaart und haben große, grünlich-gelbe Augen. Polaski feuert einige Salven auf sie ab, ohne jedoch die geringste Reaktion zu erzielen. Der Mann und die Kinder laufen daraufhin – unbehelligt von den merkwürdigen Gestalten – in Panik zum Ort zurück.[8]

● Am 16. August 1968 trifft ein spanischer Geflügelzüchter bei Serra de Almos auf ein kuppelförmiges Objekt, das knapp über dem Boden schwebt. Als er sich nähert, sieht er zwei kraken- oder tintenfischähnliche Wesen von »ekelerregendem Äußeren« mit acht oder neun Tentakelbeinen. Als sie ihn wahrnehmen, verschwinden sie auf die andere Seite des Objekts, dieses startet unmittelbar darauf und ist rasch außer Sichtweite.[21]

• 1964 erkennen die achtzehnjährige Anne Lister und ihr späterer Mann Lew nahe der Farm ihrer Mutter bei Clormont County (Ohio, USA) von ihrem Auto aus eine Gestalt, die sich schnell über die Felder bewegt. »Es schien uns nicht zu sehen, bis zu dem Moment, als wir unsere Scheinwerfer einschalteten. Dann kam es auf uns zu. Das Ding machte einfach große Sprünge oder Hüpfer. Es war unglaublich, aber es ging einfach durch drei Drahtzäune hindurch, als wären sie nicht vorhanden. Ich begann zu schreien.« Die Gestalt steht schließlich vor ihrer Windschutzscheibe, große gelbe, glühende Augen starren sie an. Anne und Lew fühlen sich wie gelähmt und unfähig zu einer Bewegung. »Dann begann es, seine Gestalt zu verändern, vor unseren Augen. Seine Hände wurden zu Klauen, und auf allen vieren trollte es davon, um sich schließlich wie in Luft aufzulösen. Es war grauenvoll – alles lief wie in Zeitlupe ab. Ich weiß, niemand glaubt uns, aber es war wirklich so.«[22]

• Im Juli 1974 bemerken die Mitglieder der Familie Davis aus Mariemont (USA) einen seltsamen Geruch in ihrem Haus. Sie treten vor die Tür, auch hier riechen sie den merkwürdigen Gestank. Den Nachbarn ergeht es ähnlich. Weil man vermutet, daß irgendwo eine Gasleitung undicht ist, wird die zuständige Gas-Gesellschaft verständigt (Messungen wenig später erbringen keine Hinweise auf ausströmendes Gas). Die Davis sind unterdessen in ihr Auto gestiegen und die Straße aus dem Ort hinausgefahren. Was sie plötzlich neben sich am Straßenrand sehen, ist so unglaublich, daß sie regelrecht geschockt sind: ein fast zweieinhalb Meter großes menschenähnliches Wesen mit nacktem, beharrtem Oberkör-

50

per, die Beine mit einer dunklen Hose bedeckt und mit *Hufen*! Eltern und Kinder vernehmen deutlich das Geklapper, das die Hufe auf dem Asphalt auslösen. Mrs. Davis, die den Wagen fährt, wendet nach ein paar hundert Metern, aber da ist die Gestalt bereits verschwunden.[22]

Der Typus des »kleinen Grauen« mit überproportionalem Kopf und einer Größe von etwa 1,50 Metern wird in den letzten Jahren zunehmend beobachtet. Insbesondere diese Wesen sollen während der »Entführungen« die medizinischen Untersuchungen vornehmen.

Wer sind diese Wesen, diese *Anderen*? Werden wir von tausenderlei unterschiedlichen außerirdischen Rassen besucht? Von kleinen grauhäutigen Fremden, wie sie in nahezu allen Entführungsberichten auftauchen? Von Riesen mit einem Auge? Von behuften, teufelähnlichen Kreaturen und gigantischen riesigen Gehirnen? Haben Drei-Meter-Menschen irgendwo aus dem Weltall unsere Erde gefunden, um dann Bauern in Argentinien und Schulkinder in Woronesch zu erschrecken? Rennen andere mit »Taucheranzügen« keuchend durch die Wälder um Stuttgart oder verwandeln sich vor den Augen der geschockten Zeugen in grauenerregende Monster mit glühenden Pupillen und Klauenhänden? Kommen intelligente Tintenfische und Grizzlybären zu einer Stipvisite – nur um sich dann eilends wieder aus dem Staub zu machen? Sind *das* die Intelligenzen, von denen wir glauben, sie hätten in interstellaren Raumschiffen die gewaltigen Distanzen zwischen den Sternen überwunden?

Wir können es nicht völlig ausschließen, aber die Wahrscheinlichkeit dafür ist nicht besonders groß. Zu sehr ähneln all diese Wesen *unseren eigenen* Phantasien, unseren eigenen Vorstellungen. Sind sie dann möglicherweise – wie einige glauben – sogar einfach nur unserem Unterbewußtsein entsprungen? Handelt es sich um visualisierte Träume?
Wohl kaum. Träume und Visionen pflegen keine Landespuren zu hinterlassen, sie bewegen sich nicht in Objekten, die Hitze ausstrahlen, sie werden auch nicht von etlichen Menschen simultan gesehen.
Was uns hier begegnet, ist etwas, das mit uns selbst verbunden und gleichzeitig so fremd ist, so andersartig, daß wir uns weigern, es als real zu bezeichnen. Der große

amerikanische Anthropologe Professor Loren Eiseley hat einmal eine wundersame Geschichte erlebt:[23]

»Die Begegnung mit einer anderen Welt ist nicht allein ein Produkt der Phantasie. Sie kann einem Menschen zustoßen. Oder auch einem Tier. Zuweilen verschieben sich die Grenzen oder durchdringen einander, und es genügt, wenn man in diesem Augenblick gegenwärtig ist. Ich habe gesehen, wie ein Rabe es erlebt hat. Dieser Rabe ist mein Nachbar. Ich habe ihm nie auch nur das geringste angetan, aber er legt trotzdem Wert darauf, sich nur auf die obersten Zweige der Bäume zu setzen, sehr hoch zu fliegen und jeden Kontakt mit der Menschenwelt zu vermeiden. Seine Welt beginnt dort, wo für meine schwachen Augen die Grenze ist. Eines Morgens nun war unsere ganze Gegend in einen außergewöhnlichen dichten Nebel gehüllt, und ich tastete mich in Richtung auf den Bahnhof durch die Straßen. Plötzlich tauchten in Höhe meiner Augen zwei riesige schwarze Flügel auf und davor ein ungeheurer Schnabel. Die Erscheinung sauste wie ein Blitz vorüber und stieß dabei einen Schreckensschrei aus, der so furchtbar war, daß ich nur hoffe, nie wieder etwas Derartiges hören zu müssen. Dieser Schrei verfolgte mich den ganzen Nachmittag. Ich ertappte mich dabei, daß ich in den Spiegel sah und mich fragte, was ich denn so Entsetzliches an mir habe ... Endlich verstand ich. Die Grenze zwischen unseren beiden Welten hatte sich infolge des Nebels verschoben. Dieser Rabe, der glaubte, in der üblichen Höhe zu fliegen, hatte plötzlich ein erschütterndes Bild wahrgenommen, das für ihn den Gesetzen der Natur zuwiderlief. Er hatte einen Menschen gesehen, der in der Luft ging, mitten in der Welt der Raben. Ihm war eine Manifestation des absoluten Widerspruchs begegnet, die für einen Raben denkbar ist: ein fliegender Mensch...

Wenn er jetzt von oben meiner ansichtig wird, stößt er kleine Schreie aus, und ich erkenne in diesen Schreien die Unsicherheit eines Geistes, dessen Weltgefühl erschüttert ist. Er ist kein Rabe mehr wie die anderen und wird es nie wieder sein können...«

Wir sind wie dieser Rabe. Viele von uns sind durch den Nebel gegangen und haben die Gesichter der *Anderen* gesehen. Sie schauten in Fratzen mit glühenden Augen, mit gräßlicher, blutroter oder grauer, faltiger Haut, sie sahen das absolut Fremde in dieser Welt. Aber vielleicht sahen sie auch nichts anderes als das Spiegelbild ihrer selbst, das Spiegelbild ihrer eigenen verletzlichen menschlichen Seele.

IV

In einem Land vor unserer Zeit

Feen und Elfen, Zwerge und Gnome,
Incubi und Succubi

Wer erinnert sich nicht an sie: an all die Feen und Elfen, Zwerge, Riesen und sonstigen Gestalten unserer Kindertage. Sie bevölkerten die Welt für uns einst so real wie die Freunde aus der Nachbarschaft oder der Onkel Doktor in der Zahnarztpraxis. Seit wir unsere Kinderschuhe ausgezogen haben und erwachsen geworden sind, haben wir auch die Erinnerung an diese andere Realität abgelegt. Wir erzählen heute unseren eigenen Kindern und Enkeln davon, aber wir *glauben* nicht mehr an sie. Die Feen und Elfen sind seit jenen Tagen aus unserer Welt gewichen, wurden aus ihr vertrieben, und nur manchmal, nachts, in unseren Träumen, begegnen wir ihnen wieder.

Für die Generationen früherer Jahrhunderte, früherer Jahrtausende war das anders. Sie wuchsen auf, lebten und starben mit dem festen Glauben an das »kleine Volk« oder »das große Volk«, je nachdem, an jene meist unsichtbaren Geister, die in den Wäldern und auf den Hügeln ihrer Heimat leben sollten und sich hin und wieder den Menschen zeigten. Erst spät, zu Beginn der Renaissance, gelang es der Kirche, Feen und Gnome exorzierend und Weihwasser sprengend aus ihren angestammten Reservaten zu vertreiben. »Daher kommt es, daß es keine Elfen mehr gibt«, meint der englische Dichter Chaucer im 14. Jahrhundert.[24]

Um so stärker drängen sie heute wieder in unsere Welt zurück: angepaßt an unsere Vorstellungen, angepaßt an unsere Technologie, angepaßt an unsere Phantasien. Aber es sind letztlich die gleichen *Dämonen*, die unsere Ahnen fürchteten, weil sie unberechenbar waren, mal gut und mal böse, mal liebenswürdig und hilfsbereit, mal grausam und häßlich. Ihr Verhalten, der *modus operandi* ihrer Annäherung an uns Menschen jedoch hat sich nie geändert.

Wir wollen nun eine Reise durch die Geschichte machen. Wir werden in jenen mythologischen Ländern vor unserer Zeit beginnen, dort, wo Historie und Legende noch eine Einheit bilden, und uns dann weiter nach vorne tasten, dem Zeitpfeil folgend bis in unsere Gegenwart. Und wir wollen dabei den *Anderen* folgen, wollen versuchen, den Schleier ein wenig zu heben, der über ihrem Wirken in unserer Welt liegt. Eine Reise voll überraschender Erkenntnisse und geheimnisvoller Wunder steht uns bevor.

Es gibt etliche deutsche Elfen- und Feensagen. Aber die meisten von ihnen stammen aus Irland, aus England und Schottland. »Der Kern der Überlieferungen muß sehr alt sein«, bemerkt der Philologe Martin Löpelmann,[25] »viel älter als die Stoffe der ältesten germanischen Sagen der *Edda*. Die ältesten irischen Handschriften, die sie uns schriftlich vermitteln, stammen aus dem 9. Jahrhundert, sind also bereits auch schon sehr ehrwürdig geworden.« Tatsächlich werden all die Legenden über das »kleine Volk« ihren Ursprung in der mythischen Vergangenheit haben, in der Zeit vor Christi Geburt.

»Als ich noch ein Kind war«, heißt es in einer Sammlung irischer Feenmärchen,[26] »hörte ich meinen Großvater über das Volk aus den Hügeln reden. Keiner wußte so viele Feengeschichten wie er. Er war fest davon überzeugt, daß es Feen gab, und nie ging er ins Moor, um eine Last Torf zu holen, ohne darauf gefaßt zu sein, ihnen zu begegnen. Er hatte auch eine Erklärung für ihre Existenz. Er sagte, im Himmel habe es einen Krieg gegeben zwischen Gott und den Engeln. Und Gott habe über vierzig Tage und Nächte hin Engel aus dem Himmel hinausgeworfen. Einige seien in der Luft geblieben, andere seien auf die Erde gelangt und wieder andere wären ins Meer gestürzt. Ich hörte einmal einen Mann sagen, hätten sie nicht die Hoffnung, am Tag des Jüngsten Gerichts in den Himmel zu kommen, so würden sie die Welt zerstören.«

Natürlich spiegelt sich hier der seit langen Zeiten wirksame Einfluß des Christentums und seiner himmelhierarchischer Vorstellungen wider. Der ursprüngliche Feenglaube wußte nichts von solchen Kämpfen im Himmel. Aber es zeigt sich auch, daß die Feen, zumindest in den Phantasien der Menschen, über eine geradezu beängstigende Macht verfügten: über die Macht, unsere Welt zu zerstören.

Aus dem letzten Jahrhundert stammt auch ein Bericht über Kobolde, der von dem Schweizer Pfarrer Walter Hopf-Waldiswil aufgezeichnet wurde: »Cramer versichert, der Glaube an Bergmännchen sterbe allmählich aus. Ich will dies keineswegs in Abrede stellen, aber ihn doch erinnern, daß mich vor noch nicht langer Zeit, als ich in einem gewissen Pfarrhaus über die Sage von diesen Männlein lachte, der Herr Pfarrer... mit ernster Miene zurückwies und behauptete, er habe einen Dekan gekannt, welcher selbst solche Wesen gesehen und gesprochen habe, und daß darauf berichtet ward, sie seien eigentlich Bewohner des Mondes.«[27]

Die allgemeine Vorstellung von der Heimat der Feen, Kobolde und Elfen war jedoch eine ganze andere: W. Evans-Wentz[28] charakterisiert sie als eine unsichtbare Welt, in die die unsrige wie eine Insel in einem gigantischen Ozean versunken ist. Die Bewohner dieser »anderen Erde« stellte man sich in der Regel als kleinwüchsige Wesen vor, aber sie vermochten ihre Gestalt zu ändern und auch als Riesen aufzutreten. Halbmenschliche Formen seien dabei sehr beliebt gewesen. Ihre Macht benutzten sie manchmal, um Menschen zu entführen, zu betäuben und gefangenzunehmen. Sie stahlen Getreide und Vieh, konnten aber auch sehr großzügig und hilfsbereit sein. Trotzdem gab es keine absolut »guten« Feen, Elfen oder Zwerge – sie alle vermochten aus unerfindlichen Gründen plötzlich sehr bösartig und nachtragend zu sein.

Wir sehen bereits in dieser oberflächlichen Charakterisierung die deutlichen Parallelen zu den UFO-Besatzungen unserer Tage, insbesondere zu den skurrilen Gestalten, die wir bereits kennengelernt haben. Aber wir werden noch weit überraschendere Gemeinsamkeiten feststellen.

In der modernen UFO-Literatur taucht ein Phänomen immer wieder auf: die Fähigkeit der Fremden, ohne mechanische Hilfsmittel Autos und andere Fahrzeuge zum Anhalten zu bringen. Die Zeugen beschreiben dabei häufig das entsetzliche Gefühl, plötzlich nicht mehr Herr ihres eigenen Wagens zu sein: Entweder fährt er noch, häufig mit hoher Geschwindigkeit, wie von Geisterhand gelenkt weiter, oder er wird ganz zum Stillstand gebracht. Der Motor geht aus, die Elektrik versagt, der Wagen rollt an den Straßenrand und bleibt stehen. Nicht selten folgt einem solchen Initialereignis eine der klassischen »UFO-Entführungen«, d.h. die Verschleppung in ein gelandetes Objekt.

Aber solche Fahrzeugstopps vermochten auch die Feen zu vollbringen: »In Berichten über ein Zusammentreffen von Elfen lesen wir oft, daß Reit- und Kutschpferde außerstande gewesen sein sollen, Stellen zu passieren, an denen Elfenmusik zu hören oder ein Elfentanz zu sehen war«, schreibt der englische Mythenforscher John Michell.[29] Sie seien sogar in der Lage gewesen, ganze Hügel oder Geländebereiche durch unsichtbare Barrieren abzuschirmen. Dermont MacManus[30] berichtet über eine Geschichte, die sich im Jahr 1935 abgespielt haben soll und die man — dem Glauben der ansässigen Bevölkerung gemäß — den Feen zuschrieb. Damals sei ein junges Mädchen auf den *Lis Ard* geklettert, eine als »Feenhügel« allgemein gemiedene Anhöhe nahe ihres Heimatdorfes. Als sie wieder hinab und zu einer Lichtung gelangen wollte, habe sie plötzlich einen inneren Ruck verspürt und sei in die entgegengesetzte Richtung gelaufen. Noch einmal erlebte sie das gleiche, bis sie feststellte, daß sie jedesmal an eine unsichtbare Barriere stieß. Diese Barriere sei so massiv gewesen, daß sie sich daran entlangtasten konnte, und als Stunden später eine Suchmannschaft auftauchte und nur wenige Meter an ihr vorbeimarschierte, vermochte sie auch durch lautestes Rufen und Winken nicht auf sich aufmerksam zu machen. Erst abermals Stunden später sei die unsichtbare Barriere plötzlich in sich zusammengefallen, und das Mädchen habe — mit den Nerven völlig am Ende, hungrig, durstig und erschöpft — ihr seltsames Gefängnis verlassen können.

Am 4. Januar 1975 wird der achtundzwanzigjährige Argentinier Carlos Antonio Diaz in ein UFO entführt.[16]

Diaz lebt in Ingeneiro Blanco, einem Vorort von Bahia Blanca, etwa 780 Kilometer nördlich von Buenos Aires. Um 3.30 Uhr – noch ist alles dunkel – verläßt er seine Arbeitsstätte, um sich die Morgenzeitung zu holen und dann den Bus nach Hause zu erwischen. Der Himmel ist bewölkt, und einem plötzlich das Gelände erhellenden blitzähnlichen Lichtstrahl mißt er keine Bedeutung zu: vermutlich ein Gewitter, das sich nähert.

Um 8.30 Uhr, fünf Stunden später, wird Diaz von einem Motorradfahrer entdeckt: fast 800 Kilometer entfernt, am Rande einer Autobahn vor den Toren von Buenos Aires. Er trägt noch immer seine Arbeitshosen, er hat die Morgenzeitung bei sich und wirkt völlig durcheinander. Der Motorradfahrer bringt ihn ins nächstgelegene Krankenhaus.

Die Uhr von Diaz war um 3.50 Uhr stehengeblieben. Man verständigt seine Familie. Seine Frau setzt sich sofort in den Wagen, erreicht Buenos Aires aber erst (»ich bin gefahren wie eine Wilde«) um Mitternacht, also fast neun Stunden später. Dies ist für gewöhnlich die kürzeste Reisezeit, die man für die Strecke von Bahia Blanca nach Buenos Aires benötigt.

Carlos Diaz wird in den nächsten Tagen von insgesamt 46 Ärzten untersucht. Der Patient leidet unter Schwindelanfällen, Magenbeschwerden und Appetitlosigkeit. Auf Kopf und Brust scheinen ihm die Haare büschelweise ausgefallen zu sein.

Die Geschichte, die Carlos Antonio Diaz erzählt, ist für die meisten der behandelnden Ärzte unglaublich: Unmittelbar nachdem er den »Blitz« wahrgenommen hatte, fühlte er sich vollständig gelähmt und konnte sich nicht mehr bewegen. Er verspürte etwas wie einen rauschenden Wind und wurde etwa drei Meter in die Luft gehoben, bevor er das Bewußtsein verlor.

Als er wieder zu sich kam, befand er sich in einem halbtransparenten, kugelförmigen Raum. Das Licht kam direkt aus den Wänden, er selbst – halb knieend und halb liegend – sei allein gewesen. Aus kleinen Löchern im Boden strömte frische Luft herein.

In der Wand bildete sich unvermittelt eine Öffnung, und drei große, etwa 1,80 Meter hohe Gestalten schwebten in den Raum. Sie waren annähernd menschenähnlich, aber ihre Gesichter besaßen weder Mund noch Nase, weder Ohren noch Augen. Sie hatten keine Haare, ihre langen Arme offenbar keine Gelenke, denn sie erschienen Diaz überall biegsam. An den Enden besaßen sie lediglich »Stümpfe«: keine Hände und keine Finger.

Die seltsamen Wesen begannen, dem entsetzten Diaz Haare auszureißen: am Kopf und auf der Brust. Zuerst vermochte er nicht zu erkennen, wie sie dies ohne die Zuhilfenahme von Fingern überhaupt machen konnten. Aber dann sah er kleine Saugrüssel, die sie aus den Stümpfen ihrer Arme ausfahren konnten. Diaz versuchte, die Wesen anzusprechen, mit ihnen zu reden, sie zu fragen, was das alles soll. Ihre Antwort war nur Schweigen. Kurioserweise verspürte er bei all dem keinerlei Schmerzen. Nach einer Weile, die ihm wie eine Ewigkeit vorgekommen sein muß, fiel er wieder in die Bewußtlosigkeit zurück. Als er erneut zu sich kam, lag er im Gras neben der Autobahn, unmittelbar vor den Toren von Buenos Aires.

Es gibt keine Möglichkeit, wie er auf »normalem« Weg in den fünf Stunden, die ihm maximal zur Verfügung standen, diese Strecke hätte bewältigen sollen. Autos benötigen für gewöhnlich neun bis zehn Stunden. Er hätte ein Flugzeug nehmen können, aber Nachforschungen ergaben, daß Diaz an diesem Morgen in keinem Flugzeug gesessen hatte, das von Bahia Blanca aus nach Buenos Aires gestartet wäre. Der Fall gilt auch heute noch als ungeklärt, und man muß sich auf das verlassen, was der Zeuge erlebt zu haben glaubt: daß er von der seltsam menschlich-unmenschlichen Besatzung eines UFOs in seinem Heimatort »gekidnapped« und nach Buenos Aires gebracht worden ist.

Eine solche Ortsversetzung durch ein UFO ist keine Seltenheit — die Geschichte kennt etliche weitere Beispiele. Aber nicht nur das: sie tauchen in sehr ähnlicher Weise bereits in den Feen- und Elfengeschichten früherer Zeiten auf. Eine Geschichte aus dem letzten Jahrhundert erzählt Frederick Hetmann in seiner Sammlung irischer Zaubermärchen:[26] Demnach wurde ein Mann namens Pádraig, der von seinem Gut aus auf dem Weg zur Stadt war, von einem unbekannten Reiter angesprochen. Der Reiter bot ihm an, ihn mitzunehmen, doch statt in der kleinen Nachbarstadt setzt er ihn kurz darauf in New York ab. Zurück geht es auf die gleiche Weise: »Pádraig tat wie ihm geheißen, und der Reiter gab seinem schwarzen Pferd die Sporen. Es lief so schnell, daß es den Wind vor sich einholte, und der Wind hinter ihm konnte nicht mehr mit ihm Schritt halten.« Als er schließlich angekommen ist, setzt der unbekannte Reiter ihn ab: »Er wandte sich um, weil er dem Reiter danken wollte, aber da war kein Reiter zu sehen. Er mußte verschwunden sein wie der Bergnebel. Pádraig war ein bißchen verwirrt, aber dann sammelte er sein Gepäck auf und ging zu seinem Haus.« Seine Frau Nancy ist nicht schlecht erstaunt, als sie ihren Mann plötzlich in der Tür stehen sieht und er ihr glauben machen will, nicht im Nachbarort, sondern im fernen New York gewesen zu sein. Erst als er sein Gepäck öffnet und all die fremdartigen Sachen zum Vorschein kommen, die er in New York gekauft hatte, glaubt sie ihm. Beide sind davon überzeugt, ein Bewohner des Feenreiches habe dieses seltsame Wunder vollbracht.

Bekannt – auch in unseren Breiten – sind die Tänze der Feen. Oftmals habe man sie in den Abendstunden beobachtet, wie sie in seltsamen Reigen tanzten. Jene, die ihre Musik hörten, sollen sogar den Zwang verspürt haben, mit ihnen zu tanzen und so in ihr fernes und doch so nahes Land zu gelangen, aus dem es keine Rückkehr mehr gab. Nur manchmal hatten sie Glück, wie etwa jener Mr. Hart aus Wiltshire, der eines Abends an einem »Hexenring« vorbeikam und »eine unzählige Menge von Kobol-

»Aus dem Koboldreigen zurückgerissen« nannte W. Sykes seinen 1880 angefertigten Stich zu dem Buch »British Goblins«. Der Tanz von Feen, Elfen und Kobolden ist ein uraltes Motiv und taucht auch in modernen UFO-Berichten wieder auf.

63

den oder sehr kleinen Leuten« sah, die »immer rundherum tanzten und sangen und alle möglichen sonderbaren Geräusche von sich gaben«. Mr. Hart muß kurz darauf das Bewußtsein verloren haben. Was mit ihm in dieser Nacht geschah, ist unbekannt, aber am nächsten Morgen erwachte er inmitten des »Hexenringes« – von den kleinen Wesen indes fehlte jede Spur.[31]

In einer ganz anderen Region der Welt – im indianischen Nordamerika – gibt es eine Überlieferung der Algonkin, wonach ein Jäger dieses Stammes einst auf einer Lichtung einen Kreis niedergelegten Grases entdeckte. Er versteckte sich und sah bald einen Korb vom Himmel herabschweben, in dem mehrere wunderschöne Frauen saßen. Die Frauen verließen den runden Korb und begannen zu tanzen. Der Jäger wartete eine günstige Gelegenheit ab, sprang vor, ergriff eine der Frauen und zerrte sie mit sich. Die anderen flohen in den Korb zurück, und dieser erhob sich wieder zu den Wolken. Der Mann nahm die Frau in sein Zelt, bald darauf gebar sie ihm einen Sohn, aber in einem unbeobachteten Moment floh sie mit ihrem Kind zurück auf die Lichtung, flocht einen neuen Korb und verschwand genau wie ihre Freundinnen für immer im Himmel.[32]

Doch seltsame tanzende Wesen gibt es auch in bezug auf UFO-Beobachtungen unserer Tage. Am späten Abend des 22. Oktober 1973 fahren DeWayne Donothan und seine Frau auf einer Landstraße zurück nach Blackford County (Indiana, USA). Plötzlich tauchen in ihrem Scheinwerferlicht zwei in glitzernde Anzüge gehüllte Wesen auf, die sich am Straßenrand wie zu einer unhörbaren Musik drehen. Das Auto passiert die tanzenden Gestalten. Nach ein paar hundert Metern wendet der überraschte Donothan jedoch, fährt zurück zu der Stelle, an der die beiden gerade noch standen, aber weder er noch seine Frau können eine Spur von ihnen entdecken. Allerdings: Nur wenige Minuten später vernehmen sie ein seltsames Rauschen und sehen einen Lichtstrahl hinter den Bäumen auftauchen, der zum Himmel emporschießt und in der Dunkelheit verschwindet.

Am folgenden Tag meldet sich ein weiterer Zeuge, Gary Flatter, der die Gestalten etwa drei Stunden vor den Donothans beobachtet hatte. Auch er hatte sie »tanzen« gesehen, dann seien sie auf seltsame Schachteln gestiegen und einfach durch die Luft davon geflogen.[8]

Es ist schwer zu sagen, ob das »Tanzen« wirklich ein Tanzen, die Musik wirklich eine Musik ist. Aber was auch immer: Heute wie vor Jahrtausenden verhalten sich die *Anderen* in einer ähnlichen Weise, und wir Menschen versuchen noch immer, ihre uralten Lieder zu deuten.

Am auffälligsten sind die Parallelen zwischen den Entführungen durch Elfen und den Entführungen durch UFO-Besatzungen. UFO-Entführungen – oder besser: Entführungen *in* ein UFO – bilden heute einen ganz entscheidenden Anteil an der Diskussion um dieses Phänomen, und wir werden uns in einem späteren Kapitel noch damit auseinandersetzen. So umstritten ihre wie auch immer geartete Wirklichkeit sein mag, es ist eine Tatsache, daß mehr und mehr Menschen behaupten, von »Außerirdischen« in einen Zustand versetzt worden zu sein, in dem sie nicht mehr Herr über ihren eigenen Körper waren, daß sie diese Fremden in ein gelandetes Schiff begleiten mußten und dort z.T. schmerzhaften Untersuchungen unterzogen waren. Eine spezielle Variante dieser Entführungen, die sich erst in den letzten Jahren deutlicher herauszukristallisieren beginnt, ist die sexuelle Kompo-

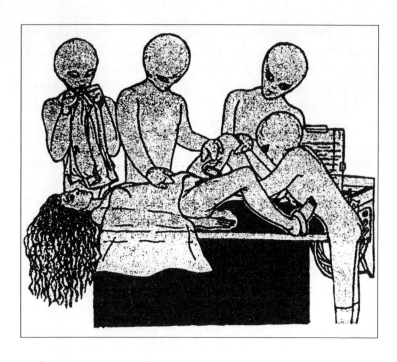

»Kleine Graue« entnehmen einer schwangeren Frau ihren Fötus. Zeichnung nach Betty Andreasson-Luca.

nente solcher Ereignisse. Frauen behaupten, sie seien künstlich befruchtet worden, und bei einer Wochen oder Monate später stattfindenden wiederholten Entführung habe man ihnen den herangewachsenen Embryo wieder entfernt. In einigen Fällen soll es sogar vorgekommen sein, daß man ihnen nach einigen Jahren das groß gewordene Zwitterkind gezeigt habe. Umgekehrt gibt es Entführungen von Männern, bei denen man Sperma entnommen oder die man zu einem sexuellen Kontakt mit einer Fremden gezwungen hat. Budd Hopkins[4] konnte mehrere solcher Fälle zusammentragen, die man schwerlich allesamt auf die paranoiden Vergewaltigungsträume sexuell gestörter Masochisten zurückführen kann. Dies schon deshalb nicht, weil solche Fälle in der Regel über einen längeren Zeitraum andauern, Sekundärzeugen auftreten und physikalische Nebeneffekte beobachtbar sind (z.B. Landespuren).

Einer der ausgedehntesten und folgenschwersten Fälle der letzten Jahrzehnte ist fraglos die noch immer andauernde Entführungsserie der Betty Andreasson-Luca.[33] Seit frühester Kindheit wurde sie wiederholt an Bord von UFOs gebracht und dort medizinisch untersucht. Man vermittelte ihr Visionen, und die Grenzen zwischen vorgeblicher Realität und induzierten Träumen sind so verwischt, daß es selbst versierten Forschern schwerfällt, Licht in dieses Mysterium zu bringen.

Betty Andreasson selbst wurde nie entführt, um an ihr genetische Manipulationen vorzunehmen. Aber sie berichtet, wie sie einmal an Bord geholt wurde, um bei einer solchen Operation zugegen zu sein: Eine ihr unbekannte Frau lag auf einem tischähnlichen Gegenstand, und einige der kleinen, grauhäutigen Wesen entnahmen ihr einen Fötus, der genauso aussah wie diese Wesen selbst. Sie wurde informiert, daß die Frau künstlich befruchtet worden sei und man den Fötus in diesem frühen Stadium holen müsse, um ihm ein Überleben zu gewährleisten. Unter Hypnose, die sie in die entsprechende Situation zurückführen sollte, sagte Betty Andreasson über diese Handlungen: »Sie [die Fremden] sind aus der gleichen Substanz [wie wir Menschen], und einige der Frauen [der Fremden] nehmen das Protoplasma einfach nicht an. Also benutzen sie sie [menschliche Frauen], um andere Föten auszutragen. Sie [die fremden Frauen] sind sehr schwach und können nicht wie Menschen künstlich befruchtet werden.« Auf die Frage des Hypnotiseurs, was

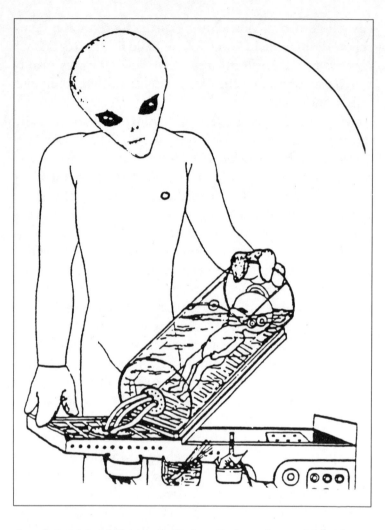

Aus dem Mutterleib einer irdischen Frau entfernter Hybridembryo an Bord eines »außerirdischen Raumschiffes«. Die »Außerirdischen«, oder zumindest die »kleinen Grauen«, wären demnach Zwitter zwischen uns und den Fremden, Wesen sowohl dieser als auch einer anderen Welt. Zeichnung nach Betty Andreasson-Luca.

mit den Föten in der Hand der Fremden geschehe, antwortete Frau Andreasson: »Die Föten *werden sie*!«
Aber dies ist, so unglaublich es klingen mag, eine im Grunde uralte Geschichte. Menschen wurden schon immer von den *Anderen* entführt, in ihr seltsames Reich gebracht, irdische Frauen wurden verschleppt, um als Mütter für die Kinder der Fremden zu dienen, ihre Säuglinge gestohlen und ihre Männer geraubt, um die Frauen der *Anderen* zu befruchten. Ja, es gibt sogar Sagen, daß Frauen den Elfen als Hebammen dienen mußten, so, wie Betty Andreasson entführt worden war, um bei der künstlich durchgeführten »Geburt« jener jungen Frau zu helfen, die sie vor sich auf dem Operationstisch sah.
In einem irischen Märchen zum Beispiel wird eine Frau namens Molly entführt, um die Kinder der Feen zu stillen. Ihr Mann ist völlig verzweifelt, denn er weiß nicht, was geschehen ist. Endlich erzählt ihm eine Nachbarin, wie sie den Raub beobachtet habe, und beide beschließen, die Frau zu befreien. Sie erkunden die Eingänge der *anderen Welt*, und als die Feen eines Tages – zusammen mit Molly – in einer Art Prozession aus der Unterwelt wieder an die Oberfläche kommen, entreißt der Mann seine Frau der Macht der *Anderen* und flieht mit ihr zurück nach Hause.[34]
In einem anderen irischen Märchen[26] geht es um ein Ehepaar, das seit etwa einem Jahr verheiratet war und nun ein Kind erwartete: »Die Zeit kam, und die Frau und das Kind starben. Aber in Wirklichkeit waren sie gar nicht gestorben. Die Feen hatten sie mit sich fortgenommen.«
Auch in einem weiteren Märchen scheint die Entführte für die Angehörigen zunächst tot zu sein: Ein Schuhmacher, dessen Frau kurz vor der Geburt ihres Kindes stand, reitet in die Stadt, um die Hebamme zu holen. Dort kauft

er einen Beutel mit Nägeln, bevor er, die Hebamme hinter sich auf dem Sattel, den Rückweg antritt: »Es war eine Mondnacht mit Wolken, und als sie durch einen Ort kamen, der *Alt an Tairbh* genannt wird, hörte er ein Geräusch, als ob ein Schwarm Vögel durch die Luft auf ihn zukäme. Er kam ihnen direkt entgegen, und als er über

Feen und Kobolde entführen eine schwangere Frau. Holzstich aus dem 19. Jahrhundert.

ihnen vorbeiflog, warf er eine Tüte mit Nägeln in die Luft. Er war wütend und rief: ›Mag der Teufel euch mit sich nehmen!‹
Kaum hatte er diese Worte ausgesprochen, da hörte er das Geräusch von etwas, das vor sein Pferd hinstürzte. Er wendete, stieg ab, und als er schaute, was es sei, fand er

Motiv aus dem Märchen vom Schuhmacher, der seine hochschwangere Frau von den Feen zurückerhält. Holzstich aus dem 19. Jahrhundert.

da doch eine Frau. Er sah sie scharf an, und es war doch tatsächlich seine eigene Frau, die er daheim zurückgelassen hatte. Er richtete sie auf und setzte sie auf das Pferd, und die Hebamme hielt sie fest, während er das Pferd heim führte. Nun, als sie das Haus erreichten, gab es da großes Geschrei, weil sie so spät kämen, und es hieß, die Frau sei unterdessen gestorben. Der Mann führte die beiden Frauen in den Stall und hieß sie dort zu bleiben, bis er zurückkomme. Er selbst ging ins Haus, als sei nichts geschehen, und trat an das Bett, wo angeblich der Leichnam liegen sollte. Alle verwunderten sich, daß er nicht weinte oder jammerte, wie es Männer tun, wenn ihnen die Frau stirbt... Er machte kehrt und war im Augenblick mit der Heugabel zurück. Er trat an das Bett und stach mit der Gabel in das Ding, das da lag, da fuhr das Wesen, das da lag, hoch und fuhr wie der Blitz aus dem Fenster. Er ging in die Scheune und holte seine Frau und die Hebamme. Alles ging gut, und zur rechten Zeit wurde das Kind geboren. Er und seine Frau wohnten noch lange in Gortalia, aber von den Feen und vom ›großen Volk‹ sind sie nie wieder behelligt worden.«

Mehrere Dinge sind von Interesse: zum einen die Entführung einer Schwangeren selbst, wohl unzweideutig mit dem Ziel, das Kind nach der Geburt als Feenkind aufzuziehen; die Parallele zu den Entführungen Schwangerer und der Entnahme ihrer Föten an Bord von UFOs ist offensichtlich. Hinzu kommt, daß diese Entführung mit einem Flug verbunden ist: Etwas, das laute Geräusche wie ein Schwarm Vögel macht, kommt aus der Luft direkt auf den Ehegatten zu. Anders als in vielen anderen Märchen oder auch bei UFO-Entführungen heute gelingt es ihm, durch das Hochwerfen der Nägel (eine magische Handlung), die Feen zur Herausgabe der Frau zu zwingen – freilich völlig unabsichtlich, denn von der Entführung wußte er zu diesem Zeitpunkt nichts. Schließlich fährt ein weiteres dieser Wesen »wie der Blitz aus dem Fenster« – auch das ein Hinweis auf den ungewöhnlichen Charakter dieser Gestalten.

Eine recht kuriose und doch so typische »Entführungsgeschichte« soll sich 1678 in Irland ereignet haben.[35] Damals reiste ein gewisser Dr. Moore zusammen mit drei weiteren Männern durch das Land. Eines Abends seien sie in einer Wirtschaft in Dromgreagh (Wickldow) eingekehrt, und das Gespräch am Tisch wandte sich bald einem seltsamen Thema zu: den wiederholten Entfüh-

Diebstahl eines Neugeborenen durch Feen. Holzstich aus dem 19. Jahrhundert.

rungen, die Dr. Moore als Kind durch Feen zu erleiden hatte.

Gerade, als Dr. Moore diese Geschichte erzählt, beginnt das Drama erneut: Ein ganzer »Trupp« kleiner Männer dringt durch die Tür herein, bemächtigt sich des völlig erschrockenen Mannes, hebt ihn empor und trägt ihn nach draußen. Die drei Freunde und die übrigen Gäste sind völlig geschockt: Sie sehen nämlich nur Dr. Moore, der für sie von einer unsichtbaren Kraft hochgehoben und entführt wird. Sie versuchen, ihn zu halten, werden aber wie von Geisterhand zurückgestoßen. Dr. Moore verschwindet in der Dunkelheit.

Am nächsten Morgen taucht er, hungrig und durstig, wieder auf: Eine Hexe hatte auf Bitten des Wirtes hin »gesehen«, wie sich der Entführte in der Gesellschaft von Feen befand und mittels Magie dafür gesorgt, daß Dr. Moore dort nichts aß und trank. Hätte er dies getan, hätte es keine Rettung für ihn gegeben.

Inwieweit die »Magie« der »Hexe« wirklich zur Rückkehr des Dr. Moore beigetragen hatte, sei dahingestellt. Der Bericht wurde jedenfalls von den drei Zeugen unterschrieben und als Pamphlet veröffentlicht. Ein Exemplar davon befindet sich noch heute in der Bibliothek des Britischen Museums von London.

Folkloristische Mythen wie die hier genannten sind keine Tatsachenberichte. Sie haben sich in der vorliegenden Form vermutlich nie oder nicht so ereignet. Sie sind ein Spiegel dessen, was sich vor Jahrhunderten, vielleicht sogar vor Jahrtausenden in ähnlicher Form wieder und wieder abgespielt hat.

Möglich, daß sogar die im Mittelalter so bekannten Geschichten um Incubi und Succubi auf zwangsweise herbeigeführte sexuelle Kontakte mit den *Anderen* zurückgehen. In der ursprünglichen Bedeutung handelte es sich um dämonische Wesen, die in Gestalt junger und hübscher Frauen oder Männer bei ihren Opfern wollüstige Träume hervorriefen und mit den Schlafenden sexuell verkehrten: Succubi mit Frauen, Incubi mit Männern. Sogar Martin Luther glaubte, die Dämonen verschafften sich auf diese Weise menschlichen Samen, um selbst zeugungsfähig zu werden und menschliche oder menschenähnliche Nachkommen zu erhalten. Die moderne Psychologie sieht in ihnen hingegen lediglich Imaginationen, hervorgerufen aus unterdrückten sexuellen Phantasien und Vorstellungen. Nur frage ich mich, warum solche Imaginationen dann heute nicht mehr auftreten, etwa in den islamischen Ländern oder in Ländern mit orthodoxer christlicher Sexualmoral, wenn es sich doch um archetypische und damit uralte, in jeder Gesellschaft und zu jeder Zeit wirksame Bilder handelt.

Kurioserweise ähnelt die Handlungsweise der Succubi/Incubi ebenso wie die Vorstellung, die man vom Sinn ihres Treibens hatte, in so auffallender Weise jenen Berichten, die uns die moderne UFO-Forschung liefert, daß eine Parallelisierung durchaus angebracht erscheint. Die junge Françoise Bos beispielsweise, die 1606 angeklagt war, mit einem Succubus verkehrt zu haben, gab bei ihrem Prozeß am 30. Januar folgende Aussage zu Protokoll:[36]

»Die Beschuldigte bezeugt, daß einige Tage vor dem Allerheiligenfest des Jahres 1605, als sie nachts neben ihrem Ehemann schlief, sich etwas auf ihr Bett warf, so daß sie vor Schreck erwachte; ein anderes Mal warf sich das gleiche Etwas wie eine Kugel auf ihr Bett, wobei sie diesmal wach war, ihr Mann aber wiederum schlief. Der

Geist hatte die Stimme eines Menschen. Auf ihre Frage:
Wer ist da? antwortete man ihr leise, daß sie keine Angst
zu haben brauche, daß der, der sie heimsuche, ein Ritter
des heiligen Geistes sei, daß er gesandt worden sei, um
wie ihr Ehemann ihr beizuwohnen, und daß sie sich nicht
fürchten solle, ihn an ihrem Bett zu empfangen. Als sie es
ihm verwehren wollte, sprang der Geist auf einen Back-
trog, dann auf die Erde und kam schließlich zu ihr, indem
er sprach: Du bist sehr grausam, da du mir etwas verwehren willst, was zu tun ich mir vorgenommen habe. Dann
deckte er das Bett auf, nahm eine ihrer Brüste, hob sie empor und sagte: Du kannst nunmehr erkennen, daß ich
dich liebe, und ich verspreche dir, daß du sehr glücklich
sein wirst, wenn du mich dir beiwohnen läßt; denn ich
bin der Tempel Gottes, der gesandt ist, arme Frauen wie
dich zu trösten. Sie antwortete ihm, daß sie damit nichts
zu schaffen habe und sich mit ihrem Mann begnüge. Der
Geist erwiderte: Du bist doch sehr enttäuscht von ihm;
ich bin der Ritter des Heiligen Geistes und bin zu dir gekommen, um dich zu trösten und dir beizuwohnen, und
versichere dir, daß ich die höchste Gunst aller Frauen ge-
nieße; nur den Frauen von Priestern wohne ich nicht bei.
Dann legte er sich in ihr Bett und sprach: Ich will dir zeigen, wie es die jungen Burschen mit den Mädchen treiben. Und danach begann er, sie unziemlich zu betasten...
und entfernte sich, ohne daß sie wußte, wie es geschehen
war, noch ob er sein Vorhaben durchgeführt hatte...
Dennoch glaubt die Beschuldigte, daß es sich um einen
guten und heiligen Geist gehandelt habe, der sich im Umgang mit Frauen auskennt. Sie fügt hinzu, daß am ersten
Tage des Jahres, als sie etwa um Mitternacht wach neben
ihrem schlafenden Ehemann im Bett lag, derselbe Geist
an ihr Bett getreten sei und sie gebeten habe, ihm zu ge-

statten, sich zu ihr zu legen, damit er ihr beiwohnen und sie glücklich mache; sie aber lehnte ab. Und er fragte sie, ob sie nicht den Erlaß ihrer Sünden erlangen wolle; da sagte sie ja. Dies ist schon geschehen, erwiderte er, empfahl ihr aber, darüber nicht mit ihrem Beichtvater zu sprechen. Und als sie gefragt wurde, ob sie den Beischlaf mit dem Geist nicht gebeichtet habe, antwortete sie, sie habe nicht gewußt, daß es eine Sünde sei, Umgang mit einem Geist zu haben, den sie für gut und heilig hielt, und daß der Geist jede Nacht zu ihr gekommen sei, sie ihm aber nur dieses eine mal ihr beizuwohnen gestattet habe. Als sie sich ablehnend verhielt, sei der Geist vom Bett auf die Erde gesprungen; auch wisse sie nicht, was aus ihm geworden sei. Acht oder neun Tage, bevor man sie ins Gefängnis gebracht habe, sei der Geist nicht mehr gekommen, weil sie ihr Bett mit Weihwasser besprengt und das Zeichen des Kreuzes geschlagen habe.«

Erotische Phantasien einer jungen Frau? Möglich, aber in diesem Falle wären es sehr redselige Phantasien gewesen. Ein anderer Mann, der die Sehnsüchte einer sexuell vernachlässigten Ehegattin geschickt auszunutzen verstand? Schon wahrscheinlicher, nur müßte in diesem Fall der Herr Gemahl über einen geradezu gesegneten Schlaf verfügt haben, wenn er in den zahlreichen Nächten des heimlichen Stelldicheins nichts von all dem bemerkt hätte. Oder begegnet uns hier etwas, das sich, geschähe es in unseren Tagen, als sexuelle Manipulation fremder Wesen aus einem UFO darstellen würde?

Immerhin deuten einige Indizien darauf hin: Der Fremde, der nachts völlig unbehelligt in das Haus eindringen kann, zuweilen als »Kugel«, d.h. in anderer als der menschlichen Gestalt. Der Mann, der im gleichen Bett liegt und sich nicht rührt (ein bekanntes Phänomen bei

Entführungen: selbst Rütteln und Rufen bringt den Ehepartner nicht aus einem Zustand schläfriger Lethargie, während die *Anderen* den Raum betreten und das Entführungsereignis beginnt; Whitley Strieber, Kathie Davis, Betty Andreasson und viele andere haben darüber berichtet). Die Levitation der Frau: der »Geist« berührt sie an der Brust, und sie schwebt aus dem Bett empor – nichts anderes schildern die »Entführten« heute, wenn sie, nachdem die »Außerirdischen« sie geweckt und berührt haben, schwebend in das gelandete UFO geleitet werden. Schließlich der Sexualkontakt selbst: »Und danach begann er, sie unziemlich zu betasten... und entfernte sich, ohne daß sie wußte, wie es geschehen war noch ob er sein Vorhaben durchgeführt hatte.« Das ist doch sehr untypisch sowohl für die Annahme, es habe sich um eine Sexualphantasie gehandelt (warum versagt sie ausgerechnet im entscheidenden Moment?) noch für die Vermutung, die junge Françoise sei einfach so naiv gewesen, einem fremden Casanova auf den Leim zu gehen (warum sollte sie dann nicht sagen können, »ob er sein Vorhaben durchgeführt« habe, d.h. mit ihr geschlafen hatte; immerhin war sie verheiratet und nicht völlig unerfahren). Anders hingegen, wenn wir das ganze als Äquivalent zu modernen UFO-Entführungen betrachten: Auch hier läuft der Geschlechtsverkehr völlig emotionslos ab, häufig nur in Form einer künstlichen Befruchtung oder als mechanischer Akt.

Die Vorstellung einer Schwängerung von Erdenfrauen durch himmlische oder göttliche ebenso wie dämonische Wesen zieht sich durch die gesamte menschliche Geschichte. Die Legende von der Jungfrauengeburt des Jesus von Nazareth und seiner Empfängnis »durch den Heiligen Geist« ist letztlich nur die Übernahme viel älterer und allgemein verbreiteter Vorstellungen. Etliche berühmte Männer der Antike glaubten, himmlische Väter zu haben, »Gott« selbst schlief mit Sarah, der Frau Abrahams, um mit ihr einen Sohn zu zeugen; Buddha, Krischna, Alexander der Große und sogar Mohammed entstammten der Legende nach einer solchen Verbindung. Die Vorstellung, ein »Ritter des Heiligen Geistes« käme des Nachts auf geheimnisvolle Weise in die Häuser der Menschen, um mit den dort schlafenden Frauen Kinder zu zeugen, war für die Menschen des beginnenden 17. Jahrhunderts keineswegs eine abstruse Vorstellung. Für die arme Françoise Bos hingegen endete dieses seltsame Verhältnis auf tragische Weise: Sie wurde für schuldig befunden, nicht mit einem Abgesandten Gottes, sondern

Ein »Puck«, der angelsächsischen Mythologie zufolge ein Mischwesen aus Mensch und Fee. Die Ähnlichkeit mit den »kleinen Grauen« unserer Tage ist erstaunlich.

Kopf eines »kleinen Grauen«. Auch diese Wesen sollen nach Auffassung einiger Entführter Hybridwesen zwischen Menschen und Außerirdischen sein.

mit dem Teufel verkehrt zu haben, und am 14. Juli 1606 öffentlich als Hexe verbrannt.

In der mythologischen Vorstellungswelt des einfachen Volkes entstammten solchen Kontakten wiederum seltsame Wesen wie der »Puck«: ein kleiner, meist nackt auftretender Gnom, der mit seinen großen Augen, seinem überproportionalem Kopf und seinem vergleichsweise schmächtigen Körper eine gewisse Ähnlichkeit mit den »kleinen Grauen« moderner UFO-Entführungen nicht leugnen kann. Und diese wiederum sollen – jedenfalls, wenn wir Betty Andreasson-Luca glauben – auf genau diese Weise entstanden sein: aus einer künstlich herbeigeführten Verbindung zwischen den *Anderen* und Menschen dieser Erde.

Wer kennt sie nicht, die Dschinns, jene seltsamen, übermächtigen Wesen aus *Tausendundeinernacht*, die in der »bezaubernden Jeannie« ihren hübschen zeitgenössischen Gegenpart gefunden haben. Aber die Dschinns der islamischen Tradition waren – anders als der weibliche Flaschengeist der amerikanischen Fernsehserie – sehr gewaltige, mächtige und furchteinflößende Wesen. Sie ähneln in gewisser Weise dem griechischen Begriff des *Dämon*, und auch sie vermochten »gut« und »böse« zu sein in gleicher Weise.

Gordon Creighton[37] hat als erster auf die offensichtliche Verbindung zwischen Dschinns und UFO-Insassen aufmerksam gemacht. Entsprechend arabischer Legenden sind sie normalerweise für die Menschen unsichtbar, können sich jedoch nach eigenem Gutdünken in der Welt manifestieren. Sie vermögen jede gewünschte Form anzunehmen, einschließlich jener von Tieren, und viele von ihnen machen sich einen Spaß daraus, Menschen mit fal-

schen Informationen zu versorgen und in die Irre zu führen. Sowohl die »guten« als auch die »schlechten« unter
ihnen gehen sexuelle Kontakte mit Menschen ein. Diesen
Verbindungen seien zahlreiche moslemische Heilige
entsprungen. Zuweilen entführen sie Menschen durch
die Luft und setzen sie weit entfernt wieder ab.
All diese Fähigkeiten kennen wir bereits: von den Feen
der nordischen und mitteleuropäischen Sagenwelt genauso wie von den UFO-Besatzungen, die im ausgehenden 20. Jahrhundert Menschen an Bord ihrer Schiffe
bringen, dort Zwitterwesen zeugen und die geschockten
Männer und Frauen viele Kilometer entfernt wieder ab-
setzen. Sie treten in hunderterlei Gestalt auf, damals wie
heute: als Dschinns, als Feen, als Elfen, als Pucks, als
Hopkinsville-Zwerge mit Elefantenohren und als Gestalten, die sich vor den Augen der Zeugen verwandeln und
in Luft auflösen können.
Aber sie sind mächtig, und nach dem Glauben der Menschen beherrschen sie »die genaueste Wissenschaft des
Himmels, die Wirkung des Gestirns, das eigentliche Wesen des elementarischen Feuers, die Beschaffenheit der
Einwohner der Planeten und viele andere herrliche Dinge
mehr«, wie Georg von Welling 1784 schrieb.[38] Und einer
der größten Wissenschaftler der Renaissance, der Arzt
Paracelsus von Hohenheim, meinte im 16. Jahrhundert:
»Wiewohl sie von Natur kleiner Statur und kleinen Leibs
sind, so können sie doch dem Menschen erscheinen wie
sie wollen, groß, klein, schön oder ungestalt, in Herrlichkeit oder Armut. Denn es mangelt ihnen keine Kunst,
soweit es das Licht der Natur vermag.«
Erscheinen sie dem Menschen wirklich, wie sie es wollen? Ja, vielleicht...
Vielleicht, weil ihr Erscheinen in dieser oder jener Form,

als Fee, als Elfe, als Zwerg mit glühenden Augen oder als behufter Teufel letztlich in uns selbst seinen Ursprung hat. Paracelsus wußte dies: »Wie wir sie aber zu uns bringen, daß sie uns leiblich erscheinen und zu uns kommen..., das öffentlich zu schreiben und anzuzeigen ist nicht gut, um des großen Übels und Mißbrauchs willen, der in dessen Gefolgschaft wäre. Aber so sage ich doch, daß allein unser Glaube, unsere Gedanken und die Kraft unserer Imagination solches kann und vermag.«[39]

Paracelsus von Hohenheim. Er erkannte im 16. Jahrhundert vielleicht als erster intuitiv die wahre Natur der »Feen« und »Elfen«.

83

Die Feen aus den Zauberwäldern sind seit langem verschwunden. Tot sind sie nicht. In Schiffen aus Licht jagen
sie durch die Wolken des Firmaments, in Sturm und Blitz
suchen sie ihre Opfer wie einst, vor Hunderten von Jahren. Sie sind immer noch da: die Fremden, die Besucher,
die *Anderen*, aber die Sprache ihres Tanzes, die Sprache
ihrer Musik haben wir nie verstanden.

V

»Gar schröckliche Zeichen«

Schlachten am Himmel
und andere Wunder

Am 13. September 1768 reist Johann Wolfgang von Goethe von Frankfurt nach Leipzig: »Wir waren zur Allerheiligen-Pforte hinausgefahren und hatten bald Hanau hinter uns, da ich denn zu Gegenden gelangte, die durch ihre Neuheit mein Aufsehen erregten, wenn sie auch in der jetzigen Jahreszeit wenig Erfreuliches darboten. Ein anhaltender Regen hatte die Wege äußerst verdorben, welche überhaupt noch nicht in den guten Stand gesetzt waren, in welchem wir sie nachmals finden; und unsere Reise war daher weder angenehm noch glücklich. Doch verdankte ich dieser feuchten Witterung den Anblick eines Naturphänomens; denn ich habe nichts Ähnliches jemals wieder gesehen, noch auch von anderen, daß sie es gewahrt hätten, vernommen.

Wir fuhren nämlich zwischen Hanau und Gelnhausen bei Nachtzeit eine Anhöhe hinauf, und wollten, ob es gleich finster war, doch lieber zu Fuße gehen, als uns der Gefahr und Beschwerlichkeit dieser Wegstrecke aussetzen. Auf einmal sah ich an der rechten Seite des Wegs, in einer Tiefe eine Art von wundersam erleuchtetem Amphitheater. Es blinkten nämlich in einem trichterförmigen Raume unzählige Lichtchen stufenweise übereinander, und leuchteten so lebhaft, daß das Auge davon geblendet wurde. Was aber den Blick noch mehr verwirrte, war, daß sie nicht etwa still saßen, sondern hin und wieder hüpften, sowohl von oben nach unten, als auch umgekehrt und nach allen Seiten. Die meisten jedoch blieben ruhig und flimmerten fort. Nur höchst ungern ließ ich mich von diesem Schauspiel abrufen, das ich genauer zu beobachten gewünscht hätte.

Auf Befragen wollte der Postillon zwar von einer solchen Erscheinung nichts wissen, sagte aber, daß sich in der Nähe ein alter Steinbruch befinde, dessen mittlere Vertiefung mit Wasser aufgefüllt sei. Ob dieses nun Pandämonium von Irrlichtern oder eine Gesellschaft von leuchtenden Gestalten gewesen, will ich nicht entscheiden.«[40]

Schade, daß Goethe sich nicht dazu hat durchringen können, die Angelegenheit näher unter Augenschein zu nehmen. Er selbst schreibt zwar von einem »Naturphänomen« – aber welches Naturphänomen sollte dies gewesen sein? Leuchtkäfer, wie manche mutmaßen?[41] Nicht sonderlich wahrscheinlich – der naturbegeisterte Goethe hätte sie als solche erkannt und beschrieben, Leuchtkäfer verharren auch nicht auf einem eng begrenzten Raum. Sogenannte »Erdlichter«?[41] Das sind angeblich aus dem Boden austretende Leuchterscheinungen, wie sie von manchen Forschern heute ernsthaft als Erklärung für das UFO-Phänomen herangezogen werden. Die Existenz solcher Lichter ist jedoch sehr umstritten, und ich kenne – als Geologe – keinen fachspezifischen Beitrag in einer geologischen oder geophysikalischen Zeitschrift, der sich damit beschäftigt. Ich will nicht ausschließen, daß es solche Energieformen gibt (auch wenn ich mir den Mechanismus ihrer Entstehung nur schwer vorstellen kann), aber nur aufgrund der Tatsache, daß sich in der Nähe ein Steinbruch befand, zu mutmaßen, Goethe habe ein »Erdlicht« beschrieben, erscheint doch recht spekulativ.

Was Goethe wirklich gesehen hat, wird wohl für immer ein Rätsel bleiben. Aber in gewisser Weise ähnelt seine Beobachtung jener im Bodensee-Fall, insbesondere in seinem initialen Stadium. Wer weiß, wäre Goethe geblieben oder – wie Jürgen Rieder – auf die Leuchtpunkte zugegangen, vielleicht hätte er sich dann auch in einer »Gesellschaft von leuchtenden Gestalten« wiedergefunden und so etwas wie glühende Riesen erkannt, die, auf »Raketenstühlen« oder ihren Anno-1768-Äquivalenten sitzend, durch die Wälder zwischen Hanau und Frankfurt schwebten.

Die Schriften, Bücher, Urkunden und frühen Druckerzeugnisse der vergangenen Jahrhunderte sind angefüllt mit Ereignissen wie diesen; ungeklärten, häufig unerklärlichen Beobachtungen, die den Menschen damals weit rätselhafter erscheinen mußten als uns heute. Dennoch, vieles, was seinerzeit als »wunderbar« und als »gar schröckliches Zeichen« galt, kann heute sinnvoll gedeutet werden. Das »Drei-Sonnen-Phänomen« zum Beispiel, das in vielen mittelalterlichen Berichten auftaucht und in Shakespeares Drama »König Heinrich VI.« seinen literarischen Niederschlag gefunden hat, ist nichts anderes als eine seltene, nichtsdestoweniger aber natürliche Refraktion in der Atmosphäre. Viele seltsame Leuchtkörper, die in der modernen UFO-Literatur als historische »außerirdische Raumschiffe« erneut für Schlagzeilen sorgten, erweisen sich bei näherem Betrachten als gewöhnliche Kometen oder als Meteore bzw. Feuerkugeln, das heißt als große, in der Atmosphäre verglühende Gesteinsbrocken aus dem All.

Natürlich galten im Mittelalter bis hinein ins siebzehnte bis achtzehnte Jahrhundert derartige Ereignisse als Wunder am Himmel, und es fällt nicht immer leicht, Fakten von Phantasien, Beschreibungen von religiös motivierten

Das sogenannte »Drei-Sonnen-Phänomen«, das im Mittelalter für ein Wunder, in der frühen UFO-Literatur für eine Manifestation außerirdischer Raumschiffe gehalten wurde. Es handelt sich jedoch um ein völlig natürliches optisches Refraktionsphänomen, das bei bestimmten Inversionslagen zu einer doppelten Spiegelung der Sonne führen kann.

Deutungen, natürliche von unnatürlichen Phänomenen zu unterscheiden. Der Mensch vergangener Jahrhunderte neigte dazu, in den »himmlischen Zeichen« weniger ein Naturphänomen als vielmehr einen Wink Gottes zu verstehen. So konnten in einer Zeit, in der die Auffassung galt, daß z.B. Meteoriten schon deshalb keine Steine sein könnten, weil es im Himmel bekanntermaßen keine Steine gäbe, die seltsamsten Beobachtungen untereinander und mit religiösen Interpretationen vermischt werden.

Dennoch scheint mir, daß es eine ganze Reihe höchst merkwürdiger Berichte aus alter Zeit gibt, die — anders als die Feen- und Zwergenlegenden — nicht ausschließlich im Folkloristischen anzusiedeln sind. Es sind im wesentlichen Augenzeugenberichte von Menschen, die dem Chronisten bekannt waren oder für deren Glaubwürdigkeit ein anderer seriöser Bürge Zeugnis ablegte. Doch wie in den Märchen aus den Zauberwäldern spiegelt sich auch in ihnen jenes ewige, zeitübergreifende Drama wider, das die *Anderen* und uns seit der Geburt des Menschengeschlechts miteinander zu verbinden scheint.

Gewöhnlich gilt er als »Vater der Propheten«, jedenfalls jener des Mittelalters und der Neuzeit: Michel de Nostradamus. Aber neben den reichlich obskuren Vorhersagen, die er mehrbändig in seltsamer Versform der Nachwelt als Rätsel hinterließ, tritt uns, freilich weniger bekannt, in seiner Person auch ein außergewöhnlich guter UFO-Berichterstatter entgegen. Im Jahr 1554, so schreibt er, »... ist hier zu Salon ein sehr schreckliches und entsetzliches Gesicht am 10. März ungefähr zwischen sieben und acht Uhr abends gesehen worden, welches meines Erachtens bis gegen Marisiliam [Marseille] gereicht hat. Dann ist es auch zu St. Chamas am Meer gesehen worden: In der Nähe des Mondes, welcher zur selbigen Zeit nahe dem ersten Viertel war, kam ein großes Feuer von Osten und fuhr gegen Westen. Dieses Feuer... in Gestalt einer brennenden Stange oder Fackel, gab einen wunderbaren Schein von sich. Flammen sprangen von ihm, wie von einem glühenden Eisen, das der Schmied bearbeitet. Funken, wie silberglänzend, von unmäßiger Länge wurden aufgeworfen, gleich der Jakobstraße [Milchstraße] am Himmel, Galaxie genannt. Sehr geschwind wie ein Pfeil, mit einem großen Rauschen und Prasseln... und wie Blätter und Bäume von einem gewaltigen Winde hin- und hergetrieben werden, ist es vorübergelaufen. Es hat fast zwanzig Minuten gedauert, bis wir es über der Gegend von Arla, sonst der Steinige Weg genannt, sahen. Dort hat es gewendet in Richtung Süden weit ins Meer. Der feurige Streifen, den es hinterließ, behielt lange Zeit seine feurige Farbe und warf noch einige Funken, wie der Blitz, der vom Himmel fällt... Wo es niedrig vorübergegangen, hat es alles verbrannt zu Pulver...«[42]

Ein Meteorit, der vom Himmel fiel? Zwei Angaben sprechen dagegen: zum einen die Fähigkeit dieses feurigen Flugobjekts, Kurskorrekturen (»Dort hat es gewendet in Richtung Süden...«) durchzuführen, zum anderen die Beobachtungsdauer von etwa zwanzig Minuten. Gewöhnlich können Meteorite nur Sekunden, allenfalls ein bis zwei Minuten beobachtet werden, wenn sie, mit hoher Geschwindigkeit in die Atmosphäre eintretend, bereits in den oberen Schichten verglühen und einen leuchtenden Feuerball bilden.

Der Vorsitzende der deutschen Abteilung der international arbeitenden UFO-Forschungsorganisation MUFON, der Diplom-Ingenieur Illobrand von Ludwiger, hat einen interessanten Parallelfall aus dem Jahr 1970 gefunden.[43] Demnach wurden am 7. August dieses Jahres die Bewohner der kleinen äthiopischen Ortschaft Saladare gegen 22.30 Uhr aus ihrer abendlichen Ruhe geschreckt. Sie vernahmen ein Geräusch wie bei einem tief fliegenden, sich beständig nähernden Flugzeug und entdeckten eine große, rot-glühende Kugel, die in nur etwa 150 Meter Entfernung und geringer Höhe an ihrem Dorf vorbeizog. Sie besaß einen langen Schweif und wurde von manchen auch als »feuriger Baumstamm« bezeichnet (was verblüffend an die »brennende Stange oder Fackel« aus dem Bericht des Nostradamus erinnert). Das Objekt riß bei seinem Flug ganze Bäume aus, verbrannte den Boden und den Asphalt einer Straße, machte dann unmittelbar hinter dem Ort halt und kehrte auf der nahezu gleichen Route, auf der es gekommen war, wieder zu seinem unbekannten Ausgangspunkt zurück.

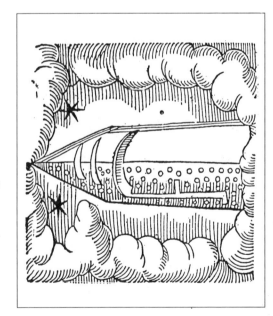

Zylinder- oder raketenförmiges Objekt im Himmel. Holzstich nach einer Beobachtung über der Arabischen Halbinsel 1479 n. Chr.

Auch hier ist es wenig wahrscheinlich, daß es sich um einen Meteoriten oder um einen Kugelblitz gehandelt hat. Kugelblitze können zwar Schäden anrichten, aber in der hier beobachteten Form ist dies nie zuvor und auch nie danach geschehen. Und Meteorite können nicht plötzlich auf der Stelle verharren, um dann kehrt zu machen und wieder ins All zurückzukehren. Das wäre wahrlich ein weit gößeres Wunder als die Annahme, hier wie im Jahr 1554 habe sich ein unter »intelligenter Kontrolle« befindliches Objekt seinen Weg gebahnt.

Ob kontrolliert oder nicht, feurige Objekte verursachten am 10. Oktober 1717 auch in Kiel fast eine Feuersbrunst:[44] »Am Sonntage, als den 10. October Nachmittags, haben sich auf dem Kieler Felde viel Feuerzeichen am Himmel sehen lassen, so daß zu verschiedenen mahlen etliche Klumpen Feuer aus der Lufft auf die Erde gefallen, welche sich wieder von der Erde hinauf in die Lufft erhoben [!], und anders wohin begeben haben; wie solchen von vielen Menschen, mit großer Bestürtzung angemerket und gesehen worden. Worauf denn des Abends um 5 Uhr, in der Kieler Vorstadt, auf dem so genannten Walcker-Damm ohnvermuthet eine gefährliche Feuersbrunst entstanden, welche in kurtzer Zeit drei Häuser consumiret, und wenn sich der Wind nicht noch gelegt, gar leicht die gantze Vorstadt hätte ergriffen und eingeäschert werden können; ist aber noch durch gute Anstalten, bloß bey 3 Häusern geblieben.«

Es wären auch hier mehr als seltsame Kometen, Meteorite oder Kugelblitze gewesen, die aus den Wolken fallen, zur Erde hinabsinken, um sich dann wieder zu erheben und das »Spiel« von neuem zu beginnen. Es gibt m.W. keine Beobachtung eines natürlichen Phänomens, das das hier Beschriebene in irgendeiner Weise erklären könnte.

Eine sehr ausführliche Schilderung gibt es aus Clausthal-Zellerfeld im Harz[45]. Um 22 Uhr abends am 4. September 1783 beobachteten die Einwohner, unter ihnen ein Herr von Trebra, ein röhrenförmiges Licht, das von der Erde bis unter die Wolken (oder umgekehrt) reichte und mehrmals durch den Ort zog. Die Beschreibung eines solchen Lichtstrahls ist für uns insofern von großem Interesse, als daß derartige »Suchlichter« auch bei den Luftschiff-Sichtungen des 19. Jahrhunderts in Amerika eine große Rolle spielten – wie wir noch sehen werden. Hier ist ein Ausschnitt aus dem sonderbaren Bericht des Herrn von Trebra:

»Bald sagte man mir, daß es nun wieder anfange aufzublinken, und ich sah wirklich von Abend [Westen] her erst matte feurige Flammen, wie beim Nordlicht, nur weit tiefer, in der Atmosphäre aufschießen, die immer lichter wurden und alles um mich hell war, so daß ich jede Kleinigkeit auf der Straße sehen konnte. So flammte es nun, wie ein stehenbleibender lebhafter Blitz, um mich einige Minuten, und zog dann in eine weitere Entfernung nach einer Gegend fort, zu der ich eine freie, durch Häuser unversperrte Aussicht hatte. Dort, es mochten fünfhundert Schritte von mir seyn, stand es so lange, daß ich es mit vollkommener Bequemlichkeit hinlänglich beobachten und eines Augenblicks genießen konnte, den ich schwerlich so schön, als er war, zu beschreiben im Stande seyn werde. Nah an der Erde war das mehreste Licht, das sich ziemlich, wenigstens bis zum Orangegelben, röthete. Sein Umfang mochte etwa zwanzig Schritt seyn, und auf diesem war alles so äußerst hell, daß man Kleinigkeiten auch in der Entfernung sehen zu können sich beredete. Von diesem Punkte aus strahlte das immer schwächere, gelbe, und endlich, in noch mehr Entfernung von seinem Mittelpunkte an der Erde, das ganz weiße Licht, mit bogenförmiger Erweiterung des Umfangs, in die Höhe, und erleuchtete den um dieses flammenähnliche, scheinbar aus der Erde auflodernde Licht stehenden dünnen Nebel zwar bis in einer ziemlichen Entfernung von der Erde, aber doch nicht ganz durch; denn oben drüber war wieder düstre Dunkelheit. So stand dieser lichtflammende Schweif wohl ein paar Minuten lang zur Beobachtung vor meinen Augen; dann rückte er schwingend, in Abwechslung mit Dunkel, weiter gegen Mittag hin, wo mir Häuser im Wege standen, so daß ich nur das weiße obere Licht beobachten konnte, aber nicht den Raum der größten Helligkeit. Es stieg auch hier das Licht nicht hoch in die Atmosphäre, und oben darüber stand Dunkel. Nachdem dies Meteor [so wurden damals alle unerklärlichen atmosphärischen Erscheinungen genannt] hier wieder einige Minuten gestanden hatte, zog es weiter gegen Mittag in große Entfernung auf denselben Ort, wo ich es zuerst als das Zeichen eines entfernten Feuers beobachtet hatte, blieb einige Minuten auch dort stehen und verschwand. Etwa eine halbe Stunde nachher, um 11 Uhr, blickte es, erst ganz matt, auf derselben Stelle gegen Mittag [Süden] wieder auf, ward dann röther, erhielt mehreren Umfang und zog sich wieder zusammen, dem Anscheine nach, da dicke Wolken ihm nahe kamen. In diesem Spiele hat das Meteor bis gegen 1 Uhr des Nachts fortgedauert; doch ich habe es nur bis halb 12 Uhr beobachtet.«

Da behaupte noch jemand, »UFOs« und all die mit ihrem Auftreten verbundenen Phänomene seien eine Erfindung der Nachkriegszeit. Was hier beschrieben wird, das regelrechte Abtasten einer Region mit Hilfe eines starken Lichtstrahls, wird auch heute wieder und wieder be-

schrieben. Eine geradezu erstaunliche Parallele bildet eine ebenfalls mehrstündige Beobachtung vom September 1984 aus der ehemaligen Sowjetunion.[46] Damals sichteten Crew und Passagiere einer Linienmaschine vom Typ »TU-134 A« zunächst einen sich bewegenden »großen, strahlenden Stern«. Nach Angaben der Zeitschrift »Trud« vom 30. Januar 1985 wurde das Objekt gegen 4.10 Uhr morgens von der Besatzung wahrgenommen. Die Maschine befand sich auf der Route Tiflis-Rostow-Tallin in einer Höhe von etwa 10.000 Metern. Nach Angaben von Kapitän Igor Tscherkaschin habe das Objekt zunächst in etwa 30 bis 40 Kilometer über dem Erdboden geschwebt und einen dünnen Lichtstrahl zur Oberfläche hinabgeworfen, der sich über dem Boden zu einem Kegel erweiterte. Die Besatzung habe in einem »enorm hellen Licht« deutlich Häuser und Straßen erkennen können.
Dann sei der Strahl auf das Flugzeug gelenkt worden und habe das Cockpit in ein gleißendes Licht getaucht. Die Besatzung habe einen von farbigen Ringen umgebenen weißen Lichtpunkt gesehen, der sich »unerwartet in eine grüne Wolke verwandelt« hätte. Kurz darauf habe das Objekt beschleunigt, sei auf die Maschine zugeschossen und habe deren Kurs gekreuzt. Es erschien der Crew zu diesem Moment wie eine »flugzeugförmige Wolke«, die sie bis über Estland eskortierte und dann verschwand. Das Objekt wurde in dieser Zeit auch von den Piloten einer entgegenkommenden Maschine wahrgenommen. Auf den Radarschirmen der Bodenstationen in Minsk, Riga und Wilnius waren neben dem Flugzeug nahezu während des gesamten Beobachtungszeitraums »seltsame Kleckse« zu erkennen, die die »TU-134 A« begleiteten.
In einem Brief an den deutschen UFO-Forscher Thomas

95

Mehner vom April 1987 bestätigte Copilot Gennadi Lasurin die Sichtung und beschrieb weitere Details: »Nachdem aus dem Objekt, das vor dem Hintergrund des Sternhimmels gut sichtbar war, ein dünner Strahl austrat, öffnete sich dieser zugleich zu drei Lichtkegeln, so wie sich ein Damenfächer öffnet. Der Maximaldurchmesser des Lichtkreises auf der Erde betrug 22–25 Kilometer. Nachdem der Strahl auf das Flugzeug angehoben wurde, wurde die Lichtquelle sichtbar – ein weißer Punkt mit umliegenden konzentrischen Kreisen. Die Besonderheit des Lichtes bestand darin, daß eine scharfe Grenze von Licht und Schatten sichtbar war. Auf der Erde zeichnete sich ebenfalls deutlich die Berührungslinie des Lichtkegels mit dem Boden ab.« Lasurin schätzt die Ausmaße des eigentlichen Objekts auf 100 bis 300 Meter, die der es umgebenden grünen Wolke auf 8 bis 10 Kilometer.

UFO-Skeptiker wollen uns tatsächlich weismachen, die Besatzung der »TU-134 A«, die des entgegenkommenden Flugzeuges und die Radarkontrolleure in Minsk, Riga und Wilnius hätten nichts anderes als eine in etlicher Entfernung gestartete militärische Trägerrakete gesehen! Ob die Einwohner von Clausthal-Zellerfeld 1783, die – sieht man einmal vom Durchmesser des Lichtkegels auf dem Boden ab – offenbar eine völlig identische Erscheinung wahrnahmen, dann auch den Start einer solchen »sowjetischen Militärrakete« beobachteten? In diesem Falle allerdings müßten sie über geradezu erstaunliche hellseherische Fähigkeiten verfügt haben.

Half das Erscheinen von UFOs einst Karl dem Großen bei seinem Kampf gegen die Sachsen? Will man alten Chroniken Glauben schenken, so ist dies fraglos der Fall gewesen. 776 n.Chr. hielt sich der 24 Jahre später zum

1   Linda Cortile und der amerikanische UFO-Forscher Budd Hopkins. Frau Cortile wurde im Jahre 1989 von kleinen, grauhäutigen Gestalten aus ihrer Wohnung in New York entführt. Das Foto entstand bei der erstmaligen Präsentation dieses Falles auf der MUFON-Konferenz am 1. Juli 1992 in Albuquerque (New Mexico).

2   Eine »Manual Manouvering Unit« (MMU) der NASA, ein Raketensessel, wie er erstmals 1985 von dem amerikanischen Shuttle-Astronauten Bruce McCandless im Erdorbit getestet wurde. Er erlaubt völlige Manövrierfreiheit im luftleeren Raum.
So ähnlich müssen auch die drei »Flugsessel« am Bodensee auf Jürgen Rieder gewirkt haben. MMUs gab es damals jedoch noch nicht.

3   So stellt man sich im allgemeinen die mythologische Welt der Feen, Elfen und Kobolde vor. Doch die idyllische Szenerie täuscht: Die Feen der Vergangenheit waren Wesen aus Licht und Dunkelheit – nicht anders als die UFO-Insassen heute. Gemälde von Joop Smits (»Magic Meeting«).

4   Der Feenkönig Oberon. So, wie er als menschähnlicher Herrscher über die Kobolde und Feen regierte, sollen auch heute menschliche »außerirdische« Befehlshaber über den »kleinen Grauen« stehen.

5   Feen treten an das Bett eines neugeborenen Kindes, um es mit in ihr Reich zu nehmen.
▶▶

Kaiser des »Heiligen Römischen Reiches deutscher Nation« gekrönte Herrscher im heutigen Frankreich auf.
Die Sachsen, gegen die er bereits etliche Feldzüge geführt
hatte, nutzten seine Abwesenheit, eroberten die Eresburg
(südlich von Soest), zogen weiter zur Sigiburg (heute:
Hohensyburg, zwischen Dortmund und Hagen in Westfalen) und begannen auch dort mit der Belagerung. Folgt
man der offiziellen Deutung, so führte ein überraschender Ausfall der auf der Burg verschanzten Franken
schließlich zur Wende in diesem Krieg.
Hans-Werner Sachmann, UFO-Forscher aus Dortmund,
hat in einer umfangreichen Literatur-Zusammenstellung
jedoch deutlich machen können, daß der Ausfall lediglich *die Folge* eines wirklich mysteriösen Ereignisses gewesen ist.[47] So heißt es beispielsweise in den *Annales reg-
norum Francorum* von 1871:
»Karl der Große erobert auf seinem Feldzug gegen die
Sachsen die Hohensyburg. Im folgenden Jahr versuchen
die Sachsen, die Burg zurückzuerobern, werden aber
nach dem Bericht des fränkischen Chronisten durch ein
über der Kirche sichtbares Zeichen so erschreckt, daß sie
die Flucht ergreifen.«
Etwas genauer beschreibt der Dortmunder Stadtarchivar
Professor Karl Rübel um die Jahrhundertwende das Geschehen:[48]
»Die sogenannten Lorscher Annalen, die in die karolingi-
sche Zeit gehören, erzählen, daß während der Belagerung der Sigiburg durch die Sachsen plötzlich ein wun-
dersamer Feuerschein wie von zwei großen, feurigen
Schilden sich über der Kirche gezeigt und die Heiden in
blinde Furcht versetzt habe, so daß sie sich in kopfloser
Verwirrung geflüchtet hätten und, weil sie fortwährend
auf der Flucht nach dem erschrecklichen Wunderzeichen

sich umgesehen, blindlings in die Spieße der eigenen Leute hineingelaufen wären.«

Zwei »große, feurige Schilde«, die sich »über der Kirche gezeigt« und die Sachsen so erschrecken ließen, daß sie in blinder Flucht davonstoben? Schon um die Zeitenwende vor zweitausend Jahren schildert der römische Geschichtsschreiber Titus Livius in seinem Buch *Ab Urbe Condita* solch fliegende Scheiben: »... et Arpis parmas in caelo visas« (»... und in Arpis sah man Schilder am Himmel«), wobei »parmas« tatsächlich jene Rundschilder waren, die in der Mitte eine kuppelförmige Erhebung besaßen und damit dem heute gängigen Typus eines »UFOs« erstaunlich ähnlich wirkten.[49]

Wie aber sieht nun eigentlich der Originaltext aus, auf den sich die späteren westfälischen Chronisten berufen? Wir finden ihn in den *Annales Laurissenseses* des gelehrten Mönches Laurencio, die ihrerseits wiederum in einer umfangreicheren Chronik von Ereignissen aus dem 8. und 9. Jahrhundert, der *Patrologiae,* enthalten sind. Diese in einem ziemlich altertümlichen, schwerfälligen Latein aufgezeichneten Annalen wurden – soweit ich weiß – erstmals von dem englischen Forscher W. Raymond Drake[50] übersetzt und der Öffentlichkeit zugänglich gemacht. Der Inhalt ist erstaunlich:

»Da überbrachte ein Bote die Nachricht vom Aufstand der Sachsen. All ihre Geiseln hatten sie getötet, ihre ernsten Eide gebrochen. Mit großer List hatten sie die Aeresburg zurückerobert, die Franken vertrieben, so daß sie, als die Burg verlassen und die Franken geflohen, Mauern und Türme schleifen konnten.

Dann zogen sie weiter, und überall auf ihrem Weg verkündeten sie voller Hoffart, daß sie nun das gleiche auch mit der Sigiburg zu tun gedächten. Die dortigen Verteidiger widersetzten sich ihnen mit Gottes Hilfe und großem Mut, aber der Übermacht hätten sie nicht lange standhalten können. Dennoch waren die Sachsen unfähig, sie aus der Burg zu vertreiben und diese zu zerstören, so, wie sie es bei all den anderen Burgen getan. Also begannen sie, Katapulte und andere Waffen zu errichten.

Doch nach Gottes Willen schadete der Wurf der Steine, die sie aufgelegt, mehr ihnen selbst als jenen, die in der Festung lebten, denn sie flogen in die eigenen Reihen zurück. Also begannen sie ein noch größeres Gerüst zu errichten, um von ihm aus die Burg zu erstürmen. Gott ist gut und gerecht, deshalb belohnte er ihren [der Verteidiger] Mut. An dem selben Tage, an dem der Angriff gegen die in der Burg weilenden Christen beginnen sollte, zeigte sich die Herrlichkeit Gottes über der Kirche, die sich in der Festung befindet. Diejenigen, die alles von außerhalb des Platzes sahen, viele von ihnen leben noch heute, sagen, daß sie das Abbild zweier Schutzschilder erblickten, in rötlich-flammender Farbe und Bewegung über der Kirche (*et dicunt vidisse instar duorum scutorum colore rubeo flammantes et agitantes super ipsam ecclesiam*).

Und als die Heiden, die vor den Mauern lagerten, dieses Zeichen sahen, waren sie plötzlich in Verwirrung gestürzt und wandten sich in wilder Panik erschrocken zu einer ungestümen Flucht. Einige von ihnen ermordeten wahllos andere. Zitternd vor Angst warfen sie ihre Speere, die sie auf den Schultern trugen, auf die, die vor ihnen flohen. – Andere wurden durch ihre eigenen Schläge gestoßen, und durch die göttliche Vergeltung wurde so über sie gerichtet.«

Die Verteidiger wagten daraufhin den historisch belegten Ausfall, verfolgten die fliehenden Sachsen bis an die Lippe und besiegten die völlig verstörten Krieger in der offenen Feldschlacht. Karl der Große nahm das Ereignis zum

Anlaß, erneut radikal gegen die rebellierenden Sachsen vorzugehen und unterwarf sie endgültig.

Welches Interesse man daran hatte, den Franken und nicht den Sachsen zum Sieg zu verhelfen, weiß ich nicht. Andererseits kennen wir aus der Geschichte zahlreiche Beispiele, in denen Götter, Engel oder Teufel mal der einen und mal der anderen Seite beistanden, jenes Volk unterstützten, jenes Heer anführten und ein anderes zu zerstören trachteten. Das Alte Testament ist voll von solchen Ereignissen. Aber sie finden sich sogar noch im Ersten Weltkrieg, als sogenannte »Engelsbataillone« am Himmel auftauchten. Man hat versucht, sie als Halluzinationen, als Nordlichter, als Geheimwaffe des jeweiligen Gegners zu identifizieren – ohne Erfolg.[47] Der Schotte Angus McBean schrieb in einem Feldpostbrief kurz vor dem Angriff deutscher Truppen bei Arras (Hauptstadt des nordfranzösischen Departements Pas-de-Calais) im Frühjahr 1917 an seine Mutter:

»Vor ein paar Minuten hat das mörderische Trommelfeuer endlich aufgehört, das uns seit Tagen zusetzt, und so komme ich endlich dazu, Dir zu schreiben. Hier geht etwas Unheimliches vor. Jede Nacht ziehen ganze Bataillone von altmodisch gekleideten Soldaten über den Himmel. Sie tragen lange Bogen in der Hand und haben Köcher voller Pfeile auf dem Rücken – wie Robin Hood auf dem Buch, das ich als Junge gelesen habe. Wir alle haben sie gesehen, aber niemand weiß so recht, wer sie sind. Einige Kameraden meinen, das müßten die Toten der Schlacht bei Agincourt sein – Engländer, die hier vor Jahrhunderten einen großen Sieg errungen haben. Und sie seien hier, um uns Mut zu machen. Aber die meisten glauben, daß es die himmlischen Heerscharen sind, die den Deutschen zu Hilfe kommen wollen. Eines ist sicher:

Etwas Gutes haben diese Gespensterbataillone bestimmt nicht zu bedeuten.«

Tatsächlich überrannte das Deutsche Reichsheer kurz darauf die Verteidigungsstellungen von Arras und errang einen nicht unwesentlichen Sieg. In britischen und französischen Geheimdienstkreisen wurde später gemutmaßt, die Deutschen hätten von Flugzeugen aus die »Geisterarmee« mit Filmprojektoren in die Wolken gezaubert, um so die Verteidiger von Arras zu demoralisieren. Aber die Filmtechnologie war noch längst nicht so weit. Vor allem: Es gab keine Farb- und Tonfilme, und die Augenzeugen berichten unzweideutig z.B. von grünen Hosen und Hemden, die die Reiter am Himmel getragen hätten, und vom Säbelrasseln, dem Schnauben der Pferde und den seltsamen Stimmen, die aus den Wolken herab zur Erde geklungen wären.

»Geisterbataillone« und »Phantomheere« sind indes ein altes Phänomen. Sie tauchen bereits im 17. Jahrhundert und früher auf, als es gewiß weder Farb- noch Schwarzweißfilme gab und auch keine Projektoren, mit denen findige Geheimdienstagenten gegnerische Soldaten Schachmatt setzen konnten. Fraglos sind etliche solcher Beobachtungen auf natürliche Ereignisse (etwa mißinterpretierte Nordlichter) zurückzuführen – doch bei anderen versagt eine solche Deutung. Nordlichter und Fata Morganas, wie sie von einigen zur Erklärung herangezogen werden,[41] erzeugen weder Geräusche wie die beobachteten, noch sind sie bei der beschriebenen Wetterlage überhaupt möglich. Nordlichter werden nur nachts beobachtet, und Fata Morganas können in unseren Breiten nur bei ganz bestimmten Inversionswetterlagen und wolkenfreiem Himmel gesehen werden. Auf einem zeitgenössischen Flugblatt vom 25. Januar 1630 heißt es über das Auftauchen zweier miteinander kämpfender »Phantomheere« über Rothenburg ob der Tauber:[51]

»Eine schwarze Wolke kame / und zog zum Aufgang dar
darinnen man vername / deutlich und offenbar
daß zwei Heer stritten grimmiglich / wie Picken ließ was sehen sich
biß weilen ein Heer verschwande / sich doch bals wieder fande / und auf das andre rante.
Da die Schlacht waren geschehn / in Wolken grimmiglich hat man darauff gesehen / fein klar und eigentlich
viel Wolken gefärbt wie lauter Blut / welches von erschlagenen fließen thut / wann eine Schlacht geschehen / solchs haben wir gesehen / ach wie wirds uns ergehen.«

35 Jahre später, am 8. April 1665, entdecken sechs Fischer über Stralsund an der Ostsee eine »Schlacht in den Wolken«. Der Bericht, am 10. 4. 1665 in den *Berliner Ordinari- und Postzeitungen* veröffentlicht, macht nicht nur deutlich, daß es sich um ein ganz und gar unnatürliches Geschehen gehandelt hat, sondern auch seine augenscheinliche Verbindung zum UFO-Phänomen.
Es ist gegen 14 Uhr nachmittags, als die sechs Fischer bei klarem Sonnenschein von Norden und kurze Zeit später auch von Süden her etwas wie eine große Wolke oder wie einen »grosser hauffen Staare« erkennen. Die »Staare« entpuppen sich beim Näherkommen als die Abbilder großer Kriegsschiffe, die sogleich mit einer fürchterlichen Schlacht beginnen. Die Fischer sehen über sich Dampf und Rauch, zerschmetternde Ruder und Segel, brechende Masten, explodierende Kanonen. Matrosen und Soldaten – in schwarze Uniformen gekleidet – laufen auf den

Schiffen hin und her, ihr Geschrei, das Donnern der Kanonen, das Splittern des getroffenen Holzes klingt herab

Die »Himmelsschlacht« über der Ostsee bei Stralsund am 8. April 1665. Zeitgenössische Darstellung.

bis zu den Fischern auf dem Meer. Erst gegen Abend zieht die von Norden gekommene Flotte ab. Nach Süden hin, in Richtung Stralsund, machen sich nur noch wenige davongekommene Schiffe auf den Weg. Einer der Fischer, so heißt es, habe das ganze nicht verkraften können und sei erkrankt, zwei weitere wurden am Tag darauf von zwei Militärangehörigen, einem Obristen von der Wegck und einem Doktor Geßman, untersucht und befragt.

Der Chronist Erasmus Francisisi[52] beschreibt im Jahr 1680 das zu diesem Zeitpunkt noch immer unerklärliche Phänomen erneut und gibt detailliertere Informationen insbesondere über das Ende des Ereignisses:

»Da dieses nun vorbey / und die eine Flotte in Süden / die andre in Norden gestanden / sey ein grosses Schiff hervor aus Westen kommen / welches acht lange Balcken auf jeder Seite heraus gestossen / woraus auch continuè Rauch und Flammen geflogen: sonsten unzehlbare kleine durch beyde Flotten segelnde Fahrzeuge / als Jagten / sich gefunden. Darauf ungefähr sechs Uhr die Nordische Flotte ansehens verschwunden / die Süder aber stehend geblieben. Nach welchem über eine kleine Weile *mitten aus dem Himmel eine platte runde Form wie ein Teller* / und wie ein grosser Manns-Hut umher begriffen / ihnen vor Augen gekommen / von Farben / als wann der Mond verfinstert wird / so Schnurgleich über S. Nicolai-Kirche stehend geschienen / allda es auch bis an den Abend halten geblieben. Wie sie nun / voller Angst und Schrecken / diß schreck- und nachdenkliche Spectacul nicht länger anschauen / noch dessen Ende abwarten können: haben sie sich in ihre Hütten verfügen müssen / darauf sie die folgenden Tage theils an Händen und Füssen / theils an haupt und andern Gliedern / groß Zittern und Beschwer empfunden. Worüber viel gelehrte Leute sich allerhand Gedanken gemacht.«

Es ist unglaublich, aber was hier, mitten im 17. Jahrhundert, detailliert beschrieben wird, ist nichts anderes als eine geradezu klassische UFO-Sichtung. Auch in unseren Tagen hätte sie sich kaum anders manifestieren können: Ein flaches, teller- oder hutförmiges Objekt von rötlichfahlem Glanz rast, aus dem Himmel kommend, auf einer schnurgeraden Bahn bis über Stralsund und bleibt dort für etliche Stunden über der Kirche des Ortes stehen. Am nächsten Tag klagen etliche der Anwohner über Kopf- und Gliederschmerzen. Vergleichbare Fälle – auch und gerade mit gesundheitlicher Schädigung des Zeugen – kennen wir aus der modernen UFO-Geschichte.

Was das Ganze so sonderbar macht, ist fraglos die vorangegangene »Vision«, mit der das Erscheinen des Objekts in einem kausalen Zusammenhang steht. Aber dies ist durchaus nicht so überraschend, wie es auf den ersten Blick erscheint. Sogenannte »Marienerscheinungen« beispielsweise sind häufig auch nichts anderes als das: in engem Zusammenhang mit dem UFO-Phänomen vermittelte Projektionen, wie ich dies an anderer Stelle zusammen mit meinem Bruder ausführlich darlegen konnte.[53] UFO- und Marienerscheinungen weisen nicht nur die gleiche Phänomenologie auf (z. B. in bezug auf atmosphärische »Wunder«, elektromagnetische Phänomene, Landespuren hellstrahlender Objekte, Erinnerungsverlust der Zeugen, Paralyseerscheinungen usw.). Sie gleichen sich auch hinsichtlich der Beobachtung der damit verbundenen Gestalten, ihrer Wirkung auf den »Seher« bzw. den »UFO-Zeugen«, ihres Verhaltens und ihrer Botschaften. Zu allen Zeiten scheinen die *Anderen* ein lebhaftes Interesse daran gehabt zu haben, uns mit Visionen der einen oder anderen Art heimzusuchen: sei es mit Bildern von Schiffen in einer Schlacht, seien es grüngewandete Reiter am Himmel über Arras, seien es helleuchtende »Marien-gestalten«, die in Fatima, Medjugorje oder Guadalupe erscheinen.

Warum tun »sie« das? Was versprechen »sie« sich da-von? Da wir ihre Existenz und somit auch ihre Tätigkeit leugnen, uns nicht zugestehen wollen, daß im Ablauf der Geschichte noch ein weiterer als der menschliche Faktor eine nicht unbedeutende Rolle gespielt hat, können sie tun und lassen, was immer ihnen beliebt. Sie sind nicht existent für uns, ihre Anwesenheit reduziert sich auf mehr oder weniger gut gemachte Science-fiction-Filme. Mit der Realität, so glauben wir, habe das nichts zu tun. Wirklich nicht? Dann sollten wir diese Frage einmal je-nen stellen, die sie gesehen haben, die in ihre Händen ge-rieten, die ihnen begegneten – heute wie vor Hunderten von Jahren.

VI

Magonia

UFO-Entführungen im Mittelalter

Am 12. Juni 1790, vor mehr als zweihundert Jahren, stürzte ein UFO in Frankreich ab. Um 17 Uhr am Nachmittag glitt es mit torkelnden Bewegungen aus dem klaren Himmel über Alençon (Hauptstadt des Departements Orne, zwischen Paris und Rennes), riß in Bodennähe Bäume und Sträucher um, setzte das Gras in Brand und schlug schließlich auf der Kuppe eines Hügels auf. Die entsetzten Bauern, die das Spektakel mit angesehen hatten, liefen davon und verständigten die Bewohner der Stadt. Nur einige wenige Mutige näherten sich der großen Kugel. Sie war heiß und konnte nicht berührt werden. Schließlich trafen zwei Abgeordnete aus Alençon auf dem Hügel ein, ein Arzt und eine große Schar weiterer Neugieriger begleiteten sie.

Polizeiinspektor Liabeuf, der wenige Tage später von Paris aus nach Alençon geschickt worden war, um das erstaunliche Ereignis zu untersuchen, schrieb in seinem Bericht: »Als sich die Menge um das mysteriöse Objekt versammelt hatte, öffnete sich so etwas wie eine Tür, und heraus kam eine Person, genau wie wir, aber seltsam gekleidet, mit einem Anzug, den ganzen Körper vollständig einhüllend, und die Leute sehend, murmelte er etwas Unverständliches und floh in den Wald.«

Die große heiße Kugel explodierte kurz darauf in einem lautlosen Knall und ließ nur ein feines Pulver zurück. Von dem seltsamen Mann, der das Objekt kurz zuvor verlassen hatte, wurde nie wieder etwas gesehen.[11]

Der Mythenforscher Sergius Golowin nennt einen Parallelfall aus der Schweiz, der nur als mündliche Sage erhalten geblieben ist:[54] Demnach sei einst ein Mann auf den Gurten, einen Hügel bei Bern, gestiegen. Plötzlich habe ihn ein grelles Licht geblendet, eine feurige Kugel sei vom Himmel gefallen und vor ihm auf der Wiese gelandet. Als er die Augen wieder öffnete, habe er eine kleine Gestalt mit einem dunklen, rußigen Gesicht gesehen. Der Zwerg schaute ihn nicht einmal an, sondern blickte nur in der Gegend umher und lief dann in den nahen Wald. Gesehen hat man ihn nie wieder. Der Mann hingegen litt unter so starken Schmerzen, daß er wie ein Betrunkener nach Hause wankte und anschließend für drei Wochen im Bett bleiben mußte.

Ein reichlich kurioser, in gewisser Weise ähnlicher Vorfall ereignete sich im 18. Jahrhundert in Rußland.[55] Eines Tages entdeckten die Bauern aus einem Dorf am Don eine große, etwa drei Meter durchmessende Kugel auf ihren Feldern nahe eines kleinen Waldes. Schnell hatte sich die Neuigkeit herumgesprochen und immer mehr Leute kamen, um sich das Wunder anzusehen. Die Kugel war völlig glatt, bis auf ein paar haarfeine Rillen, die sich kreisförmig hier und dort über die Oberfläche zogen. Jemand kam auf die Idee, es wäre vielleicht ganz gut, das komische Ding wieder zu entfernen und einfach in den Don zu rollen: der würde es schon mit ins Meer nehmen, und man wäre die Kugel, von der man nicht so recht wußte, ob sie aus dem Himmel gefallen oder von der Hölle ausgespien worden sei, wieder los. Doch so sehr sich die Leute auch bemühten, sie vermochten die Kugel keinen Zentimeter vom Fleck zu bewegen. Als es Abend wurde und sich nichts getan hatte, beschloß man, nach Hause zu gehen und das seltsame Ding einfach zu vergessen. Vielleicht verschwand es über Nacht ja genauso schnell wie es zuvor gekommen war.

Die ersten hatten sich bereits auf den Weg gemacht, als aus dem nahen Wald lautes Wiehern zu hören war und ein Kosaken-Ataman namens Puschkin herangepprescht kam. Auch er hatte von dem »Wunder am Don« gehört und war gekommen, es auf seine Weise zu erledigen. Typisch für seinen Stand und die damalige Zeit, ließ er als erstes eine Schimpfkanonade auf das »feige Bauerngesindel« los, das es nicht fertiggebracht habe, das Rätsel zu lösen. Dann ließ er sein Pferd gegen die Kugel anrennen, hieb mit seinem Säbel auf das glatte Metall, schimpfte und fluchte.

Wie lange dieser kuriose Angriff auf die Drei-Meter-Kugel gedauert hatte, vermochte später niemand mehr zu sagen. Plötzlich jedenfalls öffnete sich einer der gefurchten Kreise, und etwas wie ein riesiges Auge starrte den Kosaken schweigend an. Nach einer Schrecksekunde – die Leute schrien, weinten und flehten Puschkin an, in seinem gottlosen Treiben innezuhalten – hieb der Reiter erneut wild fluchend auf die Kugel und das Auge ein. Seine Klinge zersprang. Puschkin, wie im Rausch, hämmerte mit dem Stumpf weiter.

Da geschah etwas sehr Seltsames. Die Bauern, die sich hinter die Bäume des nahegelegenen Waldes zurückgezogen hatten, beobachteten, wie der Kosake und sein Pferd plötzlich an Substanz zu verlieren begannen. Puschkin selbst schien nichts davon zu bemerken, denn er hieb weiterhin wie ein Besessener, laut fluchend, aber völlig wirkungslos, auf das Objekt ein. Es dauerte einige Minuten, dann waren Mann und Tier verschwunden, hatten sich in Luft aufgelöst. Kurze Zeit hörte man noch immer das Brüllen Puschkins, dann herrschte atemlose Stille.

Die Bauern flüchteten in wilder Panik. Sie waren nun restlos überzeugt, daß das seltsame Ding aus der Hölle gekommen und Puschkin vom Teufel geradewegs dorthin geholt worden war. Keiner von ihnen traute sich in den nächsten Tagen an den Ort des Schreckens zurück. So konnte auch niemand das Verschwinden der seltsamen Kugel bemerken, die sich genauso geheimnisvoll, wie sie gekommen war, wieder vom Ufer des Don entfernte.

Puschkin indes war nicht in der Hölle gelandet. Zwei Tage später tauchte er samt seinem Pferd wieder auf. Beide torkelten wie Betrunkene und erholten sich nur langsam. Der Kosake schien vergessen zu haben, was sich ereignet und wo er die vergangenen 48 Stunden zugebracht hatte. Erst allmählich fiel ihm die Geschichte mit der Kugel wieder ein. Er wurde darüber so wütend, daß er sich vornahm, den ganzen Wald anzuzünden und die Kugel auszuräuchern. Doch als er am Ort des Geschehens eintraf, war das Objekt seines Zornes bereits verschwunden.

Vielleicht ist das Ganze nur eine kuriose Anekdote, denn der historische Wahrheitsgehalt wird sich kaum noch verifizieren lassen. Doch ganz gleich, ob es sich so zugetragen hat, oder ob es eher eine Geschichte ist, die in weiten Teilen dem Wunderglauben der russischen Seele entsprang — auch hier schimmert die Erinnerung an die Begegnung mit dem absolut Fremden in unserer Welt wider.

Heute würden wir den wütenden Kosaken-Ataman Puschkin jener Gruppe Menschen zuordnen, die man in ein UFO entführt hat, wenngleich die schon fast humoristische Vorgeschichte dieser Entführung wohl einzigartig sein dürfte. Doch Puschkin war über ganze zwei Tage aus unserer Welt verschwunden, und als er schließlich – mit deutlichen Anzeichen körperlicher Schwäche – wieder zurückkehrte, hatte er keinerlei Erinnerung mehr an das, was geschehen war. Nur langsam sickerte das Wissen um die Kugel in sein Bewußtsein zurück. Was sich nach dem seltsamen Verschwinden im Inneren des Objekts (oder wo auch immer) mit ihm abgespielt hatte, blieb ihm verschlossen. *Heute* würde man vielleicht eine Hypnose-Regression durchführen. Er würde sich an seltsame kleine grauhäutige »Außerirdische« erinnern, die ihn in einen hellerleuchteten Raum völlig emotionslos untersuchten und psychologische Tests mit ihm durchführten. *Damals* hätte man geglaubt, er sei tatsächlich in der Hölle und in der wenig beneidenswerten Gesellschaft von Dämonen gewesen. Wie auch immer – vielleicht ist der Unterschied zwischen beiden Auffassungen geringer, als man gemeinhin glaubt.

UFO-Entführungen sind keine Erfindung des 20. Jahrhunderts. Sie sind uns bereits in den Feen- und Elfenmärchen begegnet, in jener kollektiven, von Generation zu Generation weitervererbten Erinnerung an die Begegnung mit den *Anderen.* Die Variationen dabei reduzieren sich letztlich auf nur einen Punkt: im Mittelalter berichtet niemand von medizinischen Untersuchungen, es fehlen weitgehend die Beschreibungen hochtechnologischer Geräte an Bord der Schiffe. Aber das Grundgerüst ist das gleiche: Entführung, Aufenthalt an Bord oder einem anderen unbekannten Ort, möglicherweise Vorgänge, die an genetische Experimente denken lassen (etwa bei Raub von Müttern und ihren Neugeborenen), Wiederfreilassung, häufig körperliche Beschwerden danach, zuweilen ein Erinnerungsverlust.

Manche UFO-Skeptiker glauben, damit könne nachgewiesen werden, das Phänomen *an sich* sei rein psychologisch. Wäre es »außerirdisch« oder überhaupt in irgend einem Sinn real, müßten auch damals genau die gleichen Beobachtungen gemacht und die gleichen Instrumente beschrieben worden sein wie heute. Da dies nicht der Fall ist, die Erzählungen also immer zeitbedingt seien (wissenschaftliche Instrumente könnten erst jetzt beschrieben werden, da wir sie selbst besitzen), handelt es sich um ein irreales Geschehen, dem keine Bedeutung im Sinne eines wirklichen Ereignisses in Raum und Zeit zukomme. Mit anderen Worten: Die »Entführten«, damals wie heute, hatten lediglich »Träume« und »Visionen«.

Diese Skeptiker haben recht – bis zu einem gewissen Grad! Das »Entführungs-Phänomen« ist zu einem großen Teil subjektiv, es dringt bis auf den Grund der menschlichen Seele, es nimmt seine Motive aus unseren Träumen, aus unseren Vorstellungen, aus dem Innersten unserer selbst. Es ist, wie wir noch sehen werden, ein Konstrukt, zusammengezimmert aus unseren Ängsten und Wünschen, aus unseren Freuden und Leiden, aus unserem Haß und unserer Liebe. Aber die Zimmerleute sind nicht wir, die Zimmerleute, die Konstrukteure sind jene, die in den Schattenregionen unserer Welt leben, es sind die Fremden, es sind die *Anderen*.

Puschkin, oder wer auch immer, *verschwand wirklich* vor den Augen der entsetzten Bauern am Don – er und viele andere lagen nicht daheim in ihrem Bett und träumten vor sich hin. Die Bäume von Alençon *wurden* entwurzelt, das Gras verbrannt – so etwas geschieht weder durch Visionen noch durch Halluzinationen. Carlos Antonio

Diaz *wurde* an einen anderen Ort versetzt, von Bahia Blanca nach Buenos Aires. Geträumt hat er das alles nicht.

Im 8. Jahrhundert nach Christi, in der Zeit Karls des Großen, wurden Menschen massenweise von den *Anderen* entführt. Unglaublich?

Nichts anderes berichten die alten Quellen: Wesen aus »Magonia« kamen in Luftschiffen nach Europa, sie entführten Einwohner verschiedener Städte, ließen sie die Wunder ihrer Welt schauen und brachten sie zurück zur Erde. Häufig zum Nachteil der Entführten, denn diese wurden von ihren abergläubischen Zeitgenossen gefangengenommen und als Hexer verbrannt.

Der ausführlichste Bericht über dieses Ereignis stammt aus dem 17. Jahrhundert, kurzgefaßte Originalquellen gehen bis in die Zeit Karls des Großen zurück. 1670 legte der französische Abt Montfaucon de Villars einen umfassenden Bericht über die damaligen Ereignisse nieder, offensichtlich schöpfte er neben den heute zur Verfügung stehenden Dokumenten noch aus weiteren Texten. Sein Bericht ist so sensationell, daß ich ihn hier ungekürzt wiedergeben möchte:[56]

»Unter der Regierung Pipins [715–768 n.Chr.] fiel es dem Cabalisten Zedekias ein, die Welt zu überführen, die Elemente wären von den Völkern bewohnt, deren Natur ich Ihnen beschrieben habe. Das Mittel, dessen er sich bediente, war, den Sylphen [Luftgeister, gelegentlich auch Synonym mit Feen] zu raten, sie mögen sich allem Volk in der Luft zeigen. Sie taten es mit Pracht; man sah diese Geschöpfe in menschlicher Gestalt in der Luft, bald in Schlachtordnung fortrückend oder unter Waffen stehend oder ruhend unter prächtigen Zelten, bald in Luftschiffen von bewunderungswürdiger Bauart, deren Segel nach dem Geheiß der Zephyre [weitere Luftgeister] schwollen.«

Die Verknüpfung einer magischen Handlung – hier des jüdischen Magiers Zedekias – mit dem Auftreten unglaublicher Erscheinungen am Himmel war typisch für die Zeit des Mittelalters ebenso wie für das Jahrhundert Montfaucon de Villars. Denn daß Zedekias wirklich für die Luftschiffe über Europa verantwortlich war, ist mehr als zweifelhaft. Man suchte eine Lösung für das Rätsel – und fand sie, wie zumeist in dieser Zeit, im magischen Aberglauben.

»Was geschah?« fährt der Abt Montfaucon in seinem Werk fort. »Meinen Sie, das unwissende Jahrhundert hätte sich träumen lassen, über die Beschaffenheit dieses erstaunlichen Schauspiels nachzudenken? Sogleich hielt sie der Pöbel für Zauberer, die sich der Luft bemeistert hätten, um Stürme darin zu erregen und Hagel auf die Saaten zu schicken. Die Gottesgelehrten und Rechtskundigen waren bald der Meinung des Pöbels. Die Kaiser glaubten es auch, und so weit ging dieser lächerliche Wahn, daß der kluge Karl der Große und nach ihm Ludwig der Fromme den vorgeblichen Tyrannen der Luft schwere Strafen auferlegten. Sie finden das im ersten Abschnitt der Capitularien dieser beiden Kaiser.«

Da dürfte es sich um den ersten »UFO-Cover-up« der Weltgeschichte gehandelt haben: Die Herrscher billigten Erlasse, die die »Luftwesen« unter schwere Strafe stellten, sollten sie ihr fortgesetztes Erscheinen nicht einstellen. Heute werden von den Regierenden Berichte über das Auftauchen unbekannter Flugobjekte und Begegnungen mit deren Insassen nach Möglichkeit heruntergespielt oder vertuscht, die Augenzeugen lächerlich gemacht

(oder besser: man läßt sie lächerlich machen) [vgl. 57,58].
Die Methoden haben sich geändert, der Hintergrund des
Geschehens nicht.

Montfaucon de Villars fährt fort, und nun wird es wirklich interessant: »Die Sylphen sahen den Pöbel, die Pe-
danten und selbst die gekrönten Häupter wider sich in
Harnisch. Um ihnen die üble Meinung, welche sie von
ihrer unschuldigen Ausrüstung hegten, zu benehmen,
entschlossen sie sich, allenthalben Leute zu entführen, sie
ihre schönen Weiber, ihren Staat, ihre Regierungsform
sehen zu lassen und sie dann an verschiedenen Orten der
Welt niederzusetzen. Sie führten diesen Vorsatz aus. Das
Volk, das diese Leute herabsinken sah, lief allenthalben
hinzu, hielt sie für Zauberer, die sich von ihren Gefährten
trennten, um Gift auf die Blüten und Quellen zu streuen,
und führten die Unschuldigen wütend zu Tode. Es ist
unglaublich, wieviele von ihnen in diesem Reich durch
Feuer und Wasser umkamen.«

Unglaublich sind nicht nur die zahlreichen Hinrichtun-
gen, nahezu unglaublich ist das Geschehen an sich: Da
werden im 8. Jahrhundert nach Christi Menschen zu
Hauf in ein fernes »Luftreich« entführt, man zeigt ihnen
den Staat der Fremden und läßt sie zur Erde zurückkehren. Wüßten wir heute nicht von identischen Ereignissen,
man könnte das ganze für ein Märchen halten.

Montfaucon läßt keine Zweifel daran, daß zumindest er
von der realen Existenz dieser Wesen überzeugt war, und
die Menschen des achten Jahrhunderts waren es in
gleicher Weise. Allerdings: auch hier ist fraglich, ob es
den von ihm behaupteten Zusammenhang zwischen dem
angeblichen Motiv der »Sylphen« und den tatsächlichen
Entführungen überhaupt gab. Warum sollten die *Anderen* Massenentführungen vornehmen, deren Zweck ein-

zig die Wiederherstellung ihres guten Rufes war – und die
für die Betroffenen zudem noch fatal endeten? Das ist
wenig wahrscheinlich. Der abergläubische Mensch des
achten Jahrhunderts suchte nach Antworten, und in
seiner Welt, die aus einem unentwirrbaren Knäuel aus
Naturgeschehen, Religion und magischen Konzeptionen
bestand, konnte es gar keine andere geben als die: Die
Anderen dachten und handelten wie er selbst. Sie kamen
auf den Wunsch eines Zauberers, sie grämten sich über
die Vorwürfe der Menschen, sie wollten sich davon rein-
waschen. Eine logische Verknüpfung für die Welt des
Mittelalters, eine logische Kette auch noch für den
Mönch Montfaucon de Villars im 17. Jahrhundert. Die
wirklichen Motive, das wirkliche Geschehen, mußte
ihnen verborgen bleiben.

Auch heute sind Menschen davon überzeugt, entführt
worden zu sein. Die Entführer sind keine »Sylphen« aus
Magonia mehr, sondern »Außerirdische« von Zeta Reticuli. Die Opfer werden wie damals an Bord ihrer »Schiffe« gebracht, man zeigt ihnen die Welt der *Anderen* und
entläßt sie wieder zurück zur Erde. Heute wird deswegen
niemand mehr verbrannt, niemand gesteinigt oder er-
tränkt. Und dennoch leiden die Entführten damals wie
heute unter dem gleichen Trauma: Man glaubt ihnen
nicht.

Über einen Zwischenfall im französischen Lyon berichtet
Montfaucon detailliert. Er schreibt: »Unter anderem sah
man einst zu Lyon drei Männer und eine Frau aus diesen
Luftschiffen steigen; die ganze Stadt versammelte sich
um sie, und rief: Es sind Zauberer, Grimoald, Herzog
von Benevent, Karls Feind, schickt sie, um der Franken
Saat zu verwüsten! Die vier Schuldlosen rechtfertigten

116

sich, sie wären aus dem Lande selbst, wären vor kurzem von seltsamen Leuten entführt worden, die ihnen unerhörte Wunder gezeigt, und sie gebeten hätten, Nachricht davon zu erteilen. Das halsstarrige Volk hört ihre Verteidigung nicht an und ist im Begriff, sie ins Feuer zu stürzen, als der redliche Agobard, Bischof von Lyon, der als Mönch in dieser Stadt viel Ansehen erlangt hatte, bei dem Lärm herzueilt, die Anklage des Volkes und die Verteidigung der Beklagten vernimmt, und ernsthaft entscheidet, daß beider Gruppen Angaben falsch sind. Es ist nicht wahr, daß diese Leute aus der Luft gestiegen sind, und was sie darin gesehen haben wollen, ist unmöglich. Das Volk glaubt den Reden seines guten Vaters Agobard mehr als seinen Augen, beruhigt sich, setzt die vier Abgesandten der Sylphen wieder in Freiheit, liest mit Vergnügen das Buch, worin Agobard seinen Ausspruch bestätigt, und der vier Zeugen Zeugnis ist vergeblich. Die dem Tode entgingen, erzählten trotz Verbotes ihre Erlebnisse weiter. Auf diese Weise sind alle Feen-Märchen entstanden.«

Vier Entführte, die Glück hatten – zahlreiche andere mußten ihr unfreiwilliges Abenteuer mit dem Leben bezahlen. Hätte den »Sylphen« aus Magonia tatsächlich nur ihr eigenes Ansehen bei den Menschen im Sinn gelegen, hätten sie spätestens nach der ersten Hinrichtung ihr Vorhaben als gescheitert betrachten und das Experiment beenden müssen. Darum ging es aber offensichtlich nicht. Wie immer bei mittelalterlichen Texten ist es schwierig, den Kern des Ereignisses herauszukristallisieren und ihn von all den ihn umgebenden Spekulationen und willkürlichen Hinzufügungen zu reinigen. Der bereits zitierte deutsche MUFON-Vorsitzende Illobrand von Ludwiger zum Beispiel hält den Bericht für reine Phantasie und eine

Legende[43] und stützt sich dabei auf einen weiteren, in dem es heißt:[59] »Andere versicherten: es seye ein gewisses Land Magonia genannt, aus welchem die Hexenmeister mit Schiffen durch den Lufft kommen und die Baumfruechten, die sie zuvor von denen Baeumen faellen, darauf in ihr Land ueberfuehren: man habe ihm auch einstens drey Maenner und ein Weib vorgefuehrt und gesagt: sie seyen aus einem solcher fliegenden Schiffe gefallen. Nachdem man sie aber einige Tage gefeßlet gehalten und danach ihre Anklaeger gegen sie verhoert; haben diese bekennen muessen, sie wissen nichts eigentliches von der Sach.«

Ist *das* ein Grund, der Geschichte nicht zu glauben? Unter der Folter gemachte Aussagen (die vier waren – anders als Montfaucon es weiß – tagelang gefesselt) sind völlig wertlos, damals wie heute. *Mich* wundert es nicht, daß sie ihre Aussage zurückzogen; schließlich hatten sie davon keinen Schaden, und das Schicksal all jener Getöteten, die entweder bei ihrem Bericht geblieben waren oder keine Gelegenheit mehr zum Widerruf hatten, wird sie auch nicht gerade ermutigt haben.

Diese Erzählung über die Sylphen, die Feen, die *Anderen*, die aus jenem ominösen Magonia kamen, einem Ort, der sich nirgends lokalisieren läßt und wahrscheinlich nur ein Synonym für »magisches Land« ist – was stellt sie dar: eine mittelalterliche Übertreibung, ein Traum, eine Vision, eine Halluzination? Jene, die ihr Leben lassen mußten und jene, die trotz offiziellen Verbots weiter von ihrer Reise nach Magonia berichteten, werden anders darüber gedacht haben.

Am 11. Juni 1616 begegnet der Gerber Christoph Kötter einem »Engel«. Kötter befindet sich auf dem Weg nach

Görlitz (Schlesien), als die Erscheinung förmlich über ihn hereinbricht. Der Engel trägt ihm auf, zu predigen und Buße und Glauben zu fordern. Anfänglich weigert sich Kötter, aber wiederholte Erscheinungen und Drohungen der »himmlischen Macht« überzeugen ihn schließlich: Er beginnt zu missionieren. Allerdings werden seine ursprünglich rein religiösen Botschaften im Laufe der Zeit zunehmend politischer, so daß man ihn schließlich für drei Monate gefangensetzt und er 1647 in der Oberlausitz stirbt.

Jeweils nach seinen Begegnungen mit dem »Engel« irgendwo auf einsamen Wegen, während seiner beruflich bedingten Wanderungen von Stadt zu Stadt und Dorf zu Dorf, fand sich Christoph Kötter meist an Orten wieder, die kilometerweit vom ursprünglichen Kontaktpunkt entfernt waren. Er hatte keine Ahnung, wie er dorthin gekommen war. Der Folklorist Will-Erich Peuckert sieht in diesen Zeitverlust-Fällen »psychopathische Reisen ins Dämmerland«[60], und der UFO-Skeptiker Ulrich Magin, der ausschließlich psychologische Ursachen zur Erklärung von »Entführungen« heranziehen möchte, die »Visionen eines tiefgläubigen Menschen«.

Dann muß dieser Mensch jedoch während seiner seltsamen »Visionen« oft kilometerweite Distanzen zu Fuß bewältigt haben, ohne sich dessen bewußt geworden zu sein. Vor allem: Niemand scheint ihn dabei jemals beobachtet zu haben. Das ist nicht sonderlich glaubhaft. Visionen bewirken keine Ortsversetzungen im Kilometerbereich – heute nicht und vor Hunderten von Jahren ebensowenig.

Kötter begann nach seinen Begegnungen – auch dies kennen wir bereits in ähnlicher Weise – mit zahlenmystischen Spekulationen und dem Erarbeiten abstruser astronomischer Theorien. Während UFO-Entführte heute »Antigravitationsmaschinen« basteln, konstruierte Kötter eine völlig neue kosmologische Weltsicht. Doch so, wie keines der kuriosen, angeblich die Schwerkraft aufhebenden Aggregate jemals funktioniert hat, war auch Kötters Kosmologie von Anfang bis Ende völliger Nonsens. Nicht minder irrte er sich hinsichtlich seiner Prophezeiungen über den Untergang des Hauses Habsburg und das Ende der Welt.

Auch ein weiterer Mann wurde 200 Jahre später von einem »Engel« heimgesucht. Anders als Kötter vermochte er es jedoch, eine fast unglaubliche religiöse Bewegung in Gang zu setzen: Der damals 17jährige Joseph Smith gründete die Glaubensgemeinschaft der »Mormonen«.

Die »Mormonen« (eigentlich: Kirche Jesu Christi der Heiligen der Letzten Tage) bilden unter den christlichen Sekten fraglos die abenteuerlichste Variante. Nach ihrem Glauben hätten einst jüdische Siedler in zwei Einwanderungswellen (die erste nach dem Turmbau zu Babel, die zweite um 600 v. Chr.) Amerika erreicht und dort bereits ein christliches Reich errichtet, nachdem ihnen auch noch Jesus erschienen war. Natürlich findet sich archäologisch keine Spur davon, weder von den jüdischen Siedlern noch von ihrem christlichen Ur-Amerika – was die »Mormonen«, die einen ganzen US-Staat (Utah) ihr Eigen nennen, freilich nicht davon abhält, diesen Glauben »wissenschaftlich« zu untermauern. Ganze Scharen von Mormonen-Historikern tun nichts anderes, als alle möglichen (und unmöglichen) Spuren und Pseudo-Hinweise der amerikanischen Urgeschichte in die durch ihren Glauben auferlegte Richtung zu deuten. Kein Wunder, daß sich diese Abart christlicher Religionsauffassung nur in den USA, nicht aber in den anderen, immer wieder durch freundliche junge Männer in korrekten dunklen Anzügen missionierten Ländern der übrigen Welt durchsetzen konnte.

Aber wie kam es überhaupt zu dieser kuriosen Auffassung von der Geschichte des Juden-/Christentums in Amerika? Joseph Smith will sie aus einem Buch erfahren haben, das der »Engel Moroni« ihm offenbarte. Und das ist eine äußerst seltsame Geschichte.

Im Vorwort zu diesem »Buch Mormon«[61] heißt es: »Er [der Engel] sagte, es sei ein auf goldenen Platten geschriebenes Buch aufbewahrt, das einen Bericht von den früheren Einwohnern dieses Kontinents und ihren Ursprung gebe; auch sei darin die Fülle des ewigen Evangeliums enthalten, wie es der Heiland jenen alten Einwohnern verkündigt habe.«

Nach den Worten des »Engels« wurde dieses Buch seit Urzeiten unter einem Hügel im US-Bundesstaat New York aufbewahrt, und als Smith schließlich, nach wiederholten Erscheinungen, aufgefordert wird, das Buch zu suchen, erkennt er die Stelle aufgrund seiner vorangegangene Visionen sofort wieder. Er schreibt: »In der Nähe des Dorfes Manchester in der Grafschaft Ontario im Staate New York liegt ein Hügel von beträchtlichem Umfang, der höchste in der Umgebung. Auf der Westseite dieses Hügels, nicht weit unterhalb des Gipfels, lagen unter einem Stein von ziemlicher Größe die in einer Steinkiste verwahrten Platten. Dieser Stein war oben in der Mitte dick und abgerundet und gegen die Kanten hin dünner, so daß der mittlere Teil über der Erde sichtbar war, während die Kanten ringsum mit Erde bedeckt waren.«

Aber noch ist für Joseph Smith die Zeit nicht gekommen, die goldenen Platten mit den mysteriösen Texten und den beiden »Übersetzungssteinen« Urim und Thummim auch herauszunehmen. Abermals müssen vier Jahre vergehen, bis er vom Engel Moroni die Erlaubnis bekommt: »Endlich war die Zeit da, wo ich die Platten, den Urim und Thummim und den Brustschild erhalten sollte. Am 22. September des Jahres 1827 – ich hatte mich wie gewohnt am Ende des Jahres an den Ort begeben, wo sich die Platten befanden – übergab sie mir derselbe himmlische Bote, wobei er mir einschärfte, daß ich für sie verantwortlich gehalten werde, daß ich vernichtet werden würde, wenn sie mir durch meine Nachlässigkeit oder Sorglosigkeit verlorengehen sollten.«

Smith macht sich an die Übersetzung der Platten und veröffentlicht sie 1830 als das »Buch Mormon«, das heute – neben der Bibel – die Grundlage der »Kirche Jesu Christi der Heiligen der letzten Tage« bildet. Joseph Smith mußte die Originalplatten wieder an den Engel zurückgeben, aber etliche Zeugen haben eidesstaatlich ihre Existenz bestätigt, darunter auch zahlreiche Männer und Frauen, die seiner Kirche nicht beigetreten sind.

Der Seltsamkeiten nicht genug, erinnern die Begegnungen des Joseph Smith mit dem Engel doch erstaunlich an heutige Konfrontationen mit »Außerirdischen«[62] und an die religiös maskierten, aber offensichtlich auf dem gleichen Hintergrund basierenden »Marienerscheinungen«.[53] Im Falle von Smith haben wir es möglicherweise sogar mit einem Zeitverlust zu tun. Bei seinem ersten Kontakt mit »Moroni«, der in drei Phasen gegliedert war (Moroni sprach dabei jeweils wortwörtlich das gleiche), schreibt er: »Fast unmittelbar nachdem der himmlische Bote zum dritten Mal von mir aufgestiegen war, krähte der Hahn, und ich bemerkte, daß der Tag anbrach und daß unsre Unterredung somit die ganze Nacht gedauert haben mußte.«

Angesichts der wenigen Sätze (kaum mehr als fünf bis zehn Minuten), die Moroni Smith kundtat, erscheint das eher fragwürdig. Heute wissen wir, daß es bei solchen Kontakten häufig zu einem Zeit- und Erinnerungsverlust kommt. Smith wurde sicher nicht in ein UFO entführt. Er selbst sah keines, niemand beobachtete ein »leuchtendes Schiff aus Licht« in dieser Nacht über seinem Haus. Aber die Begleitumstände seiner Erfahrung sind geradezu typisch für Kontakte dieser Art, für Kontakte mit den *Anderen*.

Dafür spricht auch die körperliche Schwäche und das erneute »Black-out« von Smith am folgenden Tag. Er schreibt: »Bald darauf stand ich von meinem Bett auf und ging wie üblich an die notwendigen Tagesarbeiten. Aber als ich wie gewohnt zu arbeiten versuchte, fand ich meine Kraft so erschöpft, daß es mir ganz unmöglich war, etwas zu tun. Mein Vater, der neben mir arbeitete, sah, daß mit mir etwas nicht in Ordnung war und schickte mich nach Hause. Ich ging weg in der Absicht, das Haus zu erreichen, aber als ich den Zaun bei dem Feld, auf dem wir arbeiteten, übersteigen wollte, verließen mich meine Kräfte völlig, und ich fiel hilflos zur Erde und war eine Zeitlang bewußtlos.«

Als Joseph Smith wieder erwacht, steht erneut Moroni – in einen hellen Lichtschein getaucht – vor ihm und wiederholt die Botschaft der vergangenen Nacht. Smith ist nach dieser »Berufung«, die wie ein psychologisch genau geplantes und in Szene gesetztes »mentales Trommelfeuer« gewirkt haben muß, überzeugt: Er unterwirft sich vollständig dem Willen »Moronis«, lebt nur noch für die »Aufgabe«, entdeckt die verborgenen Goldplatten, übersetzt den Inhalt, veröffentlicht ihn und begründet eine neue religiöse Gemeinschaft, deren Mitglieder heute in die Millionen gehen.

Natürlich, wie könnte es ander sein, prophezeite auch Moroni das baldige Ende der Welt: »Dann unterrichtete er mich über große Strafgerichte, die über die Erde kommen werden, mit gewaltigen Verwüstungen durch Hungersnot, Schwert und Pestilenz, und daß alle diese schrecklichen Heimsuchungen in diesem Geschlecht über die Erde kommen würden.«

Passiert ist – nichts! Weder »in diesem Geschlecht«, d.h. in der Generation des Joseph Smith, noch später. Ob Smith, Kötter, die Kinder, die überall auf der Welt »Maria« zu sehen glauben, oder die UFO-Entführten unserer Tage – sie alle prophezeien unentwegt das Ende der Welt, das eigentlich schon hundertfach über uns hereingebrochen sein müßte.

All diese Prophezeiungen waren und sind falsch.

Was Joseph Smith betrifft, so bleibt das Rätsel seines Buches, das er uns als Abschrift und Übersetzung hinterlassen hat. Es ist nahezu unmöglich, daß ein ungebildeter Farmerssohn ein so umfangreiches, in sich logisches, konzeptionell einwandfreies und zudem dem biblischen Weltverständnis kongruentes Werk einfach »erfindet«. Hinzu kommen die Zeugenaussagen jener Menschen, die unter Eid die Existenz der Goldplatten bestätigten. Ich möchte wetten, daß es dieses Buch wirklich gegeben hat. Aber es ist verschwunden – wie so vieles, was die Existenz der *Anderen* beweisen könnte. Wir werden darauf noch zurückkommen.

Wir wollen nun – gewissermaßen zum »krönenden Abschluß« – noch einmal ein paar Jahrhunderte zurückgehen. Von 1545 bis 1614 lebte in Luzern der Schweizer Apotheker, Dichter und Chronist Renward Cysat. Die Geschichte, die er uns aus dem Jahr 1572 aufgezeichnet hat, ist mehr als nur erstaunlich:[63]

»Anno 1572, den 15ten Tag des Novembers, wurde abermals ein Landsmann – Hans Buchmann oder Krißbühler genannt – von Römerschyl bei Rottenburg – damals an die 50 Jahre alt –, mir gar wohlbekannt, unversehens verloren. Daraus entstand viel Aufhebens. Auch die Obrigkeit war damit beschäftigt.«

Hans Buchmann aus Römerschyl war an jenem Tag aufgebrochen, um seine Geldschulden in Höhe von 16 Gulden zu begleichen. Als es dunkel geworden und Buchmann noch immer nicht zurückgekehrt war, begannen seine beiden erwachsenen Söhne, ihn zu suchen. Alles, was sie von ihm in einem nahegelegenen Wald entdeckten, war sein Hut, sein Mantel, die Handschuhe, das Gewehr und die Gewehrhüllen, die etwas abseits lagen.

Natürlich argwöhnten sie sofort, ihr Vater sei umgebracht worden, und der mutmaßliche Täter war schnell ausgemacht: Hans Buchmanns Vetter Klaus Buchmann, mit dem er seit Jahren im Streit lag.

Der Mann wurde angezeigt, von der Polizei vernommen – und wieder auf freien Fuß gesetzt. Es war ihm nichts nachzuweisen, er galt gemeinhin als ehrbarer Bürger. Und so lange es keinen Ermordeten gab – wer sollte da als Mörder in Frage kommen?

Es vergingen etliche Monate – dann kehrte Hans Buchmann heim: »Schließlich kam er an Lichtmeß des folgenden Jahres – 1573 – heim: Ohne Haar, ohne Bart und Augenbrauen, mit verschwollenem Gesicht, zersprangtem Angesicht und Kopf so schützlich gestaltet, daß man ihn – mit Ausnahme der Angehörigen – der Gestalt nach nicht erkennen konnte.

Als die Obrigkeit dies vernahm, ließ sie ihn gefangen nehmen und erstlich zwei- oder dreimal befragen (das habe ich selbst gesehen; auch die Handlung selbst in dem Buch verzeichnet), ihm vorhaltend, aus welcher Ursache er boshaftiger und gefährlicherweise entlaufen sei, warum er bezüglich seines Vetters einen solchen Mordverdacht mit Absicht verursachte, und Neid und Haß, worunter dieser leiden mußte.«

Hans Buchmann, krank, müde, scheinbar um Jahre gealtert, erzählt die phantastischste Geschichte, die die Polizisten von Rottenburg vermutlich jemals gehört haben. Ob sie und seine Mitmenschen ihm damals glaubten – wer weiß? Heute jedoch haben wir vergleichbare Fälle und können beurteilen, ob Buchmann gelogen hat oder nicht. Nach allem, was wir über die Begegnungen mit den *Anderen* wissen, scheint dieser Mann die Wahrheit gesprochen zu haben:

»Er hatte«, schreibt Renward Cysat, »an die 16 Gulden Münzen zu sich genommen an dem Tag, als er verlorenging, um sie einem, dem er sie schuldig war, zu bringen. Den habe er aber nicht gefunden. Also sei er halb erschöpft nach Sempach gegangen, wo er bis gegen Abend zwar etwas gesumpt, jedoch nicht zuviel getrunken habe.«

Kann man es ihm verdenken? Da hatte er einen langen, beschwerlichen Fußmarsch auf sich genommen, eigens, um seine Schulden zu bezahlen – aber sein Kreditgeber war nicht daheim. Also mußte er unverrichteter Dinge wieder umkehren und machte unterwegs Rast in Sempach. Es ist von Bedeutung, daß Cysat schreibt, er habe »zwar etwas gesumpt, jedoch nicht zuviel getrunken«, das heißt er war weder betrunken noch sonst seiner Sinne beraubt, als er Sempach verließ, um den Rest der Strecke nach Hause zu marschieren. Dann, in dem Wald, in dem seine Söhne später seine Sachen entdeckten, geschah es: »Als er nun heim gehen wollte bei angehender Nacht und in den Wald an den Ort, wie oben gemeldet, kam, sei gächlich ein seltsames Gestöße und Saußen ertönt. Anfangs war es einem ganzen Imbd oder Bienenschwarm gleich; danach aber als käme allerlei Saitenspiel gegen sein Haar, welches ihm ein Gruseln und Beängstigung gemacht, so daß er nicht wußte, wo er war oder wie ihm geschehen wolle. Doch habe er sich ein Herz gefaßt, sein Gewehr gezückt und um sich gehauen. Da habe er von Stund an seine Vernunft, Gewehr, Mantel, Hut und Handschuh verloren und gleich damit in den Lüften hinweg in ein fremdes Land getragen worden, das er nicht kannte und auch selbst nie dortgewesen sei. Er habe nicht gewußt, wo er gewesen sei, wohl aber habe er die Schmerzen, das geschwollene Gesicht, den geschwollenen Kopf und die Haar- und Bartlosigkeit empfunden.« Buchmann ist in Mailand! Er ist völlig verwirrt, ausgehungert, halb verdurstet und dem Tode näher als dem Leben. Nur langsam kommt er wieder zu sich. Er versteht kein Wort italienisch, ist auf die Unterstützung der ihm völlig fremden Menschen angewiesen. Schließlich trifft er auf einen deutschen Gardeknecht, der ihm weiterhilft: Er tauscht für ihn italienisches Geld ein, und Buchmann gelobt, vor seiner Heimkehr in die Schweiz eine Wallfahrt nach Rom und Loreto zu unternehmen. Endlich, nach Monaten des Wanderns, kehrt er am 2. Februar 1573 in die Schweiz zurück.

UFO-Skeptiker[64] glauben allen Ernstes, diese Geschichte zeige nur eines, daß nämlich Buchmann wohl Alkoholiker gewesen sei. Er habe in der fraglichen Nacht anstatt das geschuldete Geld ab-, seinem Verlangen nachgegeben und sei in der Sempacher Kneipe regelrecht »versumpft«. Auf dem Weg nach Hause sei ihm dann klargeworden, daß es so nicht recht weiterginge, worauf er sich postwendend aus dem Staub gemacht habe. Später sei er dann allerdings einsichtig geworden und reumütig zurückgekehrt, freilich nicht, ohne unterwegs noch überfallen zu werden, denn das geschwollene Gesicht muß ja auch irgendwie erklärt werden. Den Haarverlust soll sich Hans Buchmann allerdings auf andere Weise zugezogen haben, vermutlich war er schwer erkrankt – vielleicht an Syphyllis? Etwas viel Mutmaßungen, etwas viel Spekulationen. Buchmann war nicht betrunken, als er heimging. Cysat erwähnt es ausdrücklich. Vor allem: Warum sollte er, wenn ihn unterwegs das Gewissen geplagt und er den Plan gefaßt hätte, nach Mailand zu verschwinden, sowohl seinen Mantel, seinen Hut, seine Handschuhe und sein Gewehr im Wald zurückgelassen haben? Die Gewehrhüllen lagen verstreut zwischen den Bäumen – er muß die Waffe herausgezogen haben, um damit gegen »irgend etwas« zu kämpfen.

Warum sollte er dann, in Mailand angekommen, halb verhungert und verdurstet gewesen sein? Er hatte 16 Gulden dabei, eine Menge Geld für die damalige Zeit. War er so verwirrt, daß er sich nicht einmal etwas zu essen und zu trinken kaufen konnte? Wie schaffte er dann überhaupt den ganzen, vieltägigen Marsch nach Italien? Vor allem aber: Warum sollte er ausgerechnet nach Mailand gehen, in eine Stadt, die er nicht kannte, in ein Land, das er nie zuvor betreten hatte, bevölkert mit Menschen, die ihm fremd waren, deren Sprache er nicht verstand, die ihm mühsam wieder auf die Beine helfen mußten? Wäre es tatsächlich so gewesen, wie UFO-Skeptiker uns weismachen wollen, dann wäre Buchmann nicht nach Süden, sondern nach Norden ausgebüchst, in andere Kantone der Schweiz oder – wenn schon ins Ausland – dann nach Deutschland oder Österreich.

1572 wurde der Schweizer Hans Buchmann von einem »Nachtkobold« durch die Luft nach Mailand verschleppt. Alles deutet darauf hin, daß solche »Nachtkobolde« im Verständnis der heutigen Zeit nichts anderes waren als die »kleinen Grauen«, die Menschen in UFOs entführen. Nach einer Zeichnung von Hal Crawford/Loren Coleman.

Die »Betrunkenen-Überfall-Syphyllis«-Version ist nicht sonderlich überzeugend. Sie ist der ziemlich krampfhafte Versuch, ein Ereignis zu »deuteln«, das zu den Urerfahrungen des Menschen gehört: Die Entführung durch die *Anderen*: Buchmann ist allein im Wald unterwegs. Er hört plötzlich ein Sausen in der Luft, das Geräusche wie ein Bienenschwarm verursacht. Es kommt immer näher. Voller Angst reißt er sein Gewehr aus der Hülle, schlägt damit wild um sich, wird vom Erdboden emporgehoben und verliert die Besinnung. Was dann mit ihm geschah, weiß er nicht. Nur undeutlich wird ihm bewußt, daß er »in den Lüften hinweg in ein fremdes Land getragen worden« ist. Als er wieder zu sich kommt, ist er Hunderte von Kilometern entfernt, in einer anderen Stadt, in einem anderen Land. Sein Körper ist ausgezehrt, er leidet an großem Hunger und Durst, sein Gesicht ist geschwollen, die Haare sind ihm ausgefallen. Das, was er erlebt hat, muß für ihn eine der schrecklichsten Erfahrungen seines Lebens gewesen sein.

Und doch war er nur einer von vielen, die vergleichbares über sich ergehen lassen mußten – der Argentinier Carlos Antonio Diaz zum Beispiel, der in Bahia Blanca in den Bus steigen wollte und Stunden später am Straßenrand von Buenos Aires aufwachte. Auch er war erkrankt, auch ihm fehlten ganze Haarbüschel, auch er wurde in die Luft gehoben, bevor er das Bewußtsein verlor.

Buchmann wußte nichts von einem »UFO« oder seltsamen Gestalten, die ihn an Bord eines »Luftschiffes« malträtierten. Er hatte keine Erinnerung mehr an das, was sich in den Tagen seiner Abwesenheit mit ihm abgespielt hatte. Sein Chronist, der Luzerner Stadtschreiber Renward Cysat, vermutet, er sei »von einem Nachtkobold entführt« worden, und im Verständnis seiner Zeit hatte er damit vermutlich vollkommen recht.

130

Menschen geraten seit den Anfängen der Geschichte in die Hände von Göttern und Teufeln, von Feen und Elfen, von Kobolden und »Außerirdischen«. Manchmal hören sie nur ein »Rauschen« oder sehen etwas wie einen hellen Blitz, manchmal erkennen sie »Luftschiffe« aus Magonia oder anderswoher, manchmal sehen sie »Raumschiffe« von Zeta Reticuli. *Diese* Dinge sind zweitrangig. Sie richten sich nach der Zeit, in der der Betroffene lebt, sie richten sich nach seinem Glauben, seinem Wissen, seinen Hoffnungen und seinen Ängsten.

Das *Grundmuster* ist seit Jahrtausenden das gleiche. Wir können die Wirklichkeit dieses Musters leugnen. Wir können glauben, daß Entführte einfach nur betrunken waren oder »Visionen« hatten, daß sie träumten, halluzinierten, Lügenmärchen erfanden und uns seit ewigen Zeiten gleichlautend hinters Licht zu führen versuchen. All das können wir *glauben* – es bleibt jedem überlassen, wie er damit umgeht.

Doch all das wird die *Anderen* nicht daran hindern, weiterhin zu erscheinen, weiterhin Menschen zu entführen, weiterhin ihre eigenen, unergründlichen Wege zu gehen. In all den Jahrtausenden menschlicher Geschichte hat niemand es ihnen jemals verwehren können. Wir sind die ersten, die überhaupt etwas von ihren Motiven und ihren Handlungsweisen zu ahnen beginnen.

Aber vom Erkennen der Wahrheit, *ihrer* Wahrheit, sind wir noch immer Lichtjahre entfernt.

VII

Auf den Schwingen der Nacht

Das Luftschiff-Phänomen

Einer meiner Schulkameraden besaß einen kleinen Goldhamster. Das Tier bekam regelmäßig Wasser und Nahrung, es hatte ein Laufrad, das es, wie mir schien, mit großer Freude benutzte, und täglich wurde ihm der Käfig gereinigt. Ich weiß nicht, ob es sich seiner Situation, sein Leben lang gefangen zu sein, überhaupt bewußt war. Manchmal, wenn ich allein mit diesem Hamster im Zimmer war, schaute ich ihn einfach nur an. Und ich frage mich noch heute, was er wohl von mir und »der Welt da draußen« gedacht haben mag. Er schien zufrieden, schien alles zu haben, wonach ein Goldhamster sich sehnte. Nun ja, vielleicht bis auf das eine...

Aber was mag er sich *von uns* gedacht haben? Wie mögen *wir* ihm erschienen sein? Sämtliche Handlungen müssen absolut absurd auf ihn gewirkt haben, angefangen vom morgendlichen Aufstehen, dem Zähneputzen, dem Frühstück, dem Schulaufgabenmachen am Nachmittag, dem Fernsehen am Abend.

Natürlich weiß ich, daß sich der kleine Kerl derlei Gedanken nicht wirklich hat machen können, einfach, weil er dazu nicht in der Lage gewesen ist. Aber was *hätte* er von uns gedacht, hätte sein Intellekt in etwa dem unsrigen entsprochen? Wie wären *wir* ihm erschienen?

Ich glaube, wir hätten einen ziemlich merkwürdigen Eindruck auf ihn gemacht. Riesige Lebewesen, die völlig verrückten, unverständlichen, in keiner Weise nachvollziehbaren Tätigkeiten nachgehen, ab und zu auch ihn bedenken (ja – wieso eigentlich?), um sich dann wieder ihren sonderbaren Aktivitäten zu widmen.

Und wir? Wie äußert sich das UFO-Phänomen *uns* gegenüber? Ist es nicht letztlich das gleiche absurde, unverständliche Verhalten, das wir für den kleinen Goldhamster abgeben müßten? Irgend etwas passiert, irgend etwas geschieht um uns – aber was wir sehen, was wir erkennen, ist nur ein Schatten, ist die Silhouette auf einem Vorhang, hinter dem sich das Unbegreifliche verbirgt. Wir sind nicht anders als der Hamster, nicht anders als all die anderen Tiere in unserer Welt, die uns manchmal beobachten mögen.

Auch wir beobachten – und werden beobachtet. Jene, die uns seit Jahrtausenden begleiten, wissen alles über uns. Wir wissen über sie so gut wie nichts. Und deshalb erscheinen uns ihre Handlungen so bizarr, so unwahrscheinlich, so *unmöglich*. Deshalb sind wir geneigt, als Erklärung eher eine Lügengeschichte des Zeugen als die Möglichkeit zu akzeptieren, es mit einer uns weit überlegenen, fremden Intelligenz zu tun zu haben.

Doch so, wie der Hamster im Käfig nie verstehen wird, welch komplexe Vorbereitungen nötig sind, um ein einfaches Mittagsgericht auf den Tisch zu bringen, eine Mathematikaufgabe zu lösen, oder worum es beim abendlichen Fernsehkrimi eigentlich geht, so wenig sind wir in der Lage, die für uns absurden Handlungen der *Anderen* zu verstehen. Sie kommen und gehen, seit undenklichen Zeiten, wie immer es ihnen beliebt. Für uns ist in diesem komplexen Geschehen bislang nichts anderes als die Rolle eines Zuschauers reserviert. Aber wir lieben eine solche Rolle überhaupt nicht, wir sind es gewohnt, den Part des Akteurs zu spielen. Seit die Menschheit geboren wurde, sehen wir uns als »Krone der Schöpfung«, als unumschränkte Herrscher unseres Planeten. Diese Auffassung ist – trotz Galilei, Kopernikus und Darwin – so tief in uns verwurzelt, daß wir jeden Gedanken, es könne da noch etwas anderes geben, etwas, das nicht aus dieser Welt ist und trotzdem seinen Einfluß darauf hat, mit Empörung zurückweisen.

Im Jahre 1914 war der damals sechzehnjährige William J. Kiehl einer der wenigen Überlebenden eines Schiffsunglücks auf dem Ontario-See. Er und zwei andere Männer konnten sich schwimmend auf die kanadische Uferseite retten. Hier stießen sie kurze Zeit später auf eine Familie, die mit einem kleinen Boot unterwegs war und zufällig diese Stelle ausgewählt hatte, um an Land übernachten zu können. Man beschloß, vorläufig beisammen zu bleiben.

An diesem Abend ereignete sich etwas Seltsames. Als erstes entdeckt eines der drei Kinder das »Ding«: Etwa 120 Meter vom Ufer entfernt, auf den ruhigen Wellen des Ontario-Sees leicht hin- und herschaukelnd, schwimmt dort draußen eine riesige helle Kugel. An der Oberseite ist sie leicht abgeplattet, in ihrem unteren Bereich umgibt sie eine quadratische Plattform.

Sie alle, die drei Männer des gesunkenen Schiffes und die fünf Frankokanadier, erkennen auf dieser Plattform zwei menschenähnliche Wesen, die mit Schläuchen hantieren. Sie haben einen kleinen Körper und einen verhältnismäßig großen Kopf. Aus dem oberen Bereich des Objekts werden Röhren ausgefahren, an deren Enden drei weite-

135

re dieser Wesen bis zum Oberkörper herausragen. Sie nehmen offenbar Kontrollmessungen vor, dann versinken die Röhren wieder in der Kugel.

Auch die beiden anderen Wesen scheinen ihre Aufgabe beendet zu haben. Die Schläuche werden durch eine quadratische Öffnung nach innen gezogen, eine der beiden Gestalten verschwindet kopfüber im Inneren der Kugel. Noch ehe sein Begleiter die Öffnung erreicht hat, hebt das Objekt ab. Wasserfontänen spritzen aus dem See. Die metallene Kugel schwebt für Sekunden in einigen Metern Höhe – und verschwindet dann mit unglaublicher Beschleunigung aus der Sicht der acht völlig verwirrten Zuschauer. Der kleine Mann, so sagte William Kiehl später, sei zu diesem Zeitpunkt noch immer auf der Plattform gewesen, und er habe sich oft gefragt, was aus ihm wohl geworden sein mochte.[65]

Das letzte und die erste Hälfte unseres Jahrhunderts halten eine geradezu unerschöpfliche Fülle solcher und ähnlicher Begebenheiten bereit. Manche dieser Ereignisse waren für die Beobachter traumatisch, voller Ängste, die nie wieder vollständig verschwanden, andere »wunderschön«, wieder andere lediglich »kurios« oder »nebensächlich«, nicht anders als heute. Der Kern des UFO-Phänomen selbst hat sich nie verändert. Verändert haben sich nur die Einstellungen von uns Menschen dem Phänomen gegenüber, die Sichtweisen, mit denen wir es betrachten. Die klassische »UFO-Form« ist fraglos die eines Diskus, jedenfalls ist es mit Abstand die am häufigsten beobachtete. Doch das Äußere variiert: zylinderförmige, kugelförmige, bumerangförmige, in den letzten Jahren zunehmend auch dreieckige UFOs unterschiedlicher Größenordnung wurden beobachtet. Letztere geben immer wieder Anlaß zu skeptischer Kritik. So wird z.B. bei den

Bumerang- und Dreiecksformen der großen Sichtungswellen 1990 und 1991 in Belgien behauptet, sie stellten lediglich militärische Geheimentwicklungen der Vereinigten Staaten dar.

Aber fliegende dreieckige Lichter wurden auch schon im vergangenen Jahrhundert gesehen. Agathe Thoma, Schwester des 1839 in Bernau (Schwarzwald) geborenen und 1924 verstorbenen Kunstmaler Hans Thoma, berichtete 1929 über ein Erlebnis ihres Bruders:[66] »Es war zu Anfang der 60er Jahre des vorigen Jahrhunderts, als mein Bruder als junger Künstler von Karlsruhe nach seiner Heimat Bernau gekommen war, um dort seine Ferien zu verbringen. An einem warmen Sommerabend, den Monat weiß ich nicht genau, es mag Juli oder August gewesen sein, saß er mit einigen seiner früheren Schulkameraden auf dem Platz, der mitten im Dorfe liegt, auf Baumstämmen. Sie unterhielten sich lebhaft. Es mochte schon gegen elf Uhr sein, es war kein Mondschein, aber ein klarer Sternenhimmel. Da flammte plötzlich ein helles Licht auf. Mein Bruder glaubte, es hätte einer neben ihm ein Streichholz angesteckt, um die Pfeife anzuzünden. Als er sich aber umsah, gewahrte er, daß das Licht von oben kam. Alle schauten erschreckt, ja entsetzt in die Höhe, denn gerade über ihnen stand ein hellglänzendes Dreieck. Die Lichterscheinung stand ganz still und verblaßte langsam geräuschlos. Die jungen Leute waren alle aufgesprungen. Es war ihnen unheimlich. Sie sagten sich kaum Gute Nacht, und jeder eilte, so rasch er konnte, nach Hause. Mein Bruder sprach in seinen letzten Lebensjahren noch öfter von dieser Erscheinung.«

Fliegende Objekte, die »sich in Luft auflösen« können, sind für UFO-Forscher heutzutage keine Überraschung mehr. Zahlreiche Fälle belegen dieses merkwürdige Phänomen. 1860, als Hans Thoma und seine Freunde ihre Beobachtung machten, wußte davon noch kein Mensch.

Das bei weitem seltsamste Phänomen des vergangenen Jahrhunderts spielte sich in den Vereinigten Staaten von Amerika ab: das Erscheinen der »Luftschiffe«. Wenngleich der Herbst 1896 und das Frühjahr 1897 als die Höhepunkte der regelrechten Sichtungswelle betrachtet werden müssen, hatte das Phänomen doch Vorläufer, die bis in die siebziger Jahre des 19. Jahrhunderts zurückreichten.

Um was es sich dabei wirklich handelte, ist bis heute nicht klargeworden. Die Menschen, die zu jener Zeit lebten, waren erfüllt von dem Traum, technisch sei alles möglich oder werde schon in naher Zukunft möglich sein: Die Elektrizität hatte begonnen, ihren Siegeszug anzutreten, Dampfeisenbahnen durchquerten den Kontinent, Dampfschiffe die Ozeane, die Telegraphie hatte es fertiggebracht, in Minutenschnelle Nachrichten von einer Küste der USA an die andere zu bringen. Das neue, kurz bevorstehende Jahrhundert würde, so glaubte man, alle anderen Träume auch erfüllen können. Insbesondere den Traum vom Fliegen, von lenkbaren Ballonen, Luftschiffen oder anderer Fluggeräte.

Es gab durchaus schon konkrete Ideen darüber. Autoren des utopischen Romans wie Jules Verne hatten sie in ihren Büchern geschildert: klobige, gigantische Luftschiffe, mit flügelschwingenden Apparaturen, die etlichen Menschen Platz bieten konnten und mit denen man die ganze Welt bereisen wollte. Realisiert waren sie zu diesem Zeitpunkt noch nicht – und so, wie Verne und andere sie sich ausgedacht hatten, wären sie auch niemals realisierbar gewesen.

Das Seltsame ist – sie tauchten trotzdem auf. Und zwar in einer solchen Fülle und technologischen Bandbreite, daß man – von offensichtlichen Betrügereien abgesehen – nur zu einem Schluß kommen kann: Ende des vergangenen Jahrhunderts wurde Amerika von einer ganzen Flotte kurioser, nach heutigen technologischen Maßstäben »unmöglicher« Luftschiffe mit nicht weniger seltsamen Insassen heimgesucht.

Um den 20. März 1880 begeben sich drei Männer des kleinen Ortes Galisteo Junction (heute Lamy) in New Mexico zu einem spätabendlichen Spaziergang in die Hügel vor ihrer Stadt. Es ist dunkel, die Gaslaternen hinter den Fenstern und in den Straßen erhellen kaum mehr als die Häuserfassaden. Aber es ist fast Vollmond, und so können sie den Weg vor sich gut erkennen.
Zuerst ist es nur leise, dann immer lauter und offensichtlicher: aus westlicher Richtung dringen Stimmen zu ihnen herüber. Die drei Männer schauen sich um und sehen zu ihrem Erstaunen einen »großen Ballon«. Fast scheint es, als wollten die Leute an Bord auf sich aufmerksam machen, aber die drei aus Galisteo Junction verstehen kein einziges ihrer Worte.
»Die Konstruktion des Ballons«, schreibt wenige Tage später, am 29. März 1880, der *Santa Fe Weekly New Mexican*, »unterschied sich in jeder Hinsicht von allem, was die drei jemals zuvor gesehen hatten. Er hatte den Umriß eines Fisches, und einmal war er so nahe, daß man wundersame Buchstaben an der Außenseite seiner Kabine erkennen konnte. Diese Kabine schien sehr elegant und die Luftmaschine selbst vollständig unter der Kontrolle seiner Insassen zu sein. Sie wurde offenbar von einem fächerförmigen Apparat gelenkt. Der Ballon war

gigantisch, und in der Kabine waren, soweit es sich beurteilen ließ, acht oder zehn Personen.«

Als der »Ballon« die drei verblüfften Neu-Mexikaner passierte, wurden aus dem Inneren mehrere Gegenstände zur Erde geworfen, darunter auch ein Blumenstrauß, »eingewickelt in seidenartiges Papier, auf dem sich einige Zeichen befanden, die an jene auf japanischen Teetassen erinnern«.

Das Gefährt gewann daraufhin rasch Höhe und verschwand in der Dunkelheit der Nacht.

Eine Suchmannschaft aus Galisteo Junction entdeckte am folgenden Morgen noch eine »außerordentlich fein gearbeitete« Tasse, die im örtlichen Bahnhof ausgestellt wurde. Man verkaufte sie kurz darauf an einen angeblichen, in der Gegend arbeitenden Archäologen. Sie gilt seither, genauso wie der Archäologe, als verschollen. Das Seidenpapier muß hingegen noch länger in Galisteo Junction verblieben sein, denn wenige Tage später behauptete ein durch den Ort reisender Chinese, es handle sich um eine Botschaft seiner Verlobten. Diese sei mit dem »Luftschiff« von China aus auf dem Weg nach New York, um ihn dort zu erwarten. Schon bald würden solche Flugreisen gang und gäbe sein.

Natürlich war das Luftschiff nicht aus dem Fernen Osten, es landete auch nicht in New York. Der ominöse Chinese verließ Galisteo Junction noch am gleichen Tag und wurde nie wieder gesehen. Aber in gewisser Weise nimmt dieser Fall mit all seinen skurrilen Charakteristika bis hin zu den haarsträubenden Erklärungsversuchen schon etliches von dem vorweg, was sich in den kommenden Jahren ereignen sollte.

Als das »Luftschiff« 1880 über New Mexico erschien, war Jules Vernes Roman »Robur, der Eroberer«, in dem

140

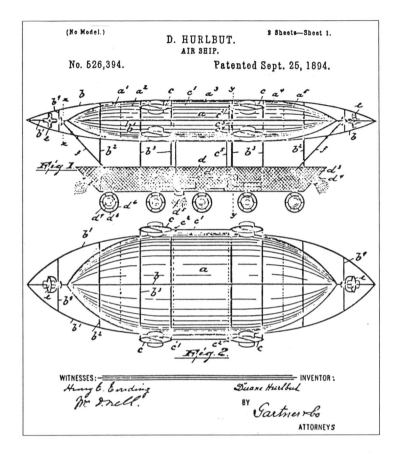

Luftschiff-Patentanmeldung aus dem Jahr 1894, zwei Jahre vor der großen amerikanischen Sichtungswelle. Wirklich geflogen ist jedoch weder dieses noch ein anderes der damals entworfenen Fluggeräte.

er ein ähnliches Fahrzeug beschreibt, noch längst nicht auf dem Markt. Er wurde erst sieben Jahre später veröffentlicht. Seit Mitte des Jahrhunderts gab es – sowohl in Europa wie in Amerika – immer wieder Patentanmel-

141

dungen für steuerbare Luftschiffe und andere Fluggeräte. Geflogen ist davon keines je, zumindest nicht über größere Distanzen. 1869 gelang es dem Kalifornier Frederick Marriott, ein schnaubendes, dampfgetriebenes, geflügeltes Vehikel über eine Meile hinweg zu steuern; es blieb bei diesem einen Flug, denn das Gerät stürzte ab. 1872 versuchte der deutsche Ingenieur Paul Haenlein, ein kohlengasgetriebenes Luftschiff fliegen zu lassen – ohne Erfolg. Zahlreiche Erfinder, Techniker und Ingenieure bastelten und konstruierten, geschafft hat es keiner.

Erst 1900 konnte Ferdinand Graf von Zeppelin das sogenannte »Starr-Luftschiff« zum Fliegen bringen, und 1903 hoben Wilbur und Orville Wright mit ihrem gesteuerten Doppeldecker erfolgreich ab. Für den britischen Luftfahrtexperten Charles H. Gibbs-Smith, der sich als Historiker auf die Zeit vor 1910 spezialisiert hat, ist es ein Ding der Unmöglichkeit, daß 1896 oder sogar noch in den Jahren davor irgendwo in Nordamerika oder sonstwo auf der Welt andere Fahrzeuge als Ballone geflogen sind: »Kein Typus einer steuerbaren oder überhaupt einer Maschine, die schwerer als Luft war, flog zu dieser Zeit oder besser: konnte zu dieser Zeit in Amerika fliegen.«[11]

Geflogen sind sie dennoch, und in den beiden Jahren 1896 und 1897 so häufig, daß an ihrer Existenz eigentlich kein Zweifel bestehen kann. Die große »Luftschiff«-Welle begann im November 1896 in Kalifornien und breitete sich von dort aus über den ganzen Westen der USA und schließlich auch über die Staaten des mittleren Westens bis hinunter nach Texas aus. Dort fand sie Mitte Mai des folgenden Jahres ihr ebenso abruptes wie rätselhaftes Ende.

Fraglos hatte diese Sichtungswelle zahlreiche Väter: die Zeitungen, die Telegraphiebüros, die Eisenbahngesellschaften, Amerikaner, die sich einen Spaß machen wollten oder auch nur einer Sinnestäuschung zum Opfer gefallen waren. Das alles ist richtig, aber es erklärt nicht den Kern des Phänomens, nicht zahlreiche seiner Details, nicht die Fülle seiner Facetten.

Wenn es dagegen tatsächlich findige amerikanische oder andere Ingenieure gegeben hätte, die in dieser Zeit geradezu phantastische Fluggeräte mit nicht minder phantastischen Eigenschaften entwarfen, konstruierten und über den ganzen Kontinent fliegen ließen – warum gingen sie mit ihrer gewinnträchtigen Entwicklung nicht an die Öffentlichkeit? Wo haben sie ihre Schiffe gebaut? Warum hat niemand sie dabei beobachtet? Um Flugmaschinen wie die beschriebenen herzustellen, bedarf es großer Montagehallen oder großer offener Werkanlagen. Wo haben sie gelegen? Niemand hat sie je gesehen. Wer waren die Monteure, die Zulieferer, die Arbeiter? Warum haben sie nie darüber gesprochen? Zu keiner Zeit ist eines der beobachteten Schiffe oder sein Antrieb zum Patent angemeldet worden – warum nicht? Sie waren doch offensichtlich flug- und manövrierfähig und erfüllten damit den Traum ganzer Generationen. Was ist mit den Vorläufermodellen, die es zwangsweise gegeben haben muß? Und wo sind sie selbst geblieben, diese mysteriösen Luftschiffe? Sind sie alle nach ihrem abrupten Verschwinden im Mai 1897 abgestürzt? Wo? Ausschließlich in unzugänglichen Bergregionen, in Wüsten, über dem Meer? Ziemlich unwahrscheinlich. Warum hat man sie dann später nie entdeckt? Haben ihre Erfinder sie unisono vernichtet, zerstört, verbrannt? Aus welchem Grund? Oder ist ihr Versteck so gut und sicher, daß man es bis heute nicht gefunden hat? Was ist mit den ganzen Crew-Mitgliedern? Wo sind sie geblieben? Warum haben sie sich nie gemeldet, wenn schon die eigentlichen Konstrukteure – aus welchen Gründen auch immer – geschwiegen haben? Warum hat sich damals nicht, wie zu allen Zeiten, das Militär eingeschaltet und die lenkbaren Schiffe für seine Zwecke adaptiert? Warum hat man nie auch nur ein einziges der ominösen Geräte dingfest machen können?

Auf all diese Fragen gibt es nur zwei mögliche Antworten: *entweder* hat es sämtliche Luftschiffe nie gegeben, alle Augenzeugen haben sich geirrt, sind irgendwelchen Halluzinationen zum Opfer gefallen oder waren betrunken – *oder* es gab am Ende des vorigen Jahrhunderts ein Phänomen, dessen Kern zwar real, dessen umgebende »Schale« jedoch so schwammig, wäßrig und löchrig war, daß es sich in all den Monaten des Auftauchens sicher dahinter verbergen konnte.

Die große Zeit des »Luftschiff-Phänomens« begann am 17. November 1896. Ein »Licht, das an eine elektrische Bogenlampe erinnerte und von einer mysteriösen Kraft angetrieben« wurde, schwebte über der kalifornischen Stadt Sakramento. Hunderte von Einwohnern beobachteten, wie es – offensichtlich gesteuert – Häusern und Hügeln auswich, seine Höhe variierte und schließlich in der Dunkelheit verschwand.[67]

Dieser »Initialsichtung« folgte zunächst in Kalifornien, dann in zahlreichen anderen Staaten der USA Beobachtung auf Beobachtung. Häufig wurden nur die starken Suchlichter gesehen. Das kann nicht verwundern, ereigneten sich die meisten Fälle doch bei Nacht oder beginnender Dunkelheit – ein Charakteristikum, das auch auf die UFO-Beobachtungen unserer Tage zutrifft und das wir bereits im »Clausthal-Zellerfeld-Fall« von 1783 kennengelernt haben (S. 92 ff.). Die Intensität der beschriebenen Luftschiff-Suchlichter übersteigt dabei bei weitem die Möglichkeiten der damaligen Zeit. Einer der frühen Zeugen sagte in einem Interview dazu:[68] »Eine spezifische Eigenheit des Lichts war die Art, in der es sich von Zeit zu Zeit veränderte. Es schien, als ob der Operateur des Suchlichts gelegentlich rote und blaue Gläser vor die Lampe schob, um so mehr Aufmerksamkeit zu erlangen... Kein Stern hat in der Vergangenheit je etwas ähnliches getan, und ich glaube kaum, daß derzeit überhaupt jemand dazu in der Lage wäre.«

Neben dem starken Suchlicht, das fast regemäßig beschrieben wurde, konnten aber auch noch andere Lichter an den Objekten gesehen werden: »Jene, die die Beobachtung vom *Normal-Building* (ein Gebäude in der kalifornischen Ortschaft Chico) machten, hatten vielleicht die beste Sicht auf das Phänomen als irgend jemand sonst in der Stadt. Ihnen schien das Licht die Form eines Balls zu haben, das Lichtstrahlen nach vier oder fünf Richtungen warf. Von der erhöhten Position des *Normal-Building* aus konnte auch gut beobachtet werden, wie sich das mysteriöse Objekt bewegte, so, als ob es auf den Boden herabkam, um dann wieder hoch in die Luft hinaufzusteigen. Dabei behielt es immer seinen nordwärts gerichteten Kurs bei.«[69]

Mehrfarbige Lichtstrahlen wurden auch bei einem Luftschiff im US-Staat Washington beobachtet: »Mr. St. John sagt, daß verschiedenfarbige Lichter in alle Richtungen geschossen wurden. Sie wurden von den beiden Enden und jeder Seite des Luftschiffes ausgesandt. Manchmal wurde auch das Licht an einem Ende oder einer Seite ausgeschaltet. Einige der Lichter waren weiß, andere rot, blau und grün. Wenn alle Lichter brannten, schien das Ungeheuer der Lüfte in einen brillanten Glanz getaucht und hatte die Erscheinung eines unbändigen elektrischen Suchlichts. Häufig schoß es verschiedenfarbige Lichtstrahlen auch aus seinem Zentrum, und diese erschienen dann wie die Speichen eines Rades.«[68]

Typisch und darüber hinaus von Bedeutung wegen der genauen Beschreibung ist eine Beobachtung von Professor H.B. Worcester, damals Präsident des *Garden City College* von San Francisco: »Wir hatten«, berichtete er den Reportern einer Zeitung,[70] »eine kleine Party in meinem Haus in East San José, und sie zog sich bis um sieben Uhr am Abend hin. Die Leute traten dann vor das Haus, um der Musik zu lauschen, und ich ging noch in den Hof, um eine Laterne zu holen. Glücklicherweise schaute ich dabei zum Himmel hinauf und sah in einigen Meilen Entfernung, vielleicht über dem College Park oder Santa Clara, ein großes Licht, das sich schnell in Richtung San José bewegte. Tatsächlich vermutete ich, es handle sich um das mysteriöse Licht, das die Leute überall gesehen hatten und von dem angenommen wurde, es gehöre zu einem Luftschiff.«
Professor Worcester läuft zur anderen Seite des Hauses und macht seine Gäste durch lautes Rufen auf das Licht aufmerksam. Die Leute strömen auf die Straße und vermögen es ebenfalls zu sehen, obwohl es seine Richtung inzwischen geändert hat. »Als sich das Schiff nach Südosten wandte, konnte ich zwei Lichter unterscheiden, eines hinter dem anderen. Das Licht, das ich zuerst sah, entsprach vom Umfang her einem Maschinenscheinwerfer und machte einen weißglühenden Eindruck. Es be-

wegte sich mit einer Geschwindigkeit von 60 bis 100 Meilen pro Stunde, bevor es hinter dem Horizont verschwand. Es gab drei Dinge, die mich beeindruckten: seine Geschwindigkeit, seine gleichmäßige Bewegung und seine offensichtlich intelligente Kontrolle. Ich habe selbst zahlreiche Feuerballone gesehen, aber dieses Licht hatte nichts mit derartigen Spielzeugen gemein. Seine Geschwindigkeit war zu groß für einen Ballon in solch einer ruhigen Nacht, und seine Bewegung zu gleichförmig.« Einer der Gäste, ein Professor Cross, ergänzte: »Ich habe oft Ballone in der Luft gesehen, aber die Bewegung dieses Lichts war in keiner Weise damit vergleichbar. Es wehte nur ein schwacher Wind aus Süden, aber dieses Lichts flog schnell in genau diese Richtung.«

Natürlich gab es für all dies auch »wissenschaftliche Erklärungen«. Der *San Francisco Cronicle* nannte das Luftschiff-Phänomen zunächst »eine der größten Schwindeleien, die jemals einer Gesellschaft entsprungen sind«, und ein Professor George Davidson machte in der gleichen Zeitung »die Erfindung einer Freimaurerschaft von Lügnern« für das Ganze verantwortlich: »Ein halbes Dutzend Burschen sind zusammengekommen, haben einen Ballon mit irgendeinem elektrischen Licht daran in die Luft geschickt, und die Einbildung hat den Rest erledigt. Es ist reiner Schwindel.«
Nun, solche »Erklärungen« hören wir auch heute noch. Wetter- und erleuchtete Party-Ballone müssen in unseren Tagen als Erklärung für das Unerklärbare herhalten. Wenn man den organisierten UFO-Skeptikern glaubt, sollte sogar ein Drittel aller UFO-Sichtungen auf Party-Ballone zurückzuführen sein. Das ist irgendwie seltsam. Ich muß gestehen, noch nie in meinem Leben einen sol-

147

chenParty-Ballon im Flug gesehen zu haben – weder zur Tages- noch zur Nachtzeit. An klaren Abenden sitze ich häufig am eigenen Teleskop und beobachte den gestirnten Himmel. Es ist erstaunlich, wie viel das geübte Auge erkennen kann: Sterne, Planeten, Satelliten, die russische Raumstation MIR, Flugzeuge unterschiedlicher Größe, Höhe und Geschwindigkeit. Ein Party-Ballon war noch niemals darunter.

Natürlich gibt es solche Ballone, man kann sie bei Herstellern von »Flugbedarf« für etwa 50,- DM kaufen. Aber ihr Anteil an sogenannten »UFO-Stimuli« wird doch bei weitem überschätzt. Im übrigen scheint es auch gar nicht so einfach zu sein, ein solches Ding in die Luft zu kriegen. Letzteres mußten sogar die Verteter der bekanntesten deutschen UFO-Skeptikerorganisation am eigenen Leibe erfahren. Bei der angekündigten Flugdemonstration anläßlich der Jahrestagung der sogenannten »Gesellschaft zur wissenschaftlichen Untersuchung von Parawissenschaften« (GWUP) 1992 versuchten sie, das mit einer kleinen Flamme betriebene Gefährt in den Himmel über Darmstadt steigen zu lassen. Der Flug endete allerdings »wegen zu starken Windes« schon nach wenigen Metern in den Ästen eines Baums, der Ballon ging in Flammen auf.[71] Ironischerweise könnte man sagen, hier sei nicht nur ein »UFO-Ballon«, sondern auch der Traum abgestürzt, alles, was irrational erscheint und unerklärlich ist, rational erklären zu wollen.

Neben Ballonen sind es heute in erster Linie Sterne, die als natürliche Ursachen für UFO-Beobachtungen herangezogen – und häufig mißbraucht werden. Auch das gab es schon vor hundert Jahren. Nachdem am 27. März 1897 ein blutrotes Licht über Topeka (Kansas) gesehen worden war, hatten sich am folgenden Abend zahlreiche Einwohner auf den Straßen versammelt, um die Beobachtung vielleicht ein zweites Mal machen zu können:[72] »Der einzige Stern in der Himmelsgegend, in der das Licht in der vorangegangenen Nacht gesehen worden war, war Venus, und einige Leute, die in dieser Nacht nicht im Freien gewesen waren, äußerten die Vermutung, die Leute hätten sich von diesem Planeten täuschen lassen und daß Venus das einzige sichtbare Luftschiff gewesen sei. Aber diese Vermutung kann nicht stimmen. Vielleicht war das Licht der vergangenen Nacht wirklich kein Luftschiff, aber es war ganz sicher auch kein Stern oder Planet. Das Licht bewegte sich parallel zum Horizont und mit großer Geschwindigkeit. Sterne verhalten sich nicht so und Planeten auch nicht. Und dann, als das fremde Licht rot erstrahlte, schien Venus ein kleines Stückchen weiter rechts noch immer in all ihrer strahlenden Herrlichkeit am Himmel. Und als einige Beobachter Stunden später das rote Licht erneut sahen, war Venus längst hinter dem Horizont versunken.«

Ballone, helle Sterne, die Venus und Jupiter – all das waren sicher ebenso wie heute Objekte, die mit den »Luftschiffen« identifiziert und verwechselt wurden. Aber genauso wie heute darf ihr Anteil nicht überbewertet werden. Das Beispiel aus Topeka zeigt, daß man sehr wohl zwischen Himmelsobjekten wie der Venus und »fremden Lichtern« zu unterscheiden vermochte. Die Menschen des ausgehenden 19. Jahrhunderts waren noch weit weniger »zivilisationsabhängig« wie wir, sie lebten noch in einer stärkeren Verbindung zur Natur. Und wenn man einmal von den Sichtungen in den großen Städten wie San Franzisko, Sakramento und Los Angeles absieht, waren sie auch alle in der Lage, helle Planeten am Himmel zu sehen und zu erkennen. Mond und Sterne waren damals, anders als heute, häufig die einzigen Lichter, die ein auf dem Lande lebender Amerikaner nachts zu Gesicht bekam.

Aber die *Anderen* lieben die Nacht. Sie gewährt ihnen Sicherheit und Schutz. Nicht, daß sie dieses Schutzes wirklich bedürften. Sie sind unabhängig von Tag und Nacht, denn sie selber sind Götter aus Licht und Dunkelheit. Aber die Nacht birgt *für uns Menschen* das Fluidum des Unbekannten, des Geheimnisvollen, des Un-Erkannten. Wir sind es, die wir uns in der Nacht fürchten, die wir Angst haben, Angst vor »dem da draußen«, Angst vor den Geräuschen der Finsternis, Angst vor den Wolkenfetzen, die am fahlen Mond vorüberziehen. Es ist eine natürliche Angst, ihre Wurzeln liegen in fernen Zeiten, da unsere Vorfahren Jäger und Gejagte waren: Jäger am Tage und Gejagte in der Nacht. Heute jagen wir nicht mehr, heute werden wir nicht mehr gejagt. Aber die Angst ist geblieben. Und aus dieser Angst vor dem Dunklen, vor der Nacht, vor dem Unsichtbaren und Schemenhaften, das draußen vor der Tür lauert, aus dieser Angst er-

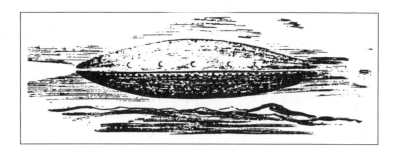

Langgestrecktes, diskusförmiges Luftschiff über San Franzisko (San Francisco Call vom 23.11.1896).

wächst die Macht der *Anderen*. Die Macht über uns, die Macht über diese Welt.

Wie sahen sie nun aus, die »Luftschiffe«? So sehr die Beschreibungen im Detail auch variieren mögen, so sehr stimmen sie doch häufig in einem Grundelement überein: ein zylinder- oder zigarrenförmiger Hauptkörper. Mehr noch – die Zigarren der damaligen Zeit entsprachen nicht ganz den heute gebräuchlichen. Es waren handgedrehte, verhältnismäßig dicke, kurze und an den Enden konisch zulaufende ellipsenförmige Gebilde. Im Profil betrachtet ähnelten sie in auffallender Weise dem geläufigsten »UFO-Typ« des 20. Jahrhunderts.

Am 10. April 1897 kreiste ein solches Objekt über Quincy im US-Bundesstaat Illinois:[73] »Zeitweilig schien es nicht mehr als 130 bis 160 Meter über dem Boden zu schweben, und im hellen Mondlicht konnte man seine Silhouette deutlich gegen den klaren Himmel erkennen. Die Leute, die es sahen, beschreiben es als langen, schmalen Körper, geformt wie eine Zigarre und aus einem hellen Metall, vielleicht Aluminium, hergestellt, auf dem sich das Mondlicht spiegelte. Auf beiden Seiten des Rumpfes dehnte sich etwas aus, und oberhalb des Rumpfes war etwas wie eine übergeordnete Struktur, aber die Sicht darauf wurde durch die Flügel behindert. Am vorderen Ende befand sich ein Scheinwerfer. Seiner Helligkeit und der Intensität des Lichtstroms nach zu schließen war er offenbar identisch mit jenen Suchlichtern, die auf Dampfschiffen verwendet werden. Um die Mitte des Rumpfes befanden sich kleine Lichter, ein grünes auf der rechten Seite und ein rotes auf der linken.«

In anderen Fällen wurden die Luftschiffe als »zigarrenförmig« mit »einer Reihe roter Lichter entlang der Seiten« und als »konisch geformt, 60 Meter lang und rote, weiße und grüne Lichtblitze« versprühend,[74] als »zigar-

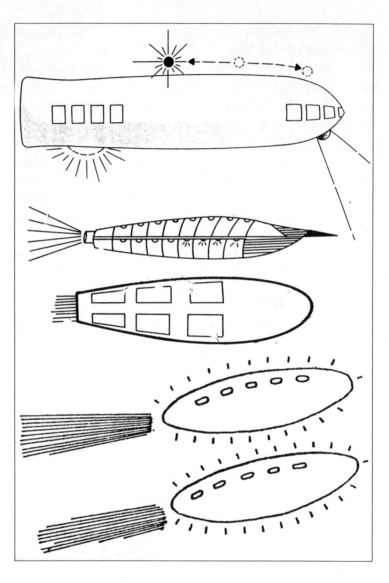

Augenzeugenskizzen zylinder- oder zigarrenförmiger Flugobjekte aus unserem Jahrhundert. Erstaunlich ist die Parallelität zu den Grundelementen der Luftschiffe.

renförmig mit quadratischen Lichtern in der Mitte und oben«[75] usw. bezeichnet.

Aber auch andere Grundformen wurden gesehen – etwa V- oder dreiecksförmige. So beobachteten mehr als 50 Zeugen am 12. April 1897 über Lincoln (Illinois) einen »großen, hellen Scheinwerfer an der Spitze eines V-förmigen Objekts«.[76] Andere nahmen summende Geräusche wahr, »wie beim Betrieb von Maschinen«[77] oder dem Summen eines Bienenschwarms oder beobachteten – so etwa Dr. Louis Domhoff aus Cincinatti (Ohio) – ein »eiförmiges« rotes Objekt, das sich auf einem Zickzack-Kurs bewegte: »Es schien, als ob ein Teil davon von einem Vorhang bedeckt wäre, die Strahlen traten aus dem Zentrum und aus jedem der beiden Enden aus.«[78] Schließlich wurden auch fliegende Kugeln beobachtet und damit im Grunde die ganze Bandbreite des heutigen UFO-Spektrums abgedeckt: »Dasjenige, das ich sah, hatte hinsichtlich seines Äußeren nichts von all dem, was in den Zeitungen stand. Es war rund, wie ein gewaltiger Ball.«[79]

Seltsam und kurios mutet die häufige Beschreibung von Flügeln an – von Flügeln, die sich wie bei einem Vogel bewegt haben sollen. Dies entspricht ziemlich genau den damals landläufigen Vorstellungen über den Fortbewegungsmechanismus eines solchen Luftschiffes, ist aber aus moderner flugtechnischer Sicht völlig unmöglich. Selbst Leonardo da Vinci glaubte, der Mensch würde sich einmal wie ein Vogel durch die Luft bewegen können – einer der wenigen Irrtümer, die diesem Genie des 15. Jahrhunderts unterliefen.[80] Verschiedene andere Erfinder versuchten schon damals – freilich erfolglos –, mit Muskelkraft angetriebene, den Vogel- oder Fledermausflügeln nachempfundene Flugapparate in die Luft zu be-

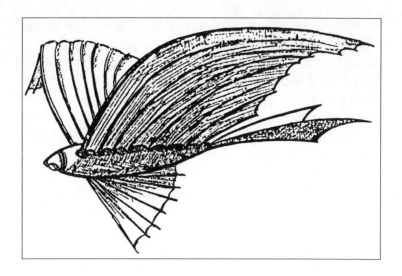

Flügelschlagendes Luftschiff, wie sie im Herbst 1896 und im Frühjahr 1897 zu Hunderten über Amerika gesehen wurden (aus den Dallas Morning News vom 16.4.1897).

kommen. Doch auch später noch waren Schwungflügel eine beliebte Vorstellung. Erst durch die Segelflieger der Gebrüder Wright und anderer Flugzeugpioniere, die mit starren Flügeln ihre Erfolge erzielten, verschwand sie nach und nach.

Etliche der beobachteten Luftschiffe hingegen scheinen Schwungflügel gehabt zu haben:[81] »Mittwoch Nacht sah meine Frau ein eigenartiges Objekt am Himmel. Zuerst dachte sie, es sei ein beleuchteter Ballon, aber sie erkannte schnell, daß es nicht ballonförmig war und daß es mit einer Bewegung wie der eines Vogels vorwärts segelte. Es hatte zwei große Lichter und reiste nach Süden. Es war kein Meteor, es war kein Ballon, es war kein Feuerball – ich vermute, es muß das Luftschiff gewesen sein.« Andere wollen sogar etwas ähnliches wie »Fledermausflügel« gesehen haben, wieder andere zusätzlich fächerförmige Segel an beiden Endteilen oder Propeller und Kabinen unterschiedlicher Größe.

Zumindest einmal wurden auch zwei Luftschiffe gleichzeitig beobachtet. Am 21. April 1897 hörte der Zeitschriftenherausgeber Frank Dickson aus Jackson County (Texas) ein fernes Rumpeln. Er glaubte zuerst, es sei vielleicht eines der großen Dampfschiffe, das den Navidad River heraufkäme. Als er aus dem Fenster schaute, sah er jedoch zwei »Monster« am Himmel. Sie waren nur etwa knapp 200 Meter voneinander entfernt und tauschten rote und grüne Lichtsignale miteinander aus. Dann trennten sie sich, das eine flog nach Norden, das andere nach Süden. Dickson war so überrascht, daß er etliche Minuten brauchte, um sich wieder zu beruhigen.

Einige der Beobachter – wir kommen darauf noch im folgenden Kapitel ausführlich zurück – kamen auch in Kontakt mit den Insassen gelandeter Luftschiffe und wurden von ihnen über die Antriebsmöglichkeiten informiert. Patrick C. Byrnes, ein Techniker der örtlichen Telegraphengesellschaft, begegnete einem solchen Schiff am 15. April 1897 nahe Cisco (Texas) und berichtete über seinen Antrieb: »An jedem Ende des Schiffs ist ein großer, stählerner Schneckenhausapparat. Dies – so wurde er informiert – sei das Gerät, mit dem die fremdartige Maschine angetrieben wurde. Große Benzinmotoren seien mit ihnen verbunden, um sie mit hoher Geschwindigkeit zu drehen. Sie heben das Schiff in die Luft und lassen es mit einer wundervollen Geschwindigkeit fliegen.«[82] Aber Benzinmotoren stellten eher die Ausnahme dar. Anderen sagte man, die Schiffe würden mit Dampfkraft angetrieben, mit Kohlefeuerung, mit Elektrizität. So vielgestaltig, wie sich die »Monster der Lüfte« den Beobachtern zeigten, so vielfältig war auch die – angebliche – Technik, mit der sie betrieben wurden.

Für die meisten Amerikaner, die mit dem Phänomen konfrontiert wurden, waren die Luftschiffe die Produkte begnadeter Ingenieure und Erfinder, und es war nur noch eine Frage der Zeit, wann diese sich öffentlich dazu bekennen und die herbeigesehnte Ära der Luftfahrt beginnen konnte. Aber nicht alle Beobachter waren dieser Überzeugung. Manche glaubten allen Ernstes, die Luftschiffe würden das Evangelium rund um die Welt verbreiten, und sobald jede Nation das Wort Gottes empfangen habe, würde »mit großer Wahrscheinlichkeit der Herr wiederkehren«. Den farbigen Nachtwächter J.A. Black aus Paris (Texas), dem eines der Schiffe am 18. April 1897 erschien, muß das Ganze nicht minder beeindruckt haben. Er fiel zitternd auf die Knie und begann, für seine Familie und sich selbst zu beten. Er hielt das Luftschiff für die zurückgekehrte Arche Noah, die nun auf dem Weg zum Mississippi sei, um die dortige schwarze Bevölkerung vor einer zu erwartenden Flutwelle zu retten.
Aber es gab auch die genau entgegengesetzte Auffassung. Für den Rechtsanwalt J. Spence Bounds offenbarte sich hier eher die Hölle als der Himmel: »Ich bin durch meinen Beruf gezwungen, nicht alles zu glauben, was ich sehe und höre, aber ich sah dieses Objekt, und mein Pferd sah es auch... Die Frage ist: Was ist es? Der Mensch hat den Ozean erobert, aber uns wurde gesagt, daß der Teufel der Herr der Lüfte ist. Und an anderer Stelle sagt die Schrift, daß der Teufel losgelassen würde am Ende der Zeiten. Wer weiß – vielleicht wird die Schrift nun erfüllt, direkt vor unseren Augen.«[82]

Obwohl Raumfahrt Ende des vergangenen Jahrhunderts ein noch phantastischeres Unterfangen zu sein schien als die Eroberung der Lüfte, wurde doch hin und wieder auch die Auffassung vertreten, die Luftschiffe kämen von einem anderen Planeten, vornehmlich vom Mars. In einem Leserbrief an eine Zeitung in Tennessee schreibt ein Adam Oldham z.B.: »Die Wissenschaftler vermuten heute, daß die Einwohner des Mars eine höhere Intelligenz besitzen als wir und darum in der Wissenschaft schon weit fortgeschrittener sind. Sie berichten, daß die Marsianer seit mehr als einem Jahr elektrische Lichtsignale zur Erde senden. Eine Luftmaschine kann nur durch Elektrizität angetrieben werden, und solch eine Maschi-

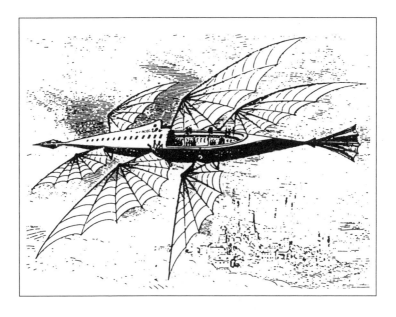

Zeichnung eines Schwungflüglers, die angeblich auf Thomas Alva Edison zurückgeht und im Jahr 1897, also zur Zeit der großen Sichtungswelle, entstanden sein soll.

ne, nachdem sie die dünne Atmosphäre des Mars durchstoßen hat, könnte durch den luftleeren Raum mit der Geschwindigkeit der Elektrizität, die 300.000 Kilometer pro Sekunde beträgt, reisen, bis sie unsere dichtere Atmosphäre erreicht. Das Luftschiff könnte leicht mit komprimierter Luft gefüllt werden, um noch viel längere Reisen als vom Mars zur Erde zu unternehmen. Die Besucher, ausgerüstet für viele Monate, haben offensichtlich noch Angst, zwischen den fremdartigen Menschen zu landen, die in ihren Augen Barbaren sein dürften, und deshalb erkunden und erforschen sie hier und dort das Land, bevor sie landen... Ich wage vorauszusagen, daß das Luftschiff noch häufig gesehen werden wird, bevor es schließlich herabkommt. Ich denke, daß unsere Besucher darüber Bescheid wissen, daß sie freundlich empfangen werden. Das *Smithonian Institute* in Washington sollte jetzt die Angelegenheit in die Hand nehmen. Das Luftschiff ist inzwischen von zu vielen, z.T. weit auseinanderlebenden glaubwürdigen Zeugen beobachtet worden, als daß es sich um einen gigantischen Schwindel handeln könnte.«[83]

Worte, die auch hundert Jahre später noch – sieht man einmal vom Mars als Ursprungsplanet ab – in einer Zeitung hätten auftauchen können. Ich weiß nicht, was für ein Mensch dieser Adam Oldham war. Aber sein Brief wirkt so zeitlos wie das gesamte Phänomen.

In einem freilich irrte er sich: Die »Besucher« kamen nicht herab, um sich den Menschen zu offenbaren. Damals wie heute scheinen sie die Zeit dafür noch nicht für gekommen zu halten. »Warum landen sie nicht einfach vor dem Weißen Haus? Dann wüßte doch jeder, daß es sie gibt«, ist ein Einwand, den man immer wieder zu hören bekommt. Aber warum sollten »sie« das tun? Um

158

unsere Neugier zu befriedigen? Um jener kleinen eifrigen Schar, die von ihrer Existenz überzeugt ist, Schützenhilfe zu leisten? Um *unseren* Wünschen zu entsprechen?

Die *Anderen* passen sich unseren Phantasien an – bis zu einem gewissen Punkt. Aber sie haben noch nie, in all den Jahrtausenden, in denen sie uns begleiten, irgend etwas getan, das uns erlauben würde, in ihre Karten zu schauen. Sollten sie ausgerechnet *jetzt* etwas daran ändern?

Große, lichtsprühende, flügelschlagende und zumeist zigarren- oder ellipsenförmige Flugobjekte tauchten in den Nächten des ausgehenden 19. Jahrhunderts über Nordamerika auf. Auf den »Schwingen der Nacht« drangen sie in das Bewußtsein der Menschen. Sie waren weder die Arche Noah noch die Verkünder des Evangeliums, keine losgelassenen Teufel und nicht die Entwicklungen verkannter Genies. Sie kamen auch nicht vom Planeten Mars.

Aber sie waren da. Am Himmel über Amerika zogen sie ihre nächtliche Bahn. Und die Augen der *Anderen* blickten hinab in die Seelen der Menschen, in denen sie sich widerspiegelten wie seit Jahrtausenden.

Das uralte Spiel hatte seine Fortsetzung genommen, und die »Monster der Lüfte« waren nichts anderes als die technische Variante am noch strahlenden Morgen der heraufziehenden neuen Zeit.

VIII

Besucher aus dem Nirgendwo

Wer waren die »Herren der Lüfte«?

Was würden Sie machen, wenn Sie über sich ein seltsames fliegendes Objekt schweben sähen, wenn aus diesem Objekt ein kleiner Behälter abgeworfen würde – und in diesem Behälter befände sich eine handschriftliche Botschaft? Würden Sie *glauben*, was dort geschrieben steht?

Vermutlich ja. Denn im Grunde gäbe es keinen Anlaß für Sie, am Inhalt und dessen Wahrhaftigkeit zu zweifeln. Sie selbst haben das »Ding am Himmel« gesehen, Sie selbst haben beobachtet, wie der Behälter zu Boden fiel, Sie selbst haben die Botschaft entgegengenommen.

So muß es wohl auch jenem Kellner aus San Antonio in Texas gegangen sein, der am frühen Morgen des 27. April 1897 hinter sich etwas Schweres zu Boden poltern hörte und beim Aufblicken ein zigarrenförmiges Objekt über den dunklen Himmel gleiten sah. [84] Der Kellner hob den metallenen Behälter auf und gab ihn an seinen Freund Pablo Remedios weiter. Da auch er mit dem Ding nicht viel anfangen konnte, händigte er es schließlich dem Drogisten des Ortes, Charles Campbell, aus. Dieser öffnete ihn und fand darin einen Brief ohne Adresse, aber mit dem Absender: »Vom Luftschiff *Sakramento*«.

Campbell, dem sofort bewußt wurde, was er da in seinen

Fingern hatte, lief eilends zum Redaktionsbüro des *San Antonio Light*. Hier wurde der Brief endlich geöffnet, und die erstaunten Zeitungsredakteure lasen: »An Bord des Luftschiffes *Sakramento*, 27. April 1897. – Als wir gerade landeten und unsere Post und Zeitungen erhielten, erfuhren wir aus einigen Artikeln, daß es bei etlichen wohl einigen Zweifel über die Existenz eines Luftschiffes gibt, das über die Lande segelt. Um die Einwohner Ihrer Stadt zu überzeugen, werden wir San Antonio noch einmal am 4. Mai zwischen 6.30 und 8 Uhr am Morgen überfliegen, und zwar in westlicher Richtung. Wir werden über den *Government Hill* hereinkommen und dann der Bahnlinie so nah wie möglich folgen. Wenn die Leute zuschauen, werden wir Ihnen unser Luftschiff zeigen. Sollte das Wetter jedoch schlecht sein, werden wir nicht kommen, da wir bei Stürmen und in dunklen Nächten nicht landen. Unser Schiff dürfte im Herbst für Passagiere und Frachtgüter zur Verfügung stehen, bis dahin müssen wir unsere Fluglinien allerdings weitgehend geheimhalten. Wir werden drei Kopien von diesem Schreiben anfertigen und sie in unterschiedlichen Teilen der Stadt abwerfen, in der Hoffnung, daß eine davon gefunden und veröffentlicht werden kann. Der erste Maat L.S.«

Ein Schwindel, ausgedacht von dem namentlich nicht bekannten Kellner, Pablo Remedios und Charles Campbell? Möglich. Das Luftschiff erschien jedenfalls am 4. Mai nicht, weder zu der angegebenen Zeit noch später, obwohl das beste Wetter herrschte und jedermann aus San Antonio mit stärker werdenden Genickschmerzen stundenlang in den Himmel starrte.

Ähnliche Botschaften waren auch schon Tage früher aufgetaucht. Am 16. April hatte man einen Text in Grand

Rapids (Michigan) gefunden, aber dort klang es eher wie ein SOS-Ruf: [85] »Wir sind 2500 Meter über Meeresspiegel mit Richtung Nord. Wir testen dieses Luftschiff, aber wir fürchten, daß wir verloren sind. Wir sind nicht mehr in der Lage, den Motor zu kontrollieren. Bitte, benachrichtigen Sie unsere Leute. Wir glauben, daß wir irgendwo über Michigan sind.« Unterzeichnet war die kurze Mitteilung von einem Arthur B. Coats aus Laurel, einem C.C. Harris aus Gulfport und einem C.W. Rich aus Richburg, alles kleinere Ortschaften in Mississippi.

Rückfragen dort ergaben, was bereits zu vermuten ist: Die genannten Personen hatten dort nie gelebt, niemand kannte ihre Namen, niemand wußte von ihrer Existenz.

Nicht minder seltsam waren andere Botschaften, etwa von den Luftschiffen »Saratoga« oder der »Pegasus«. Letztere sollte angeblich 10 Meilen von Lafayette entfernt in Tennessee gestartet und dort auch montiert worden sein. Die meisten der Einzelteile wären dem gefundenen Schreiben zufolge aus Glasgow in Kentucky über Land und andere aus Chicago, Pittsburg und St. Louis mit dem Schiff geliefert worden. [86] Nichts davon entsprach der Wahrheit.

Machte sich da jemand nur einen Spaß? Die Botschaft von der »Saratoga« war auf feinstes Kartonpapier gedruckt – ein Fälscher hätte sich große Mühe machen und viel Zeit aufwenden müssen. War das die Sache wert? Der Finder der SOS-Mitteilung galt als »absolut ehrbarer Mann« – hatte er es nötig, seine Reputation mit einer derartigen Schnapsidee aufs Spiel zu setzen?

Aber es wurden nicht nur ominöse Botschaften von nichtexistenten Personen aus dem Inneren kurioser Luftschiffe gefunden. Häufig berichten die Beobachter, sie hätten Stimmen an Bord gehört, und sogar Musik hätte zu ihnen heruntergeweht. Interessanterweise hatte Jules Verne zehn Jahre zuvor in seinem Roman »Robur der Eroberer« ähnliches geschrieben. Darin überfliegt der Held des Romans, Robur, mit seinem Luftschiff Amerika und beschallt die Landschaft unter sich mit einem Grammophon. Er wirft auch Botschaften ab, in denen er sich als Herr der Lüfte bezeichnet. Gaben die Luftschiffbeobachter also nur wieder, was sie zuvor aus einem Roman erfahren hatten? Verarbeiteten sie auf diese Weise seinen Inhalt?[87] Sicher war Jules Verne ein vielgelesener Autor seiner Zeit – aber in erster Linie in Europa. Die meisten Menschen hatten ohnedies wenig Muße, sich der Lektüre phantastischer Romane zuzuwenden. Mehr noch als heute waren sie darauf angewiesen, mit harter Arbeit ihrem Broterwerb nachzugehen. Das Romanelesen blieb den »oberen Zehntausend« vorbehalten.

Ich möchte bezweifeln, daß all jene, die die Luftschiffe über Amerika sahen, die Stimmen und Musik aus ihrem Inneren hörten und Botschaften der einen oder anderen Art empfingen, zuvor Jules Verne konsumiert hatten. Vielleicht war hier und dort der eine oder andere unter den zahlreichen Zeugen. Aber daß sie alle nur einen *Roman* in die Realität »umsetzten«, ist mehr als zweifelhaft. Hinzu kommt, daß die ersten Luftschiffsichtungen mit exakt den gleichen Charakteristika (Stimmen an Bord, Abwurf von Gegenständen) 1880 und damit Jahre *vor* »Robur« gemacht wurden, ein wie auch immer gearteter Einfluß also ausgeschlossen werden muß. Die Fortsetzung von »Robur« erschien 1905 unter dem Titel »Der Herr der Welt«, und das dort beschriebene Luftschiff ist mit »fledermausähnlichen« Flügeln ausgerüstet. Doch da war die Sichtungswelle in Amerika bereits seit fast zehn Jahren Geschichte. Wer also beeinflußte wen?

Eine Abbildung aus Jules Verne »Der Herr der Welt«, die 1905 erschien. Hier benutzt der Held des Romans einen flügelschlagenden Flugapparat. Zu dieser Zeit war die große Sichtungswelle in den Vereinigten Staaten aber bereits seit acht Jahren vorüber.

Sogenannte »Tierverstümmelungen« oder »animal mutilations« sind ein ganz spezifischer Aspekt in der modernen UFO-Forschung. Nicht selten im Zusammenhang mit Landungen unidentifizierter Objekte werden später in der fraglichen Gegend verstümmelte Tierkörper gefunden. Die zum Tode führenden Eingriffe sind in der Regel bei Nutztieren, insbesondere bei Kühen und Pferden, zu beobachten. Aber auch Hunde, Katzen, Waschbären, Opossums und anderes Kleintier wird – häufig völlig blutleer und von seltsamen Schnittwunden übersät – aufgefunden. Charakteristisch sind die Schnitte selbst: Sie sind extrem dünn und gerade, sie müssen bei Temperaturen von mehr als 120 Grad Celsius und darüber hinaus sehr schnell ausgeführt worden sein. Die einzigen Instrumente, die heute dazu in der Lage wären, sind Laser-Skalpelle. [88,89]

Als Vorläufer dieser seltsamen Ereignisse wird häufig ein Vorfall zitiert, der sich am 19. April 1897 nahe der kleinen Ortschaft Yates Center in Kansas ereignet haben soll. Ein Farmer namens Alexander Hamilton, sein Sohn Wall und ein Cowboy wollen damals beobachtet haben, wie ein Luftschiff sich eines der Kälber Hamiltons bemächtigte, indem die Insassen das arme Tier mit einem Lasso fingen und an den Beinen nach oben zogen. Tags darauf sei das Fell des Tieres von einem anderen Farmer gefunden und aufgrund des Brandzeichens identifiziert worden.

Die Geschichte verursachte seinerzeit viel Aufhebens und wurde auch später wieder und wieder zitiert. Leider aber, oder zum Glück – das hängt vom Standpunkt des Forschers ab –, hat dieser Vorfall nie stattgefunden. Der Herausgeber der Zeitschrift *International UFO Reporter*, Jerome Clark, vermochte Mitte der siebziger Jahre noch eine Zeugin der damaligen Ereignisse ausfindig zu machen. Und sie bestätigte, daß der »Kälber-Diebstahl« seinen Ursprung nicht in einem über Kansas hinwegsegelnden Luftschiff, sondern im lokalen »Club der Lügner« hatte. [82]

Was diese Geschichte dennoch interessant macht, ist, daß sie nirgends – obwohl spektakulär und weit verbreitet – Nachahmer gefunden hat. Würde es sich beim Luftschiff-Phänomen und insbesondere bei den Berichten über Botschaften und Kontakte tatsächlich ausschließlich um fingierte, erfundene Geschichten handeln, hätte man erwarten sollen, daß eine ähnliche Story auch andernorts wieder auftaucht und sich wie ein Flächenbrand über den nordamerikanischen Kontinent verbreitet. Welche Zeitung, welcher Aufschneider würde sich eine solche Horrorgeschichte entgehen lassen?

Nichts dergleichen ist geschehen. Der erfundene Vorfall ist einzigartig. Er wurde nirgends kopiert.

Und die anderen Kontaktberichte? Was wir aus dem Hamilton-Fall lernen können, ist die Feststellung, daß trotz vielfältiger Schwindel- und Lügenaktionen Berichte über Begegnungen mit den Luftschiffinsassen ernst genommen werden müssen. Sie wurden nicht zwangsläufig einfach nur erfunden und wieder und wieder in neuen Varianten von immer anderen Schwindlern weitererzählt. Wäre dies der Fall gewesen, hätte man hinsichtlich des Kälber-Diebstahls ähnliches zu erwarten gehabt.

Natürlich gab es – wie könnte es anders sein – auch unter den direkten Begegnungen mit den Insassen der Luftschiffe simple Lügengeschichten. Wir kennen dieses Phänomen aus unseren Tagen. Andererseits wurden solche Berichte von zahlreichen, als »ehrbare Leute« bekannten Persönlichkeiten an die Zeitungen gegeben. Darunter waren Juristen, Akademiker, Polizisten, ein jüdischer Rabbi, Bürgermeister – sie alle hatten keinen Grund, sich an einer landesweiten Schwindelaktion zu beteiligen oder ihren Namen unter einer erlogenen Geschichte in der Zeitung stehen zu sehen.

Die Menschen des ausgehenden 19. Jahrhunderts hatten, wie die »Entführten« unserer Tage, ein für sie reales Erlebnis. Doch die meisten ihrer Mitbürger glaubten ihnen damals ebenso wenig wie heute.

In seinem Buch über das Auftauchen der Luftschiffe in Texas zitierte der Folkloreforscher Walton O. Chariton einen regelrechten UFO-Entführungsfall aus St. Louis. Er schreibt:[82] »Ein Mann aus St. Louis behauptete, er sei auf eine solche Maschine und seinen Piloten getroffen. Dies sei eine sehr fremdartige Kreatur gewesen. Sie habe zwar zwei Beine gehabt, war aber kleiner als normale menschliche Wesen. Die Kreatur hypnotisierte den Mann und hielt ihn für mehr als drei Wochen gefangen. Durch die Hypnose konnte der Mann sich leider nur noch an wenige Details seines Erlebnisses erinnern.«

Phantastisch? Ja! Es ist verständlich, daß man vor hundert Jahren mit solch einem Bericht nicht viel anfangen konnte. Aber heute erscheint er geradezu klassisch: Ein Mensch trifft auf eine unidentifizierbare Flugmaschine und ein relativ kleines, menschenähnliches Lebewesen, er wird willensunfähig geschaltet, erleidet einen Gedächtnisverlust, wird für mehrere Wochen regelrecht entführt und kann sich nach seiner Rückkehr nur noch grob an das Geschehen erinnern.

Dieser Bericht ist schon deswegen von Bedeutung , weil er klarstellt, daß die typische »UFO-Entführung« eben *kein* Produkt unserer Zeit ist, sondern sämtliche Elemen-

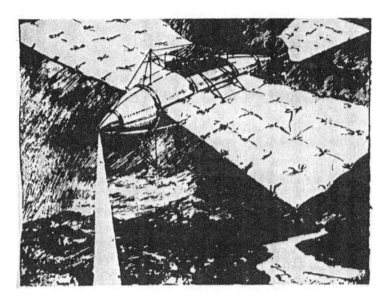

Luftschiff über Oakland (Kalifornien) im November 1896. Das starke Suchlicht am Bug des Fluggerätes ist besonders herausgehoben.

te, die wir heute finden, bereits vor hundert Jahren in gleicher Weise existent waren und erlebt wurden.

Die meisten Begegnungen mit Insassen der Luftschiffe verliefen freilich weniger spektakulär. In der Nacht des 13. April 1897 reitet Frederick Chamberlain zusammen mit einem Bekannten von Lakeland in Minnesota nach Hudson in Wisconsin.[90] Nahe der Ortschaft Lake Elmo erkennen sie gegen 23 Uhr auf einer Lichtung im Wald eine helle Gestalt: »Er lief herum, als ob er nach etwas suche.«

Die beiden Männer reißen ihre Pferde herum und verlassen den Weg. Aber sie hören nur noch ein krachendes Geräusch, als ob Zweige und Äste gebrochen würden, gefolgt von einem »davonstürmenden Zischen«. Nur Sekunden später entdeckten sie »ein langes, hoch oben fliegendes Objekt von grau-weißer Farbe. Das Ding erinnerte mich am meisten an das Oberteil eines Planwagens. Gleichzeitig sahen wir zwei Reihen aus Licht – vier Lichtstrahlen in jedem Paar –, und in jedem Paar ein rotes und ein grünes Licht. Das Ding stieg schnell in einem steilen Winkel auf. Als es über die Bäume nach Süden flog, sahen wir weitere weiße Lichter. Aber wir konnten keine Maschine oder Flügel oder Räder oder Ruder oder menschliche Gestalten sehen, nicht einmal die exakten Ausmaße des Dings.«

Immerhin entdecken die beiden 14 Fußabdrücke auf der Lichtung, jeder 60 Zentimeter lang und 15 Zentimeter breit. Ein anderer Farmer hatte zur gleichen Zeit und unabhängig von ihnen ebenfalls ein dunkles Objekt mit grünen und roten Lichtern über sich hinwegfliegen sehen.

In Minnetonka (US-Bundesstaat Minnesota) wird am 11. April 1897 eine »fliegende Maschine, die wie ein gewöhnliches Boot geformt« war, beobachtet. Sie besitzt rote und grüne Lichter an jeder Seite und ein starkes Licht am vorderen Ende. Innerhalb des Schiffes werden »lebende Personen, Männer, Frauen und Kinder, die sehr geschäftig hin- und herliefen«, gesehen.[91] Am 12. April 1897 entdecken der Farmer Augustus Rodgers und seine Frau ein gewaltiges geformtes Objekt und »in der Spitze des Schiffes eine Gestalt, wie die eines Menschen, die seinen Kurs bestimmte.«[92] Nahe Reynolds in Michigan beobachten am Morgen des 14. April ein halbes Dutzend Farmer eine »fliegende Maschine«, die herab zur Erde kommt und darin gigantische, drei Meter große Riesen,

die sich mit bellenden Geräuschen zu verständigen scheinen.[93] Einer nackten jungen Frau mit langem Haar und
einem ebenso nackten Mann mit nicht minder langem
Bart begegnet ein W.H. Hopkins nahe Springfield in Missouri am 16. April 1897. Nach Hopkins' Eindruck kamen sie vom Mars.[94] Etwa zwölf Meter groß war das
Luftschiff, das Edwin Shaffer am 3. Mai 1897 bei Cass-
ville in Indiana sieht. Es war in einer Mulde gelandet: »In
der Flugmaschine war eine Mannschaft, Zwerge, die eine
fremde Sprache sprachen und die kein Englisch verstanden.«[95]

Damit haben wir im Grunde die ganze Bandbreite auch
heute in oder bei UFOs beobachteter Gestalten: menschliche oder menschenähnliche Wesen, Riesen, Zwerge. Es
fehlen eigentlich nur noch die wirklich bizarren Gestalten, die in der modernen UFO-Literatur so gerne ver-
drängt werden. Doch auch die gab es.
Am 25. November 1896 verlassen Colonel H.G. Shaw
und sein Freund Camille Spooner die kleine kalifornische
Stadt Lodi.[96] Es ist gegen sechs Uhr abends, als ihre Pferde plötzlich ängstlich schnaubend stehen bleiben. »Als
wir aufschauten, sahen wir drei fremdartige Wesen, etwas mehr als zwei Meter groß und sehr schlank.«
Die Pferde haben eine solche Angst, daß die beiden Männer sie nicht zum Weitergehen antreiben können. So
bleibt ihnen nichts anderes übrig als abzusteigen. Shaw
geht auf die drei Fremden zu. Er faßt all seinen Mut zusammen und fragt sie, wer sie sind und woher sie kämen.
»Sie schienen mich nicht zu verstehen. Aber sie begannen
zu... nun, *trällern* drückt es besser aus als *sprechen*. Sie
tauschten ihre Worte untereinander aus. Es klang wie ein
monotoner Sing-Sang.«

Ein Flugobjekt mit vier Propellern wurde am 23. November 1896 ebenfalls über Oakland gesehen. Auch hier beeindruckt das starke Licht unterhalb des Flugkörpers.

Scheinbar unbeeindruckt von den beiden Männern begutachteten die drei Gestalten Pferde und Gepäck. Umgekehrt haben auch Shaw und Spooner die Gelegenheit, sich Einzelheiten ihrer seltsamen Gegenüber einzuprägen. Die Fremden besitzen kleine, feingliedrige, nagellose Hände und lange, schmale Füße. Als Shaw einen von ihnen unter den Ellenbogen greift, glaubt er zu spüren, daß er nur etwa 30 Gramm wiegt.

»Sie trugen überhaupt keine Kleidung, sondern waren von einem natürlichen Bewuchs bedeckt. Er war weich wie Seide, und ihre Haut war wie Samt. Ihre Gesichter und Köpfe waren vollkommen haarlos, die Ohren sehr klein, und die Nase machte den Eindruck polierten Elfenbeins. Die Augen waren dagegen groß und leuchtend, der Mund eher klein, und mir schien, daß sie keine Zähne besaßen. Dies und anderes ließ mich zu der Überzeugung kommen, daß sie weder zu essen noch zu trinken brauchten, sondern daß sie ihren Nahrungsbedarf durch irgendein Gas deckten. Jeder von ihnen hatte eine Art Tasche unter seinem linken Arm, an der ein Röhrchen festgemacht war, und jedesmal, wenn der eine oder andere dieses Röhrchen in seine Mund steckte, hörte ich Geräusche wie bei austretendem Gas.« Jeder der drei besitzt auch eine eiförmige »Lampe«, aus der grelle Strahlen blitzen. Nachdem sich die Fremden die Pferde und das Gepäck angeschaut haben, versuchen sie offensichtlich, Shaw zu entführen. Sie machen zunächst Anstalten, den Colonel in die Höhe zu heben und ihn mit sich zu schleppen, aber er kann sich mit Unterstützung seines Freundes erfolgreich zur Wehr setzen. Als die drei ihren Mißerfolg eingesehen haben, wenden sie sich einfach um und richten ihre starken Lampen auf eine nahe Brücke. Dort erkennen Shaw und Spooner jetzt ein etwa 50 Meter durchmessendes Luftschiff, das geräuschlos etwa sieben Meter über dem Wasser des Flusses schwebt. »Die drei liefen schnell hinab zum Schiff, aber nicht so, wie Sie und ich gehen. Es war eher eine schwingende Bewegung, ihre Füße berührten den Boden nur etwa alle fünf Meter. Sie sprangen zu ihrer Maschine hoch, öffneten eine Tür in

der Seite und verschwanden darin. Das Schiff verloren
wir schnell aus unserer Sicht.«

Shaw selbst glaubte, es mit Marsianern zu tun gehabt zu
haben, die »zur Erde gesandt worden waren, um einen
ihrer Einwohner zu kidnappen«. Die Gerüchte über angebliche irdische Luftschiff-Erfinder hielt er dagegen für
»plumpe Fälschungen, denen man keine weitere Aufmerksamkeit schenken« sollte – kein Wunder nach
seinem Erlebnis.

Es ist schon seltsam: Da werden vor fast hundert Jahren
über den gesamten nordamerikanischen Kontinent verstreut (übrigens auch in Kanada) die merkwürdigsten
Wesen gesehen, die seltsamsten Luftschiffe beobachtet –
aber eine wissenschaftliche Untersuchung hat es nie gegeben. Weder wurde, wie von dem Mars-Enthusiasten
Adam Oldham vorgeschlagen, das *Smithsonian Institute*
noch irgendeine andere Universität, Forschungsstätte
oder Organisation zur Klärung der Fälle eingeschaltet.
Es galt offensichtlich das Wort von Thomas Alva Edison,
der zu dem ganzen Phänomen gesagt hatte: »Sie können
mir glauben – es ist nichts als ein bloßer Schwindel. Ich
habe keine Zweifel daran, daß Luftschiffe in naher Zukunft erfolgreich konstruiert werden können. Aber es ist
absolut absurd sich vorzustellen, daß ein Mann ein erfolg-
reiches Luftschiff bauen und die Angelegenheit geheimhalten könnte. Als ich noch jung war, versuchten wir, große farbige Papierballons fliegen zu lassen. Ich vermute, jemand hat das gleiche da draußen im Westen gemacht.
Wissen Sie, ich verplempere meine Zeit nicht damit, Luftschiffe zu erfinden, sondern ziehe es vor, mich mit Dingen
zu beschäftigen, die einen kommerziellen Nutzen haben.
Luftschiffe könnten bestenfalls ein Spielzeug sein.«

Der große Thomas Alva Edison, Erfinder der elektrischen Glühbirne, irrte sich. Luftschiffe bzw. Flugzeuge gewannen schon wenige Jahre nach seinem Dementi

Im Jahr 1909 tauchten nochmals über England mysteriöse Luftschiffe auf. Die Abbildung zeigt ein solches Objekt über Peterborogh am 24. März 1909. Auch hier war ein starkes Suchlicht an das eher diskusförmige Objekt montiert.

einen außerordentlichen kommerziellen Wert. In einem jedoch hatte er recht: Die Luftschiffe seiner Zeit stammten mit Sicherheit nicht von irgendwelchen amerikanischen Erfindern, und es waren auch keine farbigen, beleuchteten Papierballons.

Wie auch immer – sein Wort hatte Wirkung. Denn außer ein paar Kommentaren, um die einige Astronomen von den Zeitungen gebeten wurden, gab es keine wissenschaftliche Beschäftigung mit dem Thema. Das Für und Wider wurde ausschließlich auf den Seiten der Zeitungen ausgetragen, mit Berichten, Kommentaren, Kritiken, Leserbriefen, Erlebnisschilderungen und Karikaturen. Die Wissenschaft schwieg. Sie betrachtete das Problem als nicht-existent.

Heute ist das nicht viel anders. Es hat zwar einige Analysen zum UFO-Phänomen gegeben (die meisten vom amerikanischen Militär und Geheimdienst). Aber nur eine einzige davon wurde von einer Universität durchgeführt und hat darüber hinaus wegen ihres von Anfang an vorprogrammierten Negativ-Ergebnisses bis heute einen überaus schlechten Ruf: der *Condon-Report* der Universität Colorado im Jahr 1968.[97] Im Grunde ist es freilich nicht der fast 1000 Seiten starke Bericht selbst, der nach wie vor für Kritik sorgt – denn den hat trotz seiner zahlreichen, in ihm behandelten und für unidentifizierbar klassifizierten Fälle kaum jemand gelesen. Umstritten ist das an alle wissenschaftlichen Institute und Universitäten als Sonderdruck ausgelieferte *Vorwort* von Professor Edward Condon dazu. Condon stellt nämlich fest, UFOs bildeten keine Gefahr für die Sicherheit der USA, eine weitere wissenschaftliche Behandlung des Themas sei daher nicht notwendig. Punkt und aus. Was hinter all den ungeklärten Fällen, die seine Arbeitsgruppe angehäuft hatte, stecken könnte, vermochte er nicht zu sagen.

176

Entführung eines Babys. [S]o, wie man im Mittelalter [d]ie Vorstellung hatte, Feen [u]nd Elfen bemächtigten sich [d]er Menschen, berichten [U]FO-Entführte heute in al[le]r Welt von Verschleppun[g]en und dem Diebstahl ihrer [u]ngeborenen Kinder.

Ein sogenannter »Suc[cu]bus«, ein dämonisches [W]esen, das in den Glau[be]nsvorstellungen des Mit[te]lalters Frauen hypnotisch [b]einflußte, sexuell mit [ih]nen verkehrte und auf [die]se Weise eigenen Nach[wu]chs zeugte. Die Parallelen [zu] den Eingriffen heutiger [»A]ußerirdischer«, insbeson[de]re der »kleinen Grauen«, [sin]d offensichtlich.

8 »Die Vision des Heiligen Benedikt«, ein Werk des bayrischen Künstlers Cosmas Damian Asam in der Kirche des Klosters Weltenburg bei Kehlheim. Das Bild entstand 1734 und zeigt am Himmel ein dunkles kugelförmiges Objekt (nicht Sonne oder Mond), das gebündelte Lichtstrahlen zur Erde richtet.

9 Die Hohensyburg in Westfalen. Über dieser einst Sigiburg genannten Festung erschienen 776 n. Chr. zwei »feurige Schilde«, die den bedrängten Franken gegen die angreifenden Sachsen zum Sieg verhalfen. ▶

10 Der Autor an einem der Eingänge zur Hohensyburg. Die Mauern der heutigen Ruine stammen aus einem Neubau aus dem 11. Jahrhundert. Von den Anlagen der Sigiburg, die 776 Zentrum himmlischer Manifestationen war, existieren nur noch Grundmauerfragmente. ▶

11 Dem Gründer der »Kirche Jesu Christi der Heiligen der letzten Tage«, dem amerikanischen Farmerssohn Joseph Smith, erscheint der »Engel Moroni«. Geht die Entstehung der Mormonen-Kirche auf eine Begegnung mit einer fremden Intelligenz zurück? ▶

Aber wie damals das Wort Edisons, ist auch heute das voreilige Wort Condons zum Maßstab der Wissenschaft schlechthin geworden. Das UFO-Phänomen wird als nicht-existent, als nicht untersuchungswürdig betrachtet, ungeachtet der Tatsache, daß der *Condon-Report* dieses Problem weder aus der Welt noch aus den Köpfen der Menschen zu schaffen vermochte. Im Gegenteil: Es hat mit den sich fast epidemisch ausbreitenden »UFO-Entführungen« inzwischen eine Dimension erreicht, die sich nicht einmal Professor Edward Condon hätte träumen lassen.

Ein im Grunde recht komisches Element von UFO-Landungen damals wie heute sind die beständigen Reparaturen, die die Insassen an ihren Fahrzeugen vorzunehmen hatten. Am 9. Oktober 1954 fährt ein Filmvorführer, von dem nur der Nachname (Hoge) bekannt ist, nach seiner Arbeit nach Hause. In der Nähe von Rickerode (bei Münster) sieht er etwa 70 Meter von der Straße entfernt, mitten auf den Feldern, ein blaues Licht. Zunächst glaubt er, es handle sich um ein notgelandetes Flugzeug. Aber beim Näherkommen erkennt er ein zylinderförmiges Objekt. Unterhalb des Zylinders arbeiten mehrere kleine Wesen von etwa 1,20 Metern Größe, mit dünnen Beinen, einem voluminösen Brustkorb und überdimensionalen Köpfen. Sie tragen gummiartige Overalls und lassen sich in ihrer Tätigkeit nicht stören, denn Herr Hoge vermochte unbehelligt weiterzufahren.[98, 99]
Im Januar 1967 nahm ein UFO-Insasse Inspektionen an seinem gelandeten Objekt nahe eines Highway in Minnesota vor. In anderen Fällen – etwa in Frankreich und Dänemark – waren ebenfalls Reparaturen notwendig. Ein libyscher Bauer wurde, nachdem er die Landung eines

»Außerirdische« bei Reparaturen und Bodenexperimenten. Ähnliche Tätigkeiten wurden bereits im Zusammenhang mit den Luftschiffen beschrieben. Es ist unklar, warum überhaupt beständig derartige Reparaturen vorgenommen werden müssen. Zeichnung nach Betty Andreasson-Luca.

Objektes beobachtet hatte, von den Insassen gewarnt, sich weiter zu nähern. Über 20 Minuten sah er ihnen zu, wie sie mit Instrumenten an der Unterseite des Objekts herumhantierten. Und in Argentinien las ein ausgestiegener UFO-Insasse eine regelrechte Checkliste vor, während sein Kollege innerhalb des Objekts die einzelnen Funktionen an einem Instrumentenbord durchtestete.[6] Seltsam, nicht wahr? Sollte man nicht annehmen, daß – im Falle, wir hätten es hier mit Raumschiffen einer uns weit überlegenen außerirdischen Kultur zu tun – solche Reparaturen weitgehend unnötig seien? Statt dessen sind die »UFOnauten« fortwährend damit beschäftigt, irgend etwas in Ordnung zu bringen. Besitzen diese Fahrzeuge tatsächlich eine solche Störanfälligkeit? Oder handelt es sich um längst ausrangierte Modelle, die lediglich für den »Einsatz Erde« zur Verfügung gestellt werden?

Und noch etwas ist, wie der französische UFO-Forscher Bertrand Meheust feststellt,[100] in der Tat verdächtig: daß die »UFO-Mechaniker« nämlich am nächsten Morgen immer mit ihrer Tätigkeit fertig sind. Nie werden von den zur Frühschicht fahrenden Arbeitern die noch immer nach einem Fehler im Antriebssystem suchenden UFO-Techniker erneut gesehen. Nie wird beobachtet, wie vielleicht ein weiteres »Abschlepp-UFO« herbeieilt, um das havarierte Objekt aus der Sichtlinie der Erdenmenschen zu hieven. Immer ist es nur *ein* Ereignis, das der jeweilige UFO-Beobachter zu sehen bekommt. *Danach* sind die fleißigen Ingenieure aus dem All immer erstaunlich schnell fertig.

Aber derartige »Reparaturen« gab es bereits bei den Luftschiffen. Das wäre verständlich, wenn es sich tatsächlich um neuentwickelte, noch unausgereifte und daher störanfällige Maschinen amerikanischer Erfinder gehandelt hätte. Wir wissen jedoch mittlerweile, daß es *solche* Luftschiffe nie gegeben hat.

Trotzdem wurden allenthalben Instandsetzungsarbeiten beobachtet: Mitte April 1897, als der Lokführer Jim Hooton nahe Rockland in Texas plötzlich Geräusche wie von einer Dampflok hörte, stattdessen aber auf einer Lichtung ein gelandetes Luftschiff sah. Die Insassen waren mit Reparaturen beschäftigt.[101] Oder nahe Chattanooga in Tennessee, wo am 24. April 1897 zahlreiche Zeugen ein gelandetes Luftschiff beobachteten, an deren

179

Unterseite zwei seiner Insassen mit Werkzeugen hantierten.[102]

Am 24. April entdeckten Captain H.A. Hooks und sein Kollege A.W. Hodges nahe Kountze bei Beaumont in Texas ein gelandetes Schiff. Zwei Insassen, die sich als ein Mr. Wilson und ein Mr. Jackson vorstellten, waren gerade mit Werkzeugen am Heck beschäftigt. Nach ihrer Auskunft hätten die Arbeiten noch mehrere Tage dauern müssen, und so schrieb die *Houston Daily Post* denn auch tags darauf:[103] »Jeder, der sich das Luftschiff ansehen möchte, sollte vor Montag Nacht nach Kountze kommen. Später wird es wieder starten und fortfliegen.« Selbstredend waren Hooks und Hodges die einzigen, die das reparaturanfällige Schiff und die beiden ominösen Männer sehen konnten. Später nach Kountze aufgebrochene Schaulustige wurden trotz der Versprechungen in der Zeitung enttäuscht: Das Schiff war bereits abgeflogen, die Reparaturen beendet. Keine ölverschmierten, übermüdeten Luftschiffinsassen am nächsten Morgen – die interessierten Neugierigen hatten genauso wenig Glück wie jene, die in unseren Tagen notgelandete »UFOnauten« sehen möchten.

Damit sind wir bei einem letzten großen Rätsel des Luftschiff-Phänomens: daß nämlich die meisten der beobachteten Insassen tatsächlich dem Typus des etwas verschrobenen Erfinders glichen. »Mr. Wilson« tauchte sogar des öfteren auf. Erstmals am 16. April 1897 in der Nähe von Dallas, als er dem verblüfften Korrespondenten der *Dallas Morning News*, C.G. Williams, einen Brief mitgab. Williams hatte beobachtet, wie ein strahlendes Licht vor ihm über den Himmel zog und zur Landung ansetzte. Es entpuppte sich als zigarrenförmiges Objekt mit drei Insassen, einer davon ein »Mr. Wilson«. Während die beiden anderen Ausbesserungen am Schiff vornahmen, erklärte »Wilson«, das Schiff würde durch Elektrizität angetrieben, und er habe es im Laufe mehrerer Monate »in einer kleinen Stadt im Herzen des Staates New York« gebaut.[104]

»Wilson« wurde in den Tagen danach immer wieder gesehen. Es ist schwer zu entscheiden, ob es sich lediglich um Kolportagen, also um weiterverbreitete und immer wieder neu erzählte Gerüchte oder um tatsächliche Begegnungen handelte.

Andere, etwa James Southard, begegneten Crews, die – für uns nichts Neues – Reparaturen an ihrem Suchlicht vornahmen und behaupteten, sie hätten Bomben an Bord und wollten damit die spanischen Truppen auf Kuba angreifen.[105] Gleiches ließen jene Luftschiff-Insassen verlauten, denen am 15. April 1897 der Texaner Patrick Burnes begegnete.[106] John Halley und Adolph Wenke sprachen am 14. April mit einem bärtigen »Wissenschaftler«, der gerade einem Luftschiff entstiegen war.[107] Viele der gelandeten Insassen verlangten nach Wasser für ihr häufig dampfgetriebenes Vehikel: am 19. April in Beaumont, am 20. April in Uvalde, am 22. April in Josserand in Texas. Um ein Uhr in der Nacht zum 23. April unterbrachen drei Fremde sogar das Dominospiel von Professor G. L. Winterspoon, Mayor Dan D. Donahue, Colonel A. H. Traylor und John Wahrenerger. Sie spazierten einfach in den Saloon eines Hotels in Conroe (Texas) und baten um Wasser für ihr Schiff. Die vier Spieler »waren geschockt und völlig überrascht, als die Fremden plötzlich bei ihnen erschienen, aber sie boten ihnen dennoch ihre Hilfe an«. Doch erst als sie das Luftschiff selbst sahen, schwand der letzte Rest ihrer Skepsis. Es war eine

181

»wundervolle Luftreisemaschine... sie erhob sich majestätisch von der Erde, beleuchtet von glänzenden elektrischen Lichtern, und pflügte ihren Weg durch den Raum.«[82]

Im Grunde eine Unmöglichkeit. Wenn man bedenkt, wieviel Tonnen eine Dampflokomotive auf die Waage bringt (gefüllt mit Wasser, Kohle und Holz sowie ihres nicht unbeträchtlichen Eigengewichts), fällt es schwer sich vorzustellen, ein ähnliches Ungetüm könnte unter den damaligen Bedingungen tatsächlich geflogen sein. Doch gerade hier zeigt sich die seltsame, vielleicht sogar ein wenig verspielte Taktik der *Anderen*: Uns mit offenkundigen Widersprüchen zu narren, uns vor Rätsel zu stellen, uns mit einer Wirklichkeit zu konfrontieren, die es eigentlich nicht geben dürfte.

»Wirklichkeit« ist nicht unbedingt gleich »Wirklichkeit«. Sie hat viele Schattierungen, Seiten, die wir kennen und Seiten, die wir nicht kennen. Der eingeengte Realitätstunnel, in dem wir leben, erlaubt uns nur ein paar Meter Sicht. Was um uns herum ist, nehmen wir nicht zur Kenntnis. Im Regelfalle interessiert es uns nicht einmal. Doch nichts ist so unsicher wie die Sicherheit, in der wir uns wiegen, und die Konfrontation mit dem »Unmöglichen«, die Begegnung mit dem »Undenkbaren« kann schneller über jeden von uns hereinbrechen, als wir im Moment zu glauben bereit sind.

IX

Traum-Schiffe

Mysteriöse Abstürze – damals und heute

Ich erinnere mich noch gut an diesen 2. Juni 1973. Es war der Tag, an dem ich das erste Mal vom Absturz eines außerirdischen Raumschiffs in Texas erfuhr – vor heute fast einhundert Jahren!

»Unglaublich!« war es mir damals durch den Kopf gefahren, als ich nach dem Frühstück die Zeitung aufgeschlagen und die Sensations-Meldung gelesen hatte. Wurde da doch nicht mehr und nicht weniger behauptet, als daß am 19. April 1897 ein Raumschiff von einem anderen Stern am Ortsrand der texanischen Kleinstadt Aurora aufschlug und explodierte. Die Leiche des kleinen Piloten, so hieß es, sei damals auf dem Friedhof beigesetzt worden und läge noch heute dort.

Ich nahm den Fall zu meinen Akten – und hörte nichts mehr davon. Ich muß gestehen, ihn selbst im Laufe der Jahre fast vergessen zu haben.

Statt dessen häuften sich die Meldungen über weit aktuellere UFO-Katastrophen. Inzwischen ist die Liste darüber zu einer recht stattlichen Parade des *Versagens* »außerirdischer Technologie« angewachsen. Soweit es sich überblicken läßt, soll es in den vergangenen 50 Jahren zu folgenden Abstürzen gekommen sein:

- bei Roswell, New Mexico (1947),

- bei Paradise Valley, Arizona (1947),
- bei Aztec, New Mexico (1948),
- in Mexiko (1948 oder 1949),
- bei Laredo, Texas (1948 oder 1950),
- auf Spitzbergen, Norwegen (1952),
- in Kingman, Arizona (1953),
- bei Ubatuba, Brasilien (1957),
- bei Bremen, Deutschland (um 1960),
- im Norden von New Mexico (1962),
- bei San Cristobal des las Casas, Mexiko (1964),
- in Kecksburg, Pennsylvania (1965),
- in der Provinz Tarija, Bolivien (1978),
- auf der Halbinsel Kola, Rußland (1985),
- bei Wladiwostok, Rußland (1986),
- in der Kalahari-Wüste (1989).

Damit nicht genug, kam es bei fast all diesen Vorfällen zur Bergung der Überreste, z.T. auch der noch völlig intakten Raumschiffe. Einige der Objekte wurden angeblich von Militärflugzeugen abgeschossen, andere kollidierten miteinander. In einem weiteren Fall, der von Dr. Berthold Schwartz[108] veröffentlicht wurde, soll ein ehemaliger US-Offizier über den Fund eines solchen Raumschiffes ausgesagt haben: »Als sie [das Militär] dorthin kamen, fanden sie ein kleines Loch. Offenbar war ein Meteorit in das Raumschiff eingeschlagen und hatte einen schnellen Druckabfall bewirkt, an dem die Leute gestorben waren.«

Also, irgendwie ist das komisch. Innerhalb von 45 Jahren – 16 abgestürzte Raumschiffe? Da soll es im All hochentwickelte extraterrestrische Zivilisationen geben, die dazu in der Lage sind, die gewaltigen Distanzen zwischen den Sternen zu überwinden. Und was geschieht, wenn sie

12   So soll das »Buch Mormon« ausgesehen haben, das Joseph Smith unter einem Hügel bei Manchester im Staat New York (USA) fand und das er nach seiner Abschrift wieder an »Moroni« zurückgeben mußte.

13   Ein solches zylinderförmiges Objekt sah die Besatzung eines Passagierflugzeuges am 4. Juni 1965 über Hawaii. Es war etwa doppelt so groß wie die Linienmaschine, besaß doppelte Fensterreihen und Ausleger, an denen entlang elektrische Entladungen zu laufen schienen. Das Objekt ähnelt damit den Hauptkörpern der Luftschiffe aus dem vergangenen Jahrhundert.

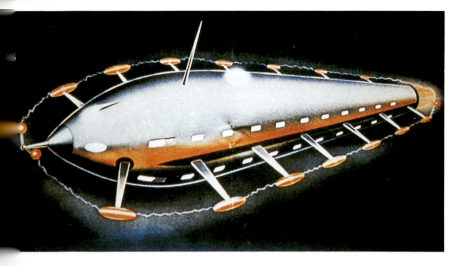

14 Eine Aufnahme von »Nessy«? Nach Aussage des Fotografen, P.A. Macnab, pflügte das Ungetier nahe von Urquart Castle durch den schottischen See, als er auf den Auslöser drückte.

15 Eine Flosse von »Nessy?« Das Bild wurde während der Expedition 1976 von einer automatischen Unterwassersonde aufgenommen.

16 Leuchtende Scheiben am Himmel. Schon immer sahen Menschen Dinge am Firmament, die sie sich nicht erklären konnten: Götterwagen, Luftschiffe aus Magonia, rätselhafte Objekte über Amerika 1896 und UFOs in unseren Tagen. Gemälde von Gilbert Williams (»Odyssee«).

17 Mitarbeiter des Forschungsprojekts »Merlin« (jetzt: Forschungsgesellschaft Kornkreise) bei der Arbeit in einer »Delphin-Struktur« im Jahr 1991.

18 Das große dreieckige Piktogramm von Barbury Castle 1991. Handelt es sich um geschickte Fälschungen, um Zeichen einer fremden Intelligenz oder um Experimente militärischer Forschungslabors?

19   Der Autor in einem der kleinen Kreise des Jahres 1991, die in der Regel neben den gr[o]-
ßen Piktogrammen entstanden. Kurioserweise gelang es nicht, solche Ministrukturen be[im]
Fälscherwettbewerb von 1992 zu imitieren.

Der Roswell-Absturz 1947 in New Mexico. So etwa soll sich die Situation für die eintreffenden Militärangehörigen dargeboten haben: ein weitgehend zerstörtes Objekt, eine große Anzahl von Trümmern und herausgeschleuderte kleine »Außerirdische«. Es ist aber nicht sicher, ob hier nicht in Wirklichkeit ein Wetter- oder Forschungsballon abgestürzt ist. Zeichnung nach Norman Duke / Donald R. Schmitt.

ihren »Zielplaneten Erde« erreicht haben? Sie fallen reihenweise vom Himmel. Wie unerfahrene Flugschüler kollidieren sie miteinander, lassen sich von »primitiven« Militärmaschinen abknallen, ja sind nicht einmal in der Lage, sich wirkungsvoll vor dem Einschlag von Kleinmeteoriten zu schützen. Das mag glauben, wer will.

Vermutlich ist es wie mit all diesen Dingen: Irgendwo steckt ein Körnchen Wahrheit. Aber um dieses Körnchen hat sich ein nahezu undurchdringbarer Dschungel aus bewußten Fehl- und Falschinformationen, Mißverständnissen, Übertreibungen und Fehldeutungen aufgebaut, der ungebändigt wächst und wuchert.

Kecksburg, Westmoreland County, Pennsylvania: Am Abend des 9. Dezember 1965 rauscht ein feuriger Körper über die Häuser der kleinen Stadt. Sekunden später hören die Einwohner einen donnernden Knall, ein roter Blitz erhellt die Landschaft.

Schon kurze Zeit später treffen die ersten Militärfahrzeuge in Kecksburg ein. Die ganze Nacht über sind die Straßen erfüllt vom Rattern der Motoren. Der Wald, in dem das Objekt heruntergekommen sein muß, wird hermetisch abgeriegelt. Ein riesiger Tieflader dröhnt durch die Straßen von Kecksburg und fährt unter Militärbegleitung in das Sperrgebiet.

Stunden später kehrt er aus dem Wald zurück. Von einer Plane verdeckt, ist nun ein großes, mehrere Meter durchmessendes »Etwas« auf der Ladefläche vertäut. Die Einwohner von Kecksburg werden angewiesen, Ruhe zu bewahren. Im Wald, so sagt man ihnen, sei lediglich ein Meteorit eingeschlagen.

Etwas viel Aufregung um einen »Meteoriten«. Bedauerlicherweise nahm sich die Presse 1965 des Vorfalls kaum an. In der Lokalzeitung *The Tribune-Review* erschien am folgenden Tag ein kurzer Artikel: »Armee sperrte Gebiet ab — ›unidentifizierbares Flug-Objekt‹ stürzte bei Kecksburg herab«. Einen Folgeartikel gab es nicht.

Etwa eine Woche danach brachte John Murphy, Radioredakteur des Lokalsenders WHJB im nahen Greensburg, das Thema noch einmal in die Schlagzeilen: »Objekt in den Wäldern« nannte er seine Reportage. Aber die Sendung war bereits zensiert, von wem auch immer. Weitere Nachforschungen gab es nicht, das »UFO von Kecksburg« verschwand aus dem Bewußtsein der Menschen.

Bis zum 19. September 1990. An diesem Tag strahlte der große überregionale amerikanische TV-Sender NBC in seiner Reihe »Unsolved Mysteries« einen Beitrag aus, der einzig dem Kecksburg-Ereignis gewidmet war. Das Resultat war ebenso unerwartet wie erstaunlich: Es meldeten sich über einhundert Zeugen, die alle auf die eine oder andere Weise mit dem Absturz zu tun hatten und nun eine Gelegenheit sahen, nach fast 30 Jahren endlich über ihr Erlebnis sprechen zu können.

Die Berichte wurden von Stanley Gordon, dem Direktor der MUFON-Abteilung von Pennsylvania, gesammelt und bearbeitet.[109] Einige der Zeugen waren sogar bei der Bergung zugegen und bestätigten, daß damals Mitglieder der US-Armee, der Marine, der Luftwaffe und der amerikanischen Raumfahrtbehörde NASA in Kecksburg tätig wurden. Mehrere dieser Zeugen sandten – unabhängig voneinander – auch Gedächtnisskizzen mit, die sich alle in verblüffendem Maße ähneln. Sie zeigen ein etwa vier bis fünf Meter langes und drei bis vier Meter durchmessendes, bronzefarbenes Objekt von der Form einer Eichel. Das Objekt lag am Ende einer Schneise, die es in den Wald geschlagen hatte. Der Boden war rinnenförmig aufgefurcht, die »Eichel« fast zur Hälfte in der vor sich aufgetürmten erdenen »Bugwelle« eingegraben.

James Romansky aus Derry ist einer dieser Zeugen. Er betonte, der bronzefarbene Körper sei mit seltsamen Zeichen oder Hieroglyphen versehen gewesen, wie er sie nie

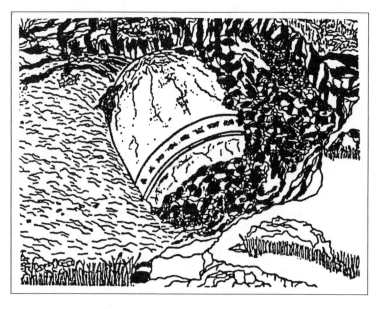

zuvor gesehen hatte. Sie seien weder russisch noch chinesisch gewesen.

Robert Adams war ebenfalls Angehöriger der Air Force und damals auf dem »Lockborne Luftwaffenstützpunkt« bei Columbus in Ohio stationiert. Er erhielt am frühen Morgen des 10. Dezember, also am Tag nach dem Absturz, den Auftrag, zusammen mit anderen Soldaten einen bestimmten Hangar der Luftwaffenbasis zu bewachen. Adams und seine Kameraden hatten sogar Befehl, sofort das Feuer auf jeden zu eröffnen, der sich dem Gebäude unberechtigterweise nähern sollte. Von den Ereignissen im Wald von Kecksburg hatten sie zu diesem Zeitpunkt noch nichts gehört.

Kurz darauf beobachten sie, wie ein Tieflader mit einem von einer Plane abgedeckten, mehrere Meter durchmessenden Körper eintrifft. Er wird von etlichen Militärfahrzeugen eskortiert. Adams hat den Eindruck, das Objekt unter der Plane müsse »wenigstens doppelt so groß wie ein VW-Käfer« sein.

Robert Adams wird um sieben Uhr morgens von seinem Posten abberufen. Am nächsten Tag erfährt er, daß der Tieflader die Halle eine halbe Stunde später wieder verlassen und zum 160 Kilometer weiter westlich gelegenen »Wright-Patterson-Luftwaffenstützpunkt« (ebenfalls in Ohio) gefahren ist.

Augenzeugenzeichnungen des 1965 im Wald bei Kecksburg (Pennsylvania) abgestürzten Objekts. Die Wucht des Aufpralls soll so groß gewesen sein, daß der Flugkörper eine etwa hundert Meter lange Schneise in den Wald schlug und sich zur Hälfte in den Untergrund eingrub. Das Objekt selbst wurde dabei offensichtlich nicht oder nur unwesentlich beschädigt.

Für die tatsächliche »Endlagerung« in Wright Patterson gibt es einen weiteren Zeugen: den Baustoffhändler und Lastkraftwagenfahrer John Cummings. Am 11. Dezember erscheint in seinem Büro ein hochrangiger Militärangehöriger und vergibt den Auftrag, insgesamt 6500 Ziegel zur Errichtung eines »strahlensicheren Hangars« zur Air Force Basis zu liefern.

Am folgenden Tag, dem 12. Dezember 1965, fährt Cummings – zusammen mit seinem Vetter – zum Luftwaffenstützpunkt. Die beiden werden ohne größere Schwierigkeiten eingelassen und sehen schon von weitem den von Wachposten abgeschirmten Hangar. Sie stellen ihren Wagen ab und machen sich an die Arbeit, die Ziegel zu entladen.

6500 Backsteine – das ist eine ganze Menge. Anfänglich schauen die Soldaten der Wachmannschaft hin und wieder zu den Männern hinüber, dann verlieren sie das Interesse an ihnen. Sie stehen in kleinen Gruppen herum, reden miteinander.

Cummings und sein Vetter sind mächtig neugierig geworden. Was mag sich in diesem geheimnisumwitterten Hangar befinden? Ein neues Kampfgerät? Eine Proto-Flugmaschine?

Schließlich halten es beide nicht mehr aus. Sie nützen eine günstige Gelegenheit, schleichen die wenigen Meter hinüber bis zu einem kleinen Fenster und schauen hinein.

Was sie sehen, ist um so verwirrender: Ein etwa vier Meter hohes und fünf Meter durchmessendes Objekt steht mitten im Raum. Von der Decke hängen Planen herab und verdecken es zu Dreiviertel. Die Farbe des kuppelförmigen »Dings« ist dunkelbronze. Zehn bis 15 Männer stehen – in Schutzanzügen und mit Atemmasken vor dem Gesicht – um das Objekt herum. Sie versuchen offensichtlich gerade, es zu öffnen.

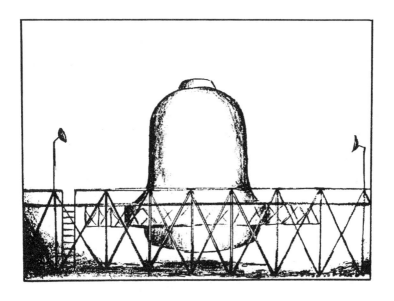

So soll nach Aussage von John Cummings das Kecksburg-Objekt im Hangar der Wright-Patterson-Luftwaffenbasis aufgestellt worden sein. Cummings gelang es am 12. Dezember 1965, einen kurzen Blick auf den Flugkörper zu werfen. Er soll etwa vier Meter hoch gewesen, mit einem bronzefarbenen Anstrich versehen und mit unbekannten Schriftzeichen bedeckt gewesen sein.

In diesem Moment werden Cummings und sein Vetter von den Wachen entdeckt. Sie werden gepackt und regelrecht fortgeschleift. Man droht ihnen, man macht ihnen Vorhaltungen, beschimpft sie regelrecht: Sie sollen alles vergessen, was sie gesehen haben und niemals in ihrem Leben darüber sprechen: »Wir bekamen erzählt, in 20 Jahren würde das Objekt zum Alltagsgegenstand gehören«, meinte Cummings.
Zum »Alltagsgegenstand« gehört ein Objekt wie das von Kecksburg auch heute noch nicht, fast 30 Jahre danach.

Was also war es – eine Neuentwicklung der US Air Force? Ein geheimes militärisches Forschungsprojekt? Ein abgestürzter Satellit aus der ehemaligen Sowjetunion? Oder gar ein Meteorit, wie die offizielle Verlautbarung der Luftwaffe es den Einwohnern von Kecksburg weismachen wollte?

Letzteres zumindest wohl kaum. Natürlich ist nicht auszuschließen, daß ein Versuchsobjekt der amerikanischen Streitkräfte abstürzte. Seltsam ist nur, daß nach so langer Zeit nie etwas ähnliches irgendwo zum Einsatz gebracht wurde. War es ein Satellit? Kein Satellit hätte den Absturz aus dem Orbit in einem so tadellosen Zustand überstanden, wie das Kecksburg-Objekt von den Augenzeugen beschrieben wurde.

Bleibt die »extraterrestrische Hypothese«: Ein außerirdisches künstliches Objekt stürzte über Kecksburg zur Erde, grub sich in den Boden, wurde vermutlich während des Anflugs mit Radar geortet und nur kurze Zeit nach dem Einschlag von Spezialeinheiten der Armee, der Marine, der Luftwaffe und der NASA geborgen. Man brachte es zunächst in die nahe Lockborne-Luftwaffenbasis und von dort nach Wright Patterson.

Haben wir hier einen Fall, der zum Kern des »Crash-Phänomens« gehört? Möglicherweise. Eine letzte Sicherheit wird es vielleicht nie geben. Im Gegensatz zu vielen anderen ähnlichen Geschichten gibt es etliche Zeugen, die den Absturz beobachteten, und es fehlen die zum Teil wilden Spekulationen um geborgene »Außerirdische«; es steht außer Frage, daß kurz vor Sonnenuntergang am 9. Dezember 1965 »irgend etwas« bei Kecksburg vom Himmel fiel. Was es wirklich war, wissen wir nicht. Aber es liegen etliche Aussagen vor, die sich widerspruchsfrei aneinanderfügen und eine ganze Kette in sich logischer Abläufe ergeben.

Und die anderen – Roswell, Aztec, Ubatuba, Bremen und so weiter und so fort? Solange jene, die mehr sagen könnten als sie sagen, solange US-Geheimdienste, Militär und Regierung sich nicht umfassend dazu äußern, sind wir auf Spekulationen angewiesen. Einige der »Abstürze« scheinen besser abgesichert zu sein als andere (vgl. hierzu [57,58]), aber letzte Gewißheit wird es vorläufig nicht geben.

Mehr als ein Vierteljahrhundert, bevor die Wogen der Luftschiffwelle in Amerika am höchsten schlugen, kam es möglicherweise zum ersten Absturz eines solchen Objekts. Nicht in Amerika – im Indischen Ozean!
Auf dem Höhepunkt des Sichtungsbooms veröffentlichte die *Houston Post* 1897[110] das Erlebnis eines dänischen Matrosen. Ole Oleson war 35 Jahre zuvor, als junger Seemann, auf der Brigg »Christine« gefahren. Er war einer jener vielen Männer, die damals – und wohl auch heute noch – auf diese Weise die Welt kennenlernen wollten.
Die »Christine« befand sich auf einer Route, die sie von Europa aus durch den Atlantik nach Süden, am »Kap der Guten Hoffnung« vorbei und durch den Indischen Ozean nach Indien bringen sollte. Sollte ..., denn ihr Ziel erreichte sie nie.
Im Indik zogen von einer Stunde zur anderen schwere, dunkle Wolken auf: Ein Sturm kündigte sich an. Kurze Zeit später brach er mit aller Gewalt über die Brigg herein. Die »Christine« wurde hin- und hergeworfen und gegen die Felsen einer kleinen Insel geschleudert. Sie brach vollständig auseinander und sank.
Die wenigen Überlebenden – darunter auch Ole Oleson – klammerten sich an die Felsen und zogen sich hinauf. Aber ihre Freude, dem sicheren Tod durch Ertrinken ent-

193

ronnen zu sein, wurde schon kurze Zeit später getrübt: Enttäuscht und entmutigt mußten sie feststellen, daß das kleine Eiland nur aus Felsen bestand. Hier gab es nichts, weder etwas zu essen noch zu trinken. Sie würden verdursten und verhungern, sollte nicht zufällig ein anderes Schiff sie rechtzeitig entdecken.

Wie lange sie dort gesessen, wieviele Tage sie ausgeharrt hatten, vermochte Ole Oleson nicht mehr zu sagen. Da geschah es: Wie aus dem Nichts tauchte plötzlich ein gewaltiges »Schiff« auf – aber nicht auf dem Meer, es kam aus der Luft direkt auf sie zugeflogen. Die Männer glaubten, ihr letztes Stündchen sei gekommen. Das Schiff stürzte förmlich aus den Wolken hernieder, drehte erst im allerletzten Moment ab und schlug explodierend wenige hundert Meter entfernt in die Felsen.

Nach einigen Schrecksekunden kletterten die Männer zu dem völlig zerstörten, teils noch brennenden, teils ins Wasser gerutschten Wrack hinüber. »Was wir sahen, war grauenvoll. Alle Crewmitglieder waren tot. Aber es waren keine Menschen. Sie waren etwa vier Meter groß, ihre Haut hatte die Farbe dunkler Bronze, und ihre Kleidung war von einer Art, wie wir sie nie zuvor gesehen hatten.« Einer der Schiffbrüchigen war so entsetzt und voller Panik, daß er schreiend ins Meer sprang. Er wurde nie wieder gesehen.

Ole Oleson und die anderen Männer untersuchten das Wrack. Sie entdeckten Werkzeuge – oder was sie dafür hielten – von gewaltigem Ausmaß. Menschen hätten sie nur schwerlich benutzen können. Sie fanden auch metallene Kästen von ungewöhnlichem Aussehen und unbekannter Funktion sowie Nahrung, die sie nicht identifizieren konnten. Aber gerade diese fremdartige Nahrung sicherte ihr Überleben.

Aus den unterschiedlichen Teilen des Wracks vermochten die Überlebenden der »Christine« ein kleines Boot zusammenzubauen. Sie alle nahmen auch irgendwelche Erinnerungsstücke an sich, von denen sie glaubten, sie könnten sich vielleicht als wertvoll erweisen. Ole Oleson streifte einer der Gestalten einen Ring ab, einen Ring mit zwei seltsamen, feurig glänzenden Steinen.

Dann, nach etlichen Tagen, verließen sie die Insel. Wie lange sie auf dem Wasser getrieben waren, auch das wußte Ole Oleson nicht mehr zu sagen. Zwei weitere Männer starben unterwegs an Entkräftung, bis sie von einem russischen Schiff auf dem Weg nach Australien entdeckt und aufgenommen wurden.

Später ging Ole Oleson nach Texas. Im Freundeskreis erzählte er oft von dieser Geschichte. Die Sichtung der Luftschiffe 1897 bewog ihn schließlich, sie auch in der Presse und damit der Öffentlichkeit mitzuteilen.

Seemannsgarn? Alles erlogen, zusammengeschwindelt, vielleicht von einem wirklich Schiffbrüchigen im Delirium phantasiert und für die Wirklichkeit gehalten? Nicht ganz. Denn Ole Oleson hatte einen Beweis, *seinen* Beweis. Noch immer besaß er jenen seltsamen Ring, den er seinerzeit dem toten Riesen abgenommen hatte. Seit seiner Rettung vor 35 Jahren war er damit bei verschiedenen Juwelieren gewesen. Aber niemand war dazu in der Lage, Metall und Steine zu identifizieren. Auch die Redakteure der *Houston Post* vermochten es nicht, denen Ole Oleson das wertvolle Schmuckstück zeigte.

Es ist nicht bekannt, was aus dem Seemann und seinem Ring geworden ist. Es gab keinen weiteren Artikel in der Houstoner Zeitung, und einige vermuten sogar, es handle sich um einen Scherz der *Post.* Mag sein. Wie in so vie-

Zeichnung nach einem angeblichen Foto, das am 11.4.1897 über dem Bahnhof von Chicago aufgenommen wurde. Die Zeichnung erschien im Chicago Times-Herald, *das Foto soll auf mysteriöse Weise verschwunden sein.*

len »Crash-Stories« haben wir auch hier nur relativ ungesichertes Material. Außer Ole Oleson stand offenbar kein weiterer Zeuge mehr zur Verfügung, was nach 35 Jahren allerdings auch verständlich ist. Vielleicht gibt es alte Unterlagen in den dänischen Reederei-Verzeichnissen, die zumindest die Existenz einer Brigg namens »Christine« in der Mitte des vorigen Jahrhunderts und ihren Untergang 1862 bestätigen könnten. Wer weiß...?

Das große Problem bei all diesen Geschichten – gleich ob aus dem letzten Jahrhundert oder aus unseren Tagen – ist das Fehlen von Beweismaterial. Natürlich, im Fall des Ole Oleson wird das fremde »Luftschiff« – sollte es wirklich existiert haben – früher oder später von der Flut mitgenommen, seine Einzelteile auf dem Meeresboden verstreut und längst von den feinen Sedimenten des Bodens zugeschüttet worden sein. Es ist fraglich, ob man davon je etwas finden wird, zumal eine genaue Lokalisation der steinigen Insel ohnedies nicht möglich ist.

In aktuelleren Fällen werden die angeblich geborgenen »Raumschiffe« in der Regel sofort von Geheimdiensten oder Militärs konfisziert, abtransportiert, eingelagert und damit einer Überprüfung ebenfalls entzogen. Jedenfalls einer Überprüfung von seiten der Öffentlichkeit – was das Militär damit macht, kann man sich vorstellen.

Doch vielleicht gibt es einige Ausnahmen. Illobrand von Ludwiger berichtet über einen interessanten Fall aus der ehemaligen Sowjetunion, der sich am 29. Januar 1986 zugetragen hat.[111] Demnach bemerkten die Einwohner der ostsibirischen Stadt Dalnegorsk bei Wladiwostok eine rotleuchtende Kugel, die – aus Südwesten kommend – mit hoher Geschwindigkeit auf den 611 Meter hohen Berg Iswestkowaja zusteuerte. Wenige Sekunden später prallte sie gegen den Felsen und riß eine Lawine zerbrochenen Gesteins heraus.

Die Kugel explodierte nicht. Sie machte mehrmals Anstalten, erneut Höhe zu gewinnen, glühte dabei rot auf und sandte grelle Lichtstrahlen zur Erde. Diese Versuche dauerten fast eine halbe Stunde. Dann wurde das kleine, vermutlich unbemannt geflogene Objekt aufgegeben. Es zerstörte sich selbst: Grell wie die Helligkeit eines Schweißbrenners fiel es zu Boden und brannte etwa eine

Stunde lang aus, bis – von einigen Metallklümpchen und Asche abgesehen – nichts mehr übrig blieb.

Etwa eine Woche nach dem Absturz, am 6. Februar, erschienen erneut zwei gelbe, leuchtende Kugeln, die die Absturzstelle mehrmals umkreisten und wieder verschwanden. Eineinhalb Jahre später, am 28. November 1987, tauchte sogar ein ganzes »Flottenkommando« auf: 33 Kugeln und mehrere zylinderförmige Objekte. Dreizehn der Objekte stiegen fast bis auf Bodennähe hinunter und suchten den Ort mit starken Scheinwerfern ab. Dann verschwanden sie.[112]

Die Absturzstelle war zu diesem Zeitpunkt schon längst »abgeräumt«. Kurz nach dem Unfall hatten Wissenschaftler verschiedener sowjetischer Fakultäten am Unglücksort Boden- und Materialproben entnommen. Die Untersuchungen – darunter Spektralanalysen, Röntgenstrukturanalysen und optische Analysen mit Elektronenmikroskopen – zeigten, daß es sich um ein ganz außergewöhnliches Material handelte. Dr. A. Kulikow vom Chemischen Institut in Wladiwostok meinte: »Es ist unmöglich zu begreifen, was das ist. Es erinnert an Glas-Kohlenstoff. Die Bedingungen, unter denen es sich bildet, sind unbekannt. Vielleicht könnten extrem hohe Temperaturen dies hervorbringen.« Und der Chemiker F. V. Vysotsky, ebenfalls aus Wladiwostok, mußte eingestehen: »Das ist zweifellos ein High-Tech-Produkt nichtirdischer Herkunft.«

Vielleicht wäre man hundert Jahre früher, 1884, zu ähnlichen Resultaten gelangt – wenn man damals bereits über eine vergleichbare Analysetechnologie verfügt, vor allem aber rechtzeitig eine Probe in Sicherheit gebracht hätte: von jenem fremdartigen Objekt, das am 6. Juni jenes Jahres nahe Lincoln im US-Bundesstaat Nebraska zur Erde stürzte.

Es scheint mehrere Zeitungsberichte darüber zu geben. Die wichtigste Quelle ist das *Daily State Journal*[113] aus Lincoln, aber Meldungen sind auch im *Nebraska Nugget* und weiteren Magazinen erschienen. Dies schließt mit großer Sicherheit aus, daß es sich nur um eine »Zeitungsente« handelte. Zudem fand das Ereignis zwölf Jahre *vor* der großen Sichtungswelle statt, als noch niemand auf die Idee verfallen sein konnte, mit »Luftschiffen« journalistisch Furore zu machen.

Der genaue Punkt des Absturzes befand sich etwa 55 Kilometer nordwestlich der kleinen Gemeinde Benkelman. Um 13 Uhr mittags ist der Rancher John W. Ellis zusammen mit zahlreichen seiner Cowboys auf einem Inspektionsritt durch das große Anwesen, als sie plötzlich »ein schreckliches, brüllendes, herniederstürzendes Geräusch über sich vernahmen. Zum Himmel schauend erkannten sie etwas, das wie ein flammender Meteorit aussah, ein Meteorit von gigantischer Größe. Einen Moment später berührte er den Boden jenseits ihres Blickfeldes.«

Die Männer beruhigen ihre Pferde und klettern einen steilen Hügel empor, um besser sehen zu können. Etwa einen Kilometer entfernt liegt das glühende Objekt. Allerdings ist nur der obere Bereich zu erkennen. Der größte Teil verbirgt sich für sie unsichtbar in einer offenbar steilen Schlucht, in die es gerutscht ist.

»So schnell wie möglich«, fährt das *Daily State Journal* fort, »galoppierten sie zu der Stelle. Sie waren erstaunt, unterwegs Überreste von Zahnrädern und anderen Maschinenteilen zu sehen. Sie lagen auf dem Boden in der Furche verstreut, die der himmlische Besucher hinterlassen hatte. Er mußte dabei mit einer solchen Hitze geglüht haben, daß er das Gras in großen Bereichen um jedes Fragment verbrannt hatte. Auch nur in ihre Nähe zu kommen, war unmöglich.«

Die Männer reiten weiter und erreichen schließlich den Rand der tiefen Schlucht, in die das Objekt gefallen war. »Aber die Hitze war so groß, daß die Luft über der Schlucht förmlich loderte. Das Objekt strahlte auch ein so grelles Licht aus, daß man es nicht länger als einen Moment anschauen konnte.«

Einer der Cowboys, Alf Williamson, hatte sich offenbar zu weit über den Abhang gewagt, »und in weniger als einer halben Minute fiel er bewußtlos um. Sein Gesicht war hoffnungslos von Brandblasen übersät und sein Haar verschmort. Sein Zustand soll besorgniserregend gewesen sein. Der Abstand zum ›Aerolith‹ – oder was immer es ist – war nahezu 70 Meter.«

Der Mann wird sofort zurück zur Ranch gebracht, ein Arzt gerufen und sein Bruder in Denver telegraphisch verständigt. Dieser holt ihn noch am gleichen Tag, bringt ihn in die Stadt und zu weiteren Ärzten. Aber Alf Williamson ist von diesem Tag an für sein Leben gezeichnet: Er erblindet, sein Gesicht bleibt bis zur Unkenntlichkeit entstellt.

»Da es unmöglich war«, fährt der Zeitungsbericht fort, »zum mysteriösen Besucher hinabzusteigen, kehrten die anderen Männer in der Rinne, die er beim Absturz geschlagen hatte, zurück. Dort, wo er die Erde zum ersten Mal berührte, war der Boden sandig und bar jeglicher Vegetation. Der Sand war bis in eine unbekannte Tiefe geschmolzen, und zwar über eine Fläche von drei Metern Breite und neun Metern Länge. Zwischen diesem Bereich und dem Ort, an dem er schließlich zur Ruhe kam, waren noch verschiedene andere ähnliche Stellen, an denen er ebenfalls in Kontakt mit dem Boden gekommen sein mußte. Aber sie waren nicht so deutlich ausgeprägt wie der erste.«

Die Kunde von dem abgestürzten »Aerolith« verbreitet sich schnell in Benkelman. Noch am gleichen Tag startet eine kleine Untersuchungskommission, um das »verdammte Ding« persönlich in Augenschein nehmen zu können. Zu ihr gehört auch E.W. Rawlings, der örtliche Brandinspektor.

Als sie eintreffen, sind kleinere abgesprengte Teile der Maschine soweit abgekühlt, daß man sich ihnen gefahrlos nähern kann, aber noch immer zu heiß, um sie zu berühren: »Ein Stück, das wie der Flügel eines Propellers erschien und aus einem Metall bestand, das wie Messing aussah, wurde mit einem Spaten hochgehoben. Es war etwa 40 cm lang, 8 cm tief und 15 cm breit. Es wog nicht mehr als zweieinhalb Kilogramm, erschien aber fester und kompakter als jedes bekannte Metall. Ein Fragment eines Rades mit einem gefrästen Rand, das ursprünglich einen Durchmesser von knapp drei Metern gehabt haben muß, wurde ebenfalls geborgen. Es schien aus dem gleichen Material zu sein und von der gleichen bemerkenswert geringen Schwere.«

Das abgestürzte Schiff selbst wird von der Untersuchungskommission auf eine Länge von etwa zwanzig und einen Durchmesser von vier Metern geschätzt. Es mußte ursprünglich zylindrisch gewesen sein.

Die Zeitung schließt ihren Bericht: »In der Umgebung herrscht große Aufregung und Ungewißheit. Die Cowboys von Mr. John Ellis warten unterdessen darauf, daß der wundersame Fund weiter abkühlt, um ihn näher untersuchen zu können. Mr. Ellis ist inzwischen hier [in Lincoln] und wird den ersten Zug nehmen, um im Grund- und

Bodenamt sein Recht anzumelden und das Objekt als auf seinem Claim abgestürzt eintragen zu lassen. Vor einer Stunde ist eine weitere Gruppe von hier aus aufgebrochen, die die ganze Nacht über unterwegs sein wird. Das Land in der Umgebung des Objekts ist eher wild und rauh, und die Straßen sind kaum mehr als Trampelfade.«

Doch der Absturz des Schiffes war nur der erste und nicht unbedingt der merkwürdigste Teil dieses seltsamen Ereignisses. Zusammen mit der nächtlichen Reitergruppe war auch ein Korrespondent des *Daily State Journal* zur Unglücksstelle geeilt. Unter der Überschrift »Der magische Meteor« meldet die Zeitung am 10. Juni 1884:[114] »Ihr Korrespondent, verehrte Leser, ist gerade von dem Ort zurückgekehrt, an dem der Besucher der Lüfte am Freitag herabstürzte. Doch er ist verschwunden, er hat sich in Luft aufgelöst. Gestern Nachmittag fiel ein heftiger Regen, der um 14 Uhr begann. Es war ein typischer Blizzard, und die meisten Schaulustigen, die sich am Ort des Geschehens versammelt hatten, flohen, um irgendwo einen Unterschlupf zu finden. Etwa ein Dutzend der Leute – darunter auch Ihr Korrespondent – warteten dagegen ab, um den Effekt des Regens auf das noch immer glühende Metall zu beobachten.«
Der Regen fällt jedoch bald mit einer solchen Intensität, daß die Zurückgebliebenen kaum die Hand vor Augen erkennen können. »Er dauerte etwa eine halbe Stunde an, und als er nachließ, so daß der Aerolith eigentlich wieder sichtbar werden sollte, war er nicht länger dort. In der Schlucht strömte einen Meter hoch das Wasser. Da sie annahmen, die Strömung habe das fremdartige Fahrzeug hinweggespült, stiegen die Männer unter Lebensgefahr hinab.«

Zu ihrem Erstaunen müssen sie feststellen, daß das Schiff nicht weggeschwemmt, sondern regelrecht *weggeschmolzen* wurde: »Nur ein kümmerlicher Rest war übriggeblieben, mit einer gallertartigen Masse gefüllte Pfützen hier und da auf dem Boden. Doch unter den Augen der Beobachter wurden sie kleiner und kleiner, bis nichts übrig blieb als schlammiges Wasser, das in den Rillen davonsickerte. Die Luft war von einem eigentümlich süßlichen Geruch erfüllt. Die ganze Angelegenheit ist im höchsten Grade mysteriös und wird ohne Zweifel für immer ein Rätsel bleiben. Alf Williamson, der verletzte Cowboy, verließ heute in Begleitung seines Bruders Denver. Es wird befürchtet, daß er sein Augenlicht nie wiedererhalten wird.«

Es ist – wieder einmal – unbekannt, wohin die Tags zuvor geborgenen Metallteile, das Fragment eines Rades oder einer Scheibe und das Fragment eines »Propellerflügels«, gebracht und wo sie verblieben sind. Das seltsame Metall, aus dem sie bestanden, wäre mit seinem geringen Gewicht und seiner Festigkeit sicher ideal für unseren heutigen Flugzeugbau gewesen. Es verschwand so spurlos wie der ganze seltsame »Aerolith«.
Was war das für ein Flugkörper, der da vor 109 Jahren in Nebraska zu Boden stürzte? Ist es vorstellbar, daß ein »Raumschiff« einer außerirdischen Zivilisation bei Kontakt mit Wasser einfach »dahinschmilzt« wie eine Portion Vanilleeis in der heißen Sommersonne?
Immerhin müssen wir bedenken, daß sich auch im Dalnegorsk-Fall 1986 die Kugel selbst vernichtete, möglicherweise, um nicht in die Hände von uns neugierigen Erdenbewohnern zu fallen. Löste sich das »Schiff« von Benkelman aus dem gleichen Grund auf?

Sand – oder besser die Quarzkörner, aus denen er besteht – schmelzen bei einer Temperatur von 1410 Grad. Die Cowboys von Mr. John Ellis entdeckten Flächen geschmolzenen Sandes im unmittelbaren Aufschlagbereich. Es müssen also Temperaturen in dieser Größenordnung geherrscht haben, und es ist erstaunlich, daß das Objekt nicht explodiert und vollständig zerrissen wurde. Aber vielleicht hat hier das seltsame Metall, das zwar hocherhitzt, trotzdem jedoch seine Struktur und Festigkeit beibehalten konnte, eine nicht unwesentliche Rolle gespielt. Vielleicht. Vielleicht war das ganze auch nur eine weitere Demonstration jener bestürzenden und widersprüchlichen Taktik, mit der sich die *Anderen* uns gegenüber offenbaren. Wem es möglich ist, Kreaturen erscheinen, vor den Augen der entsetzten Beobachter sich verwandeln und schließlich in Luft auflösen zu lassen, dem sollte es auch möglich sein, ein »Raumschiff« auf die gleiche Weise zu eliminieren und nichts zurückzulassen als unsere grenzenlose Verwirrung.

Und was schließlich geschah in Aurora? Ist es wahr, daß am Morgen des 17. April 1897, auf dem Höhepunkt des nordamerikanischen Luftschiffspektakels, ein Objekt über Texas abstürzte? 1973, als die alten Zeitungsmeldungen erneut ausgegraben und Nachforschungen angestellt wurden, sagte einer der wenigen noch lebenden Zeugen jener Zeit, die 91jährige Mary Evans: »Glauben Sie mir, der Absturz hat eine Menge Aufregung verursacht. Viele Menschen hatten Angst. Sie wußten nicht, was passieren würde. Ich war damals erst um die 15, und ich hatte den Zwischenfall fast ganz vergessen, bis er neuerlich in den Zeitungen auftauchte.«

Mary Evans lebte damals in Aurora, »aber meine Mutter und mein Vater ließen mich nicht mitgehen, als sie zu der

Absturzstelle an Richter Proctors Brunnen gingen. Als sie nach Hause kamen, erzählten sie mir, wie das Flugschiff explodiert war. Der Pilot wurde zerfetzt und bei dem Absturz getötet. Die Männer in der Stadt, die seine Überbleibsel einsammelten, sagten, er sei ein kleiner Mann, und sie begruben ihn am selben Tag auf dem Friedhof von Aurora.«[115]

Der Originalbericht erschien seinerzeit in den *Dallas Morning News* und im *Fort Worth Register*. Aurora selbst ist ein kleiner Ort und hatte nie eine eigene Zeitung. Der Journalist, der über den Absturz schrieb, ein S. E. Haydon, berichtete, gegen sechs Uhr morgens seien die Einwohner Auroras von einem über sie hinweggleitenden Luftschiff aufgescheucht worden, das – näher als jemals zuvor – in nördlicher Richtung über den Ort zog: »Offensichtlich funktionierte irgend etwas an der Maschinerie nicht, denn es flog nur noch mit einer Geschwindigkeit von zehn oder zwölf Meilen pro Stunde und kam der Erde immer näher. Es segelte genau über den Volksplatz, und als es den nördlichen Teil der Stadt erreicht hatte, kollidierte es mit dem Turm von Richter Proctors Windmühle. In einer schrecklichen Explosion wurde es in Stücke zerrissen, die überall auf den Feldern verstreut wurden, es zerstörte die Windmühle und den Wassertank und auch den Blumengarten des Richters.«

Der Pilot, dessen Überreste man fand, sei offenbar der einzige an Bord gewesen. Er war ebenfalls zerfetzt worden, aber »einige Teile seines Körpers konnten gefunden werden, und sie zeigen, daß er kein Einwohner dieser Welt war.« Ein US-Offizier namens T.J. Weems aus Aurora, der – so Haydon – eine »Kapazität auf dem Gebiet der Astronomie« gewesen sei, erklärte, er glaube, der Mann stamme vom Mars.

Papierfetzen, die gefunden wurden, seien mit einer unbekannten hieroglyphischen Schrift bedeckt gewesen, und
die Metallteile waren unbekannt, sie »erinnerten ein wenig an eine Mischung aus Aluminium und Silber«. Insgesamt, so spekulierte Haydon, müsse das Schiff mehrere
Tonnen gewogen haben. »Der Ort«, so schreibt er ab-
schließend, »ist voller Leute, die sich das Wrack ansehen
und Trümmerstücke des Metalls einsammeln. Die Beerdigung des Piloten wird morgen Mittag stattfinden.«

Was geschah wirklich in diesen Tagen in Texas? Niemals
tauchte eines der besagten Schriftstücke wieder auf, niemals haben einige der Souvenirjäger ihre Funde zu einer
wissenschaftlichen Untersuchung eingesandt. Frank Tolbert, Kolumnist der *Dallas Morning News*, der die ganze
Geschichte vor etwa 30 Jahren erstmals wieder an die
Öffentlichkeit brachte, war überzeugt, es mit einem
Schwindel zu tun zu haben. Haydon hätte, so glaubt To-
bert, die Geschichte nur erfunden, um Aurora aus seiner
Provinzialität zu reißen und berühmt zu machen.
Sein Verdacht war nicht ganz unbegründet. Zwar vermochte er, in den Personenregistern des Ortes den genannten »Richter Proctor« ausfindig zu machen, aber
der einzige T. J. Weems, den er fand, war von Beruf
Hufschmied. Vor allem aber entdeckte er in den Orts-
und Landeschroniken jener Zeit nicht einen einzigen Eintrag über den Absturz – was bei einem solchen Ereignis
mit Sicherheit der Fall gewesen wäre.
All das war durchaus überzeugend, aber es blieben Unsi-
cherheiten. 1973 nahm sich William Case, der damals in
der Redaktion des *Dallas Times Harald* arbeitete und
Mitglied von MUFON ist, erneut des Falles an. Zusammen mit Walter Andrus, dem MUFON-Vorsitzenden,

und einem in der Schatzsuche kundigen Metalldetektor-Experten, Fred N. Kelly, trafen sie im Frühjahr 1973 in Aurora ein. Womit sie nicht gerechnet hatten: Zeitungen, Rundfunk und Fernsehen waren auf die Sache aufmerksam geworden und begleiteten sie auf Schritt und Tritt. Statt in einer sorgfältigen Untersuchung fanden sich die drei plötzlich im Zentrum eines ungeheuren Medienrummels wieder.

Als erstes ließen die drei Forscher einen Aufruf veröffentlichen: Alle, die sich vielleicht noch an das Ereignis erinnern oder eines der mysteriösen Metallstücke aus Urgroßvaters Zeiten im Schrank aufbewahrten, sollten sich bei ihnen melden. Ein Metallstück bekamen sie nicht zu sehen, aber immerhin setzten sich zwei Zeugen jener Tage mit ihnen in Verbindung. Eine davon war die 91jährige Mary Evans, ein anderer der 83jährige C. C. Stephens. Auch Stephens wußte zu berichten, daß damals eine Explosion stattgefunden hatte und daß seine Eltern von zahlreichen Trümmern und Metallteilen gesprochen hätten. Er behauptete auch, das Schiff sei gar nicht mit einer Windmühle »windmill«, sondern mit einer hohen Montagewinde »windlass« kollidiert. Dies ist insofern von Bedeutung, als daß auch nach zahlreichen Überprüfungen sich niemand an eine Windmühle erinnern konnte, die jemals in Aurora gestanden hatte. Auch in den Ortschroniken und Registern war sie nicht verzeichnet. Möglicherweise hatte Haydon oder – noch wahrscheinlicher – der Setzer der Zeitung einen simplen Verwechslungsfehler begangen.

Das MUFON-Team nahm nach seiner Ankunft in Aurora auch den Ort in Augenschein, an dem seinerzeit das Schiff abgestürzt sein sollte. Er war allen im Ort gut bekannt, denn die Recherchen von Frank Tolbert lagen noch keine zehn Jahre zurück, und bereits damals hatte es in Aurora eine Menge Aufregung gegeben. Das Gelände befand sich nun im Besitz des Farmers Brawley Oates. Oates muß jedoch ein ziemlich abergläubischer Zeitgenosse gewesen sein. Er litt unter starker Arthritis, und als sich nach der 1966er Untersuchung durch Tolbert herausstellte, das Schiff sei auf *seinem* Grund und Boden herabgekommen, glaubte er allen Ernstes, die Krankheit wäre durch die »Strahlung des Raumschiffes vom Mars« ausgelöst worden. Er ließ jedenfalls schon wenig später das gesamte Areal zubetonieren und Schuppen und Scheunen darüber errichten. Case, Andrus und Kelley waren um einige Jahre zu spät gekommen.

Immerhin vermochten sie in dem Gelände, das die betonierte Fläche umgibt, ein seltsames Metallbruchstück aufzufinden, und auf den anonymen Hinweis eines Einwohners hin entdeckten sie an anderen Stellen noch zwölf weitere. Die Teile wurden gesäubert, versiegelt und zur Analyse vorbereitet.

Natürlich war der Friedhof von Aurora ein weiteres Ziel des MUFON-Teams. Dort, wo der Legende nach der »Marsianer« beerdigt sein sollte, markierte ein kleiner, etwa 45 Zentimeter hoher Sandsteinblock das Grab. Lag hier ein Toter von einem anderen Stern?

Der Detektor von Fred Kelley zeigte Ungewöhnliches: In etwa einem Meter Tiefe schien sich ein weiteres Metallfragment zu befinden. Die drei entschieden daraufhin, noch am gleichen Tag ein offizielles Gesuch zur Exhumierung einzureichen, um unter wissenschaftlich einwandfreien Methoden die Leiche und das entdeckte Fragment untersuchen zu lassen.

Als sie am nächsten Tag zum Friedhof zurückkehrten, war der Traum von der »Entdeckung des Jahrhunderts« ausgeträumt. Jemand hatte über Nacht den Grabstein ge-

Der Grabstein des Toten von Aurora. Er verschwand – genauso wie das von der untersuchenden MUFON-Gruppe 1973 im Untergrund entdeckte Metallfragment – auf unerklärliche Weise.

stohlen. Mehr noch: Dieser Jemand hatte auch über einen kleinen, etwa sieben Zentimeter durchmessenden Schacht das entdeckte Metallteil aus dem Grab geholt, ohne das Grab selbst dabei zu beschädigen.

Damit begann das Drama aber erst. Mehr und mehr Einwohner von Aurora wandten sich nun gegen eine Untersuchung. Sie befürchteten auf ihrem Friedhof eine regelrechte Grabschändung. Was, wenn in dem genannten Grab kein Marsianer lag? Würde man dann das nächste Grab auch öffnen? Und das übernächste und überübernächste?

Was die MUFON-Forscher befürchteten, trat ein: Eine Genehmigung zur Exhumierung wurde nicht erteilt. Wer immer an jener Stelle auf dem Friedhof von Aurora beerdigt wurde, er liegt auch heute noch dort, ohne daß seine Ruhe gestört wurde.

Und die Analyse der entdeckten Metallteile am Absturzort? Sie wurden von drei verschiedenen Laboratorien untersucht und erwiesen sich als reines Aluminium mit geringen Anteilen an Eisen. Sie müssen kurzzeitig aufgeschmolzen und – z.T. vermischt mit dem Kalkstein der Umgebung – wieder erstarrt sein. Eine Röntgenstrahl-Fluoreszenzanalyse zeigte auch, daß die Proben keine Anteile an Zink oder Kupfer enthielten, obwohl Kupfer industriell normalerweise immer mit Eisen zu einer Legierung gemischt wird.

Bei einer Probe allerdings wurde eine Legierung festgestellt, die etwa seit den zwanziger Jahren gebräuchlich war. Also doch kein Material aus einem Raumschiff von den Sternen? Nur der alltägliche Schrott, der in der Landwirtschaft überall auf der Welt anfällt?

Dann bliebe die Frage zu klären, welcher Ursache die Hitze war, die die Metallteile mit dem Kalkstein verschmolz. In der Aurora-Chronik gibt es keinen Eintrag über ein verheerendes Feuer, und selbst ein Großbrand wäre nicht in der Lage gewesen, derartige Schmelzvorgänge einzuleiten. William Case, der nach wie vor mit der Untersuchung des Falls beschäftigt ist, sagte 1983 in einem Interview: »Alle Hinweise deuten definitiv auf eine Explosion. Die Verteilung der Metallfragmente, die wir im Boden fanden, zeigt, daß die Maschine relativ niedrig flog. Zuerst explodierte ein Teil der rechten unteren Hälfte und verstreute die Trümmer über eine Fläche von etwa 10.000 Quadratmeter entlang des flachen Hangs eines Hügels aus Kalkgestein. Unmittelbar darauf erfolgte die zweite, vernichtende Explosion, die die Trümmer nach Norden und Westen schleuderte.«[116]

Eines scheint festzustehen: Trotz all der zahlreichen Schwindel, trotz all der durch die Presse und findige Witzbolde in Umlauf gebrachten Lügengeschichten hat es zum Ende des vergangenen Jahrhunderts ein reales Phänomen gegeben. Es äußerte sich in Form großer, zigarren- oder ellipsenförmiger Objekte, die nahezu lautlos und mit gleißenden Lichtern über den amerikanischen Kontinent schwebten. Menschen trafen auf Insassen solcher Objekte: skurrile Gestalten, die in vielem den heutigen »UFOnauten« glichen. Auch damals wurden Menschen »entführt«. Und: es ist nicht auszuschließen, daß hier oder dort eines der Luftschiffe abgestürzt ist, nichts hinterlassend als rätselhafte Metallfragmente und zerfließendes Gelee.

All das begegnet uns heute, einhundert Jahre später, aufs neue. Zylinder- und ellipsenförmige »UFOs«, Begegnungen mit »Außerirdischen«, Entführungen, abgestürzte Raumschiffe. Geschichte wiederholt sich doch – nicht in allen Details, nicht in allen Facetten, aber in ihren groben Umrissen.

Das Luftschiff-Phänomen war kein *Vorläufer* des heutigen UFO-Phänomens, es war die kontinuierliche und zeitangepaßte *Variante* desselben. Die Menschen des vergangenen Jahrhunderts legten ihre Träume und Hoffnungen in ein anbrechendes Zeitalter der Technik, in der die Luftfahrt das letzte große Ziel sein sollte. Was sie am Himmel sahen, waren nichts anderes als die Vorboten dieses Traums, die gestaltgewordenen Wunschbilder einer zutiefst erwartungsvollen Generation. Was wir heute sehen, ist im Grunde das gleiche: Raumschiffe, High-Tech, Genmanipulationen bestimmen das Bild am Ende unseres Jahrhunderts, und das UFO-Phänomen hat nichts anderes getan als sich diesem Bild anzupassen.

Für die *Anderen* ist es von untergeordneter Bedeutung, unter welcher Maske sie operieren. Sie haben sie im Laufe der Jahrtausende schon oft gewechselt. Sie waren Engel und Teufel, Feen und Kobolde, Reisende aus Magonia und Luftschiffinsassen vom Mars. Es spielt keine Rolle. Heute sind sie »Raumfahrer« von der Venus oder von Zeta Reticuli.

Was sind sie wirklich? Woher kommen sie wirklich? Was wollen sie wirklich?

Die Antworten, die wir auf diese Fragen geben können, haben ihre Wurzeln in der Vergangenheit genauso wie in der Gegenwart. Aber nur die Zukunft wird zeigen, ob es auch die Antworten der *Anderen* sind.

X

Kuriositäten

*Yetis, Bigfoots, Drachenmenschen ... und andere
unmögliche Gestalten*

Unsere Welt ist bevölkert von Ungeheuern. Sie lauern
überall: im Loch Ness, mitten im Herzen von Afrika, im Karakorum und im Himalaya, in den Rocky
Mountains, im Baikal-See und im Schwarzwald. Seeschlangen, überlebende Dinosaurier, Schneemenschen,
skurrile biologische Absonderlichkeiten aus den fernen
Tagen unseres Planeten. Und wer kennt es nicht, das
schaurig-gräßlich charakterisierte und dann wieder liebenswert-ironisch karikierte Ungeheuer aus der rauhen
Wildnis im Norden Großbritanniens? Nessy, das »Monster« im schottischen See, hat es Dank des anhaltenden
Presseinteresses inzwischen zu Weltruhm gebracht.
Was das mit UFOs zu tun hat? Eine ganze Menge, wie wir
noch sehen werden.
Die wichtigste Frage, die wir uns stellen müssen: Gibt es
solche Wesen wirklich? Verstecken sie sich in unzugänglichen Bergregionen, in abgründigen Seen und nebelverhangenen Sümpfen – oder in den dunklen Tiefen der
menschlichen Seele? Mit anderen Worten: Sind es Untersuchungsobjekte für Biologen oder eher für Psychologen?
Letztere sind sich einig. Menschen, so meinen sie, glauben an Ungeheuer, weil ihre Welt dadurch aufregender,

detailfreudiger, kontrastreicher wird. Kinder leben ja bekanntermaßen in einer solchen Phantasiewelt, die von allerlei seltsamen, aber nicht wirklich existierenden Wesen bevölkert wird. Mit der Pubertät verschwinden sie, und man glaubt nur noch an das, was man sieht. Offenbar, so sagt die psychologische Denkrichtung, ist das jedoch nicht bei allen Erwachsenen so. Einige scheinen diesen Schritt nicht mitmachen zu können, sie sehen auch weiterhin »Ungeheuer« und können auf diese Weise ihre tiefverwurzelten Ängste kompensieren.

Ist es so? Ja und Nein.

Was »Nessy« betrifft, so handelt es sich jedenfalls nicht um die häufig in den Sommermonaten anzutreffende Spezies der »Presseente«, wie vielfach geglaubt wird. Der älteste Bericht stammt aus dem 6. Jahrhundert nach Christus und findet sich in der Pergamenthandschrift »Vita Sancti Columbiani«, die der Benediktinermönch Adamnan, Abt des englischen Klosters Iona, 565 n.Chr. niederlegte. Unter dem Titel »Von der Verbannung eines Wasserungeheuers durch die Kraft des Gebetes des Heiligen Mannes« schreibt Adamnan, wie Sankt Columbianus eines Tages an das Loch Ness gekommen und dort die Beerdigung eines Mannes gesehen habe, der gerade von einem Seemonster getötet worden sei.

Columbianus beschließt daraufhin – wie es sich für einen Heiligen seines Standes gehört –, dem »teuflischen Tier« exorzierend den Garaus zu machen: Er segnet den See und spricht Gebete und Beschwörungen. »Das Ungeheuer«, schreibt Adamnan, »hörte die Stimme des Heiligen, erschrak und flüchtete zurück, schneller als es gekommen war, so, als ob es an einem Seil gezogen würde ...«

Diese Verbannung dürfte jedoch nur ein Rückzug auf Zeit gewesen sein, denn spätestens seit den dreißiger Jahren unseres Jahrhunderts tauchte Nessy wieder auf – zumindest in den Schlagzeilen der Zeitungen.

22. Juli 1933: Das Ehepaar Spicer fährt auf der Straße zwischen Dores und Inverfarigaig oberhalb von Loch Ness, als es ein »ungewöhnliches« Tier sieht, das die Fahrbahn überquert – direkt vor ihnen.[117] Die Straße ist an dieser Stelle etwa 20 Meter vom See entfernt. Der Kopf des Tieres ist bereits vom Gebüsch verdeckt, aber beide erkennen den langen Hals. Er wellt sich und bildet Bögen. Die Spicers schätzen den Durchmesser auf 30 bis 50 Zentimeter, etwas dicker als einen Elefantenrüssel. Der Hals nimmt die ganze Breite der Straße ein. Dann folgt ein massiver, riesiger schwarzer Körper. In wenigen Sekunden überquert er die Straße und verschwindet zwischen den Sträuchern in Richtung See.

George Spicer gibt Gas. Der Wagen hatte sich zu Beginn der Beobachtung etwa 180 Meter von dem Tier entfernt befunden. Er hält an der Stelle, an der es die Straße überquerte, aber das Geschöpf ist nicht mehr zu sehen. Nur die große Lücke im Unterholz, durch die es geschlüpft sein muß, bildet einen dunklen Tunnel hinab zum Wasser.

Aber dann, ein kleines Stückchen weiter, sehen sie das Untier in seiner vollen Größe. Es liegt am Ufer des Sees und hält ein erbeutetes Schaf im Maul. Um das erschrockene Ehepaar kümmert es sich nicht. Die Spicers schätzen die Gesamtlänge nun auf etwa acht bis zehn Meter. Dann setzt es sich ein wenig unbeholfen in Bewegung, watschelt auf riesigen Schwimmflossen ins Wasser und verschwindet in den Wellen des Sees.

Diese Beobachtung erscheint kaum in der Presse, da melden sich prompt zahlreiche Leute, die ähnliches gesehen haben wollen. Ein wahrer »Monster-Boom« bricht aus.

Die Zeitungen versprechen bis zu 20.000 Pfund demjenigen, dem es gelingt, entweder ein alle Skeptiker überzeugendes Foto zu schießen oder aber das Loch-Ness-Ungeheuer selbst zur Strecke zu bringen.

Pläne werden geschmiedet, Vorstellungen zum großen »Fischfang« entwickelt und wieder verworfen. Einige wollen sogar das ganze Loch Ness unter Strom setzen oder das Wasser ablassen und den See bis auf den Grund trockenlegen.

Gott sei Dank ist weder das eine noch das andere jemals in die Tat umgesetzt worden. Aber die Flut derer, die sich seither zum See hin ergoß, um »Nessy« zu fangen oder wenigstens zu fotografieren, ist nie mehr abgerissen.

1976 fand sogar die erste wissenschaftliche Expedition statt.[118] Zwei Teams mit insgesamt 40 Forschern, Technikern und Tauchern arbeiteten mehrere Monate rund um die Uhr. Die Instrumente und Geräte, mit denen sie »Nessy« zu Leibe rücken wollten, hatten mehr als eine halbe Million Mark gekostet.

Finanziert wurde die Aktion von der amerikanischen Zeitschrift *National Geographic* und der »Akademie für angewandte Wissenschaften« in Boston (USA) sowie der *New York Times*. Zoologen, Paläontologen, Geologen, Ozeanographen, Physiker, Ingenieure, Elektroniker, Spezialisten für Unterwasserforschung, Mikrobiologen, Biologen und Experten für Gewässerkunde aus den USA, Kanada und Großbritannien beteiligten sich an dem Projekt. Untersuchungen über die geologische Struktur des Bodens, die ökologischen und biologischen Bedingungen, die Seedynamik und die Gewässerphysik standen neben der Unterwasserortung durch Sonargeräte im Vordergrund.

Tatsächlich meldete eines der Sonargeräte aus fünfzehn Metern Tiefe mehrmals Kontakt zu einem über zehn Meter großen, offenbar lebenden beweglichen Objekt. Ein weiteres, über 13 Meter langes »Etwas« konnte angepeilt und schließlich sogar zwei sich nebeneinander bewegende Körper ausgemacht werden. Konturen wie »Vorsprünge«, »Rundungen«, »Glieder«, »Höcker«, »Flossen« wurden festgestellt.

Die Meßstreifen sind später am berühmten »Massachusetts Institute of Technology« ausgewertet worden. Nach Auffassung der beteiligten Wissenschaftler kommen weder große Fischschwärme noch irgendwelche unbekannten physikalischen Erscheinungen oder treibende Torfmassen in Frage, um die Sonaraufnahmen befriedigend zu deuten. Der kanadische Paläontologe Dr. Christopher McGowan äußerte sich nach Abschluß der Arbeiten: »Irgend etwas lebt im See. Wir wissen aber noch nicht, um was für ein Tier es sich handelt.«

Darauf konnten auch später durchgeführte Expeditionen keine Antwort geben. 1982 und 1987 wurden wiederholt Sonar-Messungen durchgeführt und seltsame, sich bewegende große »Schatten« registriert. Was sie sind, ist unklar.

Vorsorglich stellte das britische Unterhaus aufgrund der 1976er Expedition »Nessy« aber unter Naturschutz. Gemäß der britischen *Conservation of Wild Creatures and Wild Plants Art* aus dem Jahr 1975 erhielt das Tier den Namen »Nessiteras rhombopteryx«, und seither ist es bei Strafe verboten, ein im Loch Ness lebendes Ungeheuer zu töten – ungeachtet der Tatsache, daß im Grunde niemand weiß, worum es eigentlich geht.

Seeungeheuer der »monströsen Art« gibt es aber angeblich nicht nur im Loch Ness.[119] In einem anderen schottischen See, im Loch Watten, wird 1923 der Hund des

Kriegsveteranen Oberst Trimble von einem »riesigen Tier mit kleinem Kopf« verspeist. Dem Oberst, der es dem Ungeheuer heimzahlen und es mit Fleischstücken und einem Eisenhaken fangen will, ergeht es indes nicht besser: Er wird, halb zerfetzt und von seinen Haken durchbohrt, Tage später im Schilf des Sees gefunden.

Vor der Küste Südwest-Englands soll sich ein weiteres Untier herumtreiben. Seit Weihnachten 1976 wurde es von verschiedenen Zeugen mehrfach gesehen und angeblich auch fotografiert. Der damals 29jährige Duncan Viner berichtete über seine Entdeckung: »Ich ging auf dem Pfad an der Küste entlang und beobachtete die Seevögel. Als ich die ›Schlange‹ erblickte, dachte ich zuerst, es sei ein Wal, da nur ein dunkler Höcker sichtbar war. Als ich sie aber länger beobachtete, richtete sie sich langsam im Wasser auf, und ein langer Hals wurde sichtbar. Sie schien sich nicht zu bewegen, schaute sich mehrmals um und sank dann einfach wieder unter die Wasseroberfläche. Sie muß einige hundert Meter vom Strand entfernt gewesen sein.«

Auch im Labynkyr-See von Jakutien (Rußland) fristet ein derartiges Wesen sein Dasein. Der Biologe Professor Gladkikh erzählte darüber der Zeitung *Komsomolskaja Prawda* im Jahr 1964: »An der Wasseroberfläche zeigte sich plötzlich eine große Bewegung, und dann sah ich das furchtbare Ungeheuer auftauchen, das einem Ichthyosaurier glich. Es hielt ein paar Sekunden inne, dann schwamm es schnell ans Ufer und drang ins Festland vor.«

Was es dort beabsichtigte, ist unbekannt. Vielleicht wollte es zu einem »Kollegen«, der sich im Urwald von Afrika versteckt halten soll. 1932 jedenfalls will der Schwede J. C. Johanson auf einer Safari einem Saurier begegnet sein.[120] Das 16 Meter große Tier hatte gerade ein Nashorn erlegt und sich über seine Beute hergemacht: »Ich war völlig verwirrt. Nachdem ich mich von dem Schrekken etwas erholt hatte, griff ich zur Kamera. Ich hörte, wie die Knochen des Nashorns unter den gewaltigen Zähnen des Sauriers zerbrachen. In dem Moment, als ich auf den Auslöser drückte, sprang das Ungeheuer in das tiefere Wasser. Dieses Erlebnis schockierte mich. Völlig erschöpft sank ich hinter dem Busch zusammen, in dem ich mich versteckt hatte. Mir wurde schwarz vor Augen ... Ich muß wie ein Wahnsinniger ausgesehen haben, als ich das Lager erreichte. Ich schwenkte die Kamera hin und her und stieß unartikulierte Laute aus ... Acht Tage lang wurde ich vom Fieber geschüttelt und war fast die gesamte Zeit bewußtlos.«

War Johanson wirklich einem überlebenden Dinosaurier beim Mittagsmahl begegnet – oder war er dem Sumpffieber verfallen und hatte alles nur in seiner Phantasie erlebt? Sein Photo jedenfalls war nicht besonders scharf. Es konnte alles mögliche darstellen, mit viel Phantasie natürlich *auch* ein ins Wasser springendes Ungeheuer. Immerhin gibt es aus Zentralafrika eine ganze Reihe ähnlicher Berichte über Saurier oder saurierähnliche Wesen. Die Eingeborenen nennen sie »Mokele M'bembe« oder »Jaco-Nini« oder »Lukwata« oder »Lau«. Und immer wieder werden Expeditionen ausgerüstet, um sie zu finden. Bislang mit wenig Erfolg.

Selbst in Deutschland werden Ungeheuer gesehen. Im Mai 1977 durchkämmte eine Hundertschaft Polizei mit Unterstützung eines Hubschraubers das Gelände um den Melibokus-Berg im Odenwald.[121] Sie suchten keinen Vermißten und waren auch nicht ausgeschwärmt, das

Versteck aus einem Bankraub zu finden. Sie waren auf der Jagd nach einem Ungeheuer.

Anfang Mai hatten zwei junge Männer aus Bensheim die erste Begegnung mit dem Wesen: »Ein großes, zotteliges Ding tauchte vor uns auf. Es war über zwei Meter groß und grunzte fürchterlich«, berichtete einer der beiden, der damals 24jährige Elektrotechniker Raimund Vettel. »Dann fauchte es wie ein Raubtier und ging auf uns los, da sind wir weggerannt ... Ich schwöre, daß wir stocknüchtern waren, eine Täuschung ist unmöglich.«

Immerhin fanden sich in den Tagen danach seltsame Fußspuren. Die Polizeibeamten stellten 45 Zentimeter große Abdrücke in Form eines Menschenfußes fest: »Vorne aber sind etwa fünf Zentimeter lange Krallen erkennbar, die mehr einem Wildschweinfuß ähneln. Allerdings ist ein Wildschweinfuß höchsten etwa acht Zentimeter lang.«

Das »Ungeheuer vom Odenwald« verschwand ebenso schnell, wie es aufgetaucht war, und wurde nie wieder gesehen. Ein Scherz der beiden Männer? Möglich – aber wer produzierte dann die seltsamen Spuren im Wald?

Es gibt noch merkwürdigere Tiere, die nicht nur wie im folgenden Fall in Texas, sondern auch mit schöner Regelmäßigkeit im deutschen Blätterwald der Boulevardpresse auftauchen.[122] Im Januar 1978 war es ein unheimlicher Riesenvogel. Er wurde so oft beobachtet, daß der lokale Radiosender der texanischen Stadt McAllen sogar 1000 Dollar auf seinen Kopf aussetzte – allerdings nur in lebendem Zustand.

Erstmals waren spielende Kinder am Rio Grande von dem Tier erschreckt worden, am 2. Januar entdeckte man dann große, dreizehige Fußspuren – 30 Zentimeter lang und 20 Zentimeter breit. Die beiden Polizisten Arturo Padilla und Nomera Galvan sahen das fliegende Ungeheuer tags darauf bei San Benito: »Im Tiefflug schwebte es über einen Kanal – ein Riesenvogel mit 4,50 Meter Flügelspannweite.«

Biologen vermuten, es könnte sich um einen Kondor handeln, den es aus den südamerikanischen Anden bis nach Texas verschlagen hatte. Vielleicht. Nur scheint der seltsame Kondor, anders als seine Artgenossen, über ein ganz und gar unadlerhaftes Gesicht verfügt zu haben. Ein Augenzeuge berichtete über seine Begegnung mit dem Geschöpf: »Ich schaltete die Scheinwerfer ein und öffnete die Tür. Da starrten mich zwei große Augen an. Ein 1,20 Meter großes Tier mit dem Gesicht einer Fledermaus stand vor mir. Ein Vogel war das bestimmt nicht – und auch kein Tier von dieser Welt.«

Der sogenannte »Lizard Man«, der »Eidechsenmann«, der im amerikanischen Nord- und Süd-Carolina vorwiegend in der Nähe von Sümpfen herumspukt, scheint ebenfalls in diese Kategorie zu gehören. Einer, der ihn gesehen hat, der siebzehnjährige Chris Davis aus Lee County in South Carolina, beschreibt ihn als »grün, glitschig, etwa zweieinhalb Meter groß. Er hatte drei Finger, rote Augen, die Haut wie eine Eidechse und schlangenähnliche Schuppen.«[123]

Überhaupt scheinen sich in den USA, dem technologisch am weitesten entwickelten Land der Erde, die merkwürdigsten Ungeheuer ein Stelldichein zu geben. Neben Bigfoot, dem »Lizard Man« und dem Vogel mit dem Fledermausgesicht auch noch

• ein pinguinähnlicher Gigant von fast vier Metern, der nahe Clearwater in Florida lebt,

• eine Schildkröte von den Ausmaßen eines VW-Käfers in einem See nahe der Ortschaft Churubusco im US-Bundesstaat Indiana,

- eine acht Meter lange Seeschlange im Flathead See in Montana,
- der »Dover Demon« von Massachusetts, ein etwa ein Meter großer orangefarbener Bursche, der einen Kopf wie eine Acht haben soll,
- ein schuppiges Monster im Ohio-Tal,
- schwarze, pantherähnliche Großkatzen, die massenweise vorwiegend in den Vororten amerikanischer Großstädte gesehen werden,
- »Champ«, ein Ungeheuer wie Nessy, das im Champlain-See im Staate New York lebt,
- ein ähnliches Urzeittier im kanadischen Okanagan-See, das »Ogopogo« genannt wird,
- »Chessy«, eine gigantische Schlange in den Gewässern der Chesapeak Bay nahe Williamsburg in Vancouver,
- der »Goat Man«, halb Ziege, halb Mensch, und dem griechischen Hirtengott Pan offenbar nicht unähnlich; die »Clinton Cat«, eine riesige Katze, die nichts mit dem amerikanischen Präsidenten zu tun hat, sondern die nächtens einsame Autofahrer an kaum befahrenen Straßen erschreckt; die »Phantom-« oder »Spektral-Hunde«, Tiere, die angefahren werden, aber hinterher verschwunden sind; »Snallygaster«, ein fliegender Drache, der 1909 und 1932 über dem Frederick-Valley gesehen wurde – allesamt im US-Bundesstaat Maryland beheimatet,
- eine zehn Meter lange Seeschlange mit Höckern im Eriesee,
- der »Jersey Devil«, der »Teufel von New Jersey«, ein Wesen mit dem Kopf eines Pferdes, dem Körper eines Känguruhs, den Flügeln einer Fledermaus, den Füßen eines Schweines, dem Schwanz eines Drachen und einem Schrei, der den Beobachtern durch Mark und Bein geht.

»Ogopogo«, eine riesige Seeschlange, die im kanadischen Okanagan-See hausen soll.

Alles Lebewesen, die den surrealistischen Gemälden eines Hieronymus Bosch entsprungen sein könnten, losgelassen aus den Höllen- und Fegefeuerdarstellungen mittelalterlicher Künstler...

Bekannter als all diese Fleischfresser im afrikanischen Busch, das zottelige Wesen im Odenwald, der Fledermaus-Kondor in Texas und Ogopogo dürften die Schneemenschen sein: im Himalaya, im Kaukasus, in den Rocky Mountains. Man nennt sie Yeti, Bigfoot oder Sasquatsch, je nach regionaler Zugehörigkeit. Ihre Spuren im Schnee sind Legion. Bergsteiger wie Michael Ward und Eric Shipton haben sie gesehen, Reinhold Messner lassen sie nicht mehr los: Er will demnächst (zum wiederholten Male) die Begegnung mit dem Yeti erzwingen.

Aber ein anderer großer Bergsteiger, nämlich der Mount-Everest-Besteiger Sir Edmond Hillary, ist nach wie vor skeptisch. Auch er hatte eine Expedition geleitet, deren Ziel das Auffinden eines Schneemenschen war. Doch Hillary kam nach Abschluß der Forschung zu einem negativen Ergebnis: »Ich glaube, die meisten, die den Schneemenschen gesehen haben wollen, sahen in Wirklichkeit den sehr seltenen tibetanischen Blaubären. Ich sage das deshalb, weil jedesmal, wenn wir ein Blaubärfell zeigten, die Sherpas ›Yeti! Yeti!‹ riefen. Denn alle Merkmale paßten genau zu ihren Berichten, wie der Yeti aussehen sollte.«

Schneemenschen sind nach der Überzeugung jener, die an sie glauben, affenähnliche, menschengroße Wesen, die in den unzugänglichen Bergregionen Asiens und Amerikas hausen, gewissermaßen überlebende Neandertaler, die den Anschluß an den modernen Menschen verpaßt haben.

Doch außer ihren Fußabdrücken gibt es wenig Beweisbares. Angebliche Felle zeigten sich als die von Bären und Affen, Fotos und Filmaufnahmen aus Amerika erwiesen sich als so undeutlich, daß sie auch einen Gorilla in Afrika zeigen könnten. Im kanadischen Willow Creek hat man »Bigfoot« zwar ein Denkmal gesetzt, aber das seltsame Tier ist weder zur Einweihung erschienen noch hat es sich bislang überhaupt in der Stadt blicken lassen.

224

Es gibt die abenteuerlichsten Geschichten über Schnee-menschen, die vor allem in der Boulevardpresse genüß-lich serviert werden.[124] In der Sowjetunion soll während des Zweiten Weltkrieges einer von ihnen gefangenge-nommen und später hingerichtet worden sein. Die russi-schen Soldaten hatten seine Spur und dann ihn selbst ge-funden und das Geschöpf in eine Scheune gesperrt. Dr. Wasgen Karapetjan, ein Armeearzt, erinnert sich: »Als ich in die Scheune kam, sah ich den Mann im Licht einer Sturmlaterne. Läuse krochen durch seine buschigen Au-genbrauen. Ich nahm eine Pinzette und zog vorsichtig ein Haar aus seinem Körper. Dann riß ich ihm ein Haar aus der Nase. Er grunzte, verteidigte sich aber nicht.«
Wenige Tage später sei der Schneemensch hingerichtet worden. Karapetjan habe man mitgeteilt, er sei geflohen, aber Dr. Igor Bourtsjew, Direktor des Moskauer Dar-win-Museums, stellte nach intensiven Recherchen Ende der siebziger Jahre fest: »Er wurde vor ein Erschießungs-kommando gestellt und erschossen.«
Warum, ist nicht ganz klar. Vielleicht hielt man ihn für einen deutschen Spion, obwohl die Tarnung als »Urzeit-mensch« eher einem mittelmäßigen Gag in einem James-Bond-Film als der bitteren Realität des Zweiten Welt-kriegs entsprochen hätte. Immerhin, so glaubt Dr. Bourts-jew, würden noch heute in den menschenarmen Höhen des Kaukasus an die 200 Exemplare dieser seltsamen Ur-zeitart leben: »Die Bewohner der einsamen Gegenden im östlichen Kaukasus streuen Futter für die Bergmenschen aus. Aber sie lassen sie nach alter Tradition ungestört.«

Das amerikanische Gegenstück, Bigfoot, war schon den Indianern bekannt. Unter dem Namen »Sasquatch« hatte es seit jeher seinen Platz in ihren Mythologien.[125]

1924 mußte der Holzfäller Albert Ostmann in der kanadischen Provinz Britisch-Kolumbien jedoch erleben, daß solch ein Mythos überraschend schnell zur Realität werden kann: »An das Indianermärchen vom Sasquatch habe ich nicht geglaubt. Mitten im Schlaf wurde ich aufgerüttelt, und ich versuchte gerade, nach meinem Dolch zu greifen, da riß mich ein Tier oder etwas Ähnliches gemeinsam mit meinem Schlafsack hoch und warf mich über die Schultern. Wir gingen durch wildes Berggebiet, bis das Ungeheuer mich fallen ließ. Am nächsten Morgen umringte mich eine Schar Zweibeiner, die wie eine Kreuzung aus Mensch und Gorilla aussahen. Sie waren am ganzen Körper behaart, nur ihr Gesicht erschien haar- und bartlos. Sie hatten einen außerordentlich kräftigen Brustkorb und große Hände. Nach einigen Tagen Gefangenschaft konnte ich die Verwirrung ausnutzen, die dadurch entstand, daß einer meine Schnupftabaksdose verschluckte und daraufhin krank wurde, und verschwand.« Friedlicher war jener Bigfoot, der am 17. Mai 1988 dem siebzigjährigen Samuel Sherry aus Ligonier in Pennsylvania begegnete.[126] Mr. Sherry war um 23 Uhr zum Loyalhanna-River gefahren, um dort nachts mit einer Laterne fischen zu können. Er hatte gerade seine Angel aus dem Wagen genommen, als er bemerkte, wie ihn irgend etwas von hinten anstarrte. Er nahm seine Taschenlampe und drehte sich um. Da stand, keine acht Meter von ihm entfernt, eine über zwei Meter große, haarig-zottelige Gestalt. Sie keuchte ein wenig und kam näher. Samuel Sherry nahm einen Geruch wie von gebratenem Fisch wahr. Der Mann – seit Jahren als Angler mit der Natur auf Du und Du – beschloß, es nicht auf eine Konfrontation mit dem Wesen ankommen zu lassen. Er drehte sich um und ging langsam zur Wagentür zurück. In diesem Moment machte die Gestalt »einen Sprung wie ein Känguruh« und stand hinter ihm. Sie legte ihm eine Hand auf die Schulter, die andere auf den Rücken. Das war alles. Sie griff Sherry nicht an, berührte ihn nur leicht und verschwand dann – genauso seltsam springend wie sie gekommen war – wieder im Gebüsch.

Die amerikanische Folklore ist voll von Geschichten wie diesen. Bigfoots sind dabei in ihrem Aktionsradius nicht nur auf die Rocky Mountains beschränkt, sie zeigen sich auch im Mittleren Westen und in Arizona, in Florida und in der Nähe Chicagos.

»Bigfoot«, der amerikanische Schneemensch. Die meisten glauben, es mit Vertretern einer urtümlichen Menschenrasse zu tun zu haben, die den Anschluß an den modernen homo sapiens »verpaßt« habe. Wahrscheinlicher ist jedoch die Annahme, daß es sich wie bei allen derartigen Urzeitwesen um Projektionen handelt.

Selbst wenn nur ein geringer Prozentsatz all dieser Beobachtungen auf realen Begegnungen beruhte, müßte es sich bei den Bigfoots um eine riesenhafte Population handeln, die über den gesamten nordamerikanischen Kontinent verstreut lebt. Hinzu kämen all die Schneemenschen des Himalaya, des Kaukasus, jener auf Neuseeland, Java und sonstwo auf der Welt.

Und noch niemals ist es gelungen, ein solches Tier (oder Halbmensch?) zu fangen? Es existiert nicht ein einziges brauchbares Foto, eine einzige aussagekräftige Videosequenz? Niemals hat man – von großen Fußspuren im Schlamm und Schnee und einigen Haaren abgesehen – irgend etwas von ihnen gefunden? Keine Knochen, keine »Bigfoot-Friedhöfe«, keine Wohnhöhlen, nichts?

Nein, niemals. Weder in Amerika noch in Asien. Die Schneemenschen tauchen auf und verschwinden wieder, und genauso wie von Nessy und Ogopogo und dem Burschen mit dem Achterkopf gibt es absolut nichts Greifbares, das ihre Existenz beweisen würde.

Oder – vielleicht doch? 1938 holte die Besatzung eines Trawlers im südlichen Atlantik einen seltsamen Fisch an Bord. Nicht einer der Besatzungsmitglieder hatte jemals ein Tier dieser Gattung gesehen. Man nahm es mit an Land und zeigte es den nicht minder erstaunten Wissenschaftlern. Schließlich stellte es sich heraus, daß es sich um einen *Coelacanth* handeln mußte, einen Quastenfloßler, ein Tier, das man seit dem Devon vor 400 Millionen Jahren für ausgestorben hielt. Quastenfloßler waren die Vorläufer jener Amphibien, die schließlich das Land eroberten. Aber daß sie bis zum heutigen Tag in den Meeren unseres Planeten überleben konnten, hätte kein Paläontologe je für möglich gehalten.

1975 wurde eine andere, ebenfalls für längst ausgestorben erachtete Tierart aufgespürt: ein Thyrodaktiker, ein kleiner »Flugdrachen«, den der deutsche Expeditionsfilmer Fred Siebig in Ecuador entdeckte. Bereits im März 1962 hatte man im Pazifik das sogenannte »Ungeheuer von Tasmanien« gefunden, ein ovales Tier, sieben Meter lang und sechs Meter breit, das sich in keine bekannte Spezies einreihen ließ. Es hatte weder Augen noch einen Mund, besaß keine Knochen, sein Fleisch war elfenbeinfarbig und gummiartig. Es handelte sich um den einzigen Vertreter seiner Gattung, der bislang entdeckt wurde. Aber er konnte angesehen und angefaßt werden, er existierte, obwohl sicherlich jeder, der vor 1962 seine Existenz proklamiert hätte, kaum für ernst genommen worden wäre.

Die Regenwälder rund um den Globus sind noch heute voll unbekannter Tier- und Pflanzengattungen. Und während unsere Gesellschaft es sich erlaubt, weltweit pro Stunde drei Arten für immer auszurotten, existieren in den unerforschten Weiten südamerikanischer, afrikanischer und südasiatischer Wildnis ungezählte Lebewesen, die noch nie zuvor ein Mensch zu Gesicht bekommen hat. Aber es gibt einen ganz gravierenden Unterschied zwischen diesen unentdeckten Tieren, die manchmal – wie im Fall des *Coelacanths* – aus Meerestiefen in unser Bewußtsein gespült werden, und all den Bigfoots, Yetis und Seeungeheuern. Diejenigen Tiere, die zur Überraschung der Biologen auftauchen, obwohl man sie seit Jahrmillionen für ausgestorben hielt, oder die im Dschungel Amazoniens einem Expeditionsteilnehmer plötzlich vor die Füße fallen, von diesen Tieren hat man vorher nie etwas gewußt. Man hat sie nicht erwartet, es gab keine Legenden um sie (höchstens die Berichte von Eingeborenen), man findet sie auch nicht mitten in den USA oder in Großbritannien, sondern tatsächlich in den letzten noch unberührten Refugien unseres Planeten.

Anders Nessy, Bigfoot, Yeti, der Lizard-Man: Diese Wesen sollen mitten unter uns wohnen, gewissermaßen »um die Ecke«, und anders als ihre Kollegen aus dem Dschungel wurden sie wiederholt gesehen, wieder und immer wieder beobachtet. Nur fangen lassen sie sich nie, und außer ein paar Fußspuren im Morast gibt es nie etwas wirklich Konkretes, etwas wirklich Beweisbares.

Das ist der große Unterschied zwischen beiden: die reale physikalische Existenz auf der einen Seite und nur eine quasi-physikalische auf der anderen. Wenn es Bigfoot und all die anderen Ungeheuer, in welchem See auch immer, geben würde – irgendwann, irgendwo hätte es inzwischen gelingen *müssen*, ihrer habhaft zu werden oder zumindest Knochen ihrer Kadaver zu finden. Man hat nichts gefunden, niemanden gefangen, nicht einen Bigfoot in guter Qualität abgelichtet.

Und nun kommt ein wichtiger Punkt hinzu, der von den meisten »Kryptozoologen«, jenen Forschern, die das Phänomen unter ausschließlich biologischen Gesichtspunkten betrachten, gern übersehen oder nicht zur Kenntnis genommen wird: die enge Verknüpfung von »Ungeheuer«- und UFO-Sichtungen (gerechterweise muß man allerdings hinzufügen, daß umgekehrt auch viele UFO-Forscher nicht bereit sind, einen solchen Zusammenhang einzugestehen). Der Grund ist offensichtlich. Beides scheint so grundsätzlich andersartig, so völlig verschieden zu sein, daß dem Kryptozoologen die Verbindung zu UFOs suspekt ist und dem UFO-Forscher jene zu Bigfoot und Nessy erhebliche Schwierigkeiten bereitet. Nur wenige haben bislang auf diesen Zusammenhang aufmerksam gemacht, und erst in letzter Zeit scheint sich ein Wandel in den Auffassungen anzudeuten. Stanley Gordon, MUFON-Direktor von Pennsylvania, sagte über die regelrechte Bigfoot-Sichtungswelle im Jahr 1973 (die übrigens parallel zu einer UFO-Welle lief): »Bis zu dem Zeitpunkt, als ich persönlich begann, mich mit den zahlreichen Fällen der seltsamen Sichtungswelle zu befassen, war ich sehr skeptisch. Aber was mich am meisten überzeugte, war die Tatsache, daß viele Zeugen, die geographisch weit auseinander wohnen, identische Begegnungen mit verschiedenen Arten unerklärlicher Phänomene beschrieben ... Die bislang untersuchten Fälle zeigen uns, daß wir es mit einer Intelligenz zu tun haben, die sowohl hinsichtlich ihrer Technologie als auch hinsichtlich ihres Wissens der menschlichen weit überlegen ist. Ich hoffe, daß die wissenschaftlichen UFO-Forscher aus ihren Elfenbeintürmen herabsteigen und sich von nun an mit allen Aspekten des UFO-Phänomens beschäftigen, ganz gleich, wie seltsam die Fakten auch immer sein mögen ...«[127]

Das Landhaus der Familie Doe liegt etwa 1,5 Kilometer vom Youghiogheny-Fluß entfernt, in einer waldreichen Gegend in der Nähe von Uniontown, östlich der Industriestadt Pittsburg in Pennsylvania.[22] Am Abend des 6. Februar 1974 sitzt Mrs. Anne Doe vor dem Fernsehgerät. Sie ist allein zu Hause, als sie gegen 20.30 Uhr das Klappern von Blechbüchsen draußen vor der Tür hört. Da in der Gegend wilde Hunde gesehen worden sind, nimmt sie ihr Gewehr, lädt es, öffnet die Tür und schaltet das Licht der Veranda ein: »Als das Licht anging, sah ich plötzlich zwei Meter vor mir eine riesige haarige Gestalt stehen, die im selben Augenblick die Hände hochstreckte. Ich nahm an, sie würden nach mir fassen wollen, und schoß sofort. Da verschwand sie in einem Lichtblitz, den man am besten mit einem Fotoblitz vergleichen kann. Die zweibeinige Gestalt war von Kopf bis Fuß mit dunkelgrauem Haar bedeckt. Geräusche oder Gerüche habe ich nicht wahrgenommen.«

Frau Doe ist vollkommen verstört und stürzt zurück ins Haus. Etwa dreißig Meter entfernt steht der Wohnwagen, in dem Tochter und Schwiegersohn leben. Der Mann hatte die Schüsse gehört und kommt unmittelbar danach mit seiner Pistole zum Haus herübergelaufen. Plötzlich sieht er am nahen Waldrand mehrere dunkle Gestalten. Er geht auf sie zu und leuchtet sie mit einer Taschenlampe an. Erschrocken stellt er fest, daß es sich um riesige, stark behaarte Wesen handelt, die sich unbeholfen, fast wie Orang-Utans, bewegen. Auch er hört dabei kein Geräusch.

Den Mann erfaßt Panik. Er gibt zwei Schüsse auf die Gestalten ab, läßt seine Lampe fallen und rennt zum Haus der Schwiegermutter. Während er das Jagdgewehr neu lädt, verständigt Frau Doe die Polizei.

Als beide aus dem Fenster schauen, sehen sie ein grelles, rotglühendes Licht, das über den Bäumen schwebt, vielleicht 200 Meter vom Haus entfernt. Sie erkennen zahlreiche Lichter »wie auf einem Christbaum«, die sich drehen. Dann verschwindet das seltsame Ding senkrecht in den Himmel.

Als die Polizei eintrifft, suchen alle die Gegend nach Spuren ab. Aber der Boden ist gefroren, nichts ist zu finden. Kurz, nachdem die Polizisten wieder abgezogen sind, hören Frau Doe, ihre Tochter und der Schwiegersohn Geräusche wie von einem großen Hubschrauber, können wegen der Dunkelheit jedoch nichts sehen. Die Hunde

232

kauern jaulend und zitternd unter irgendwelchen Stühlen, und der kleine, sechs Monate alte Enkel weint die ganze Nacht hindurch.

Bereits früher hatte die Familie unheimliche Vorgänge registriert. Lichter und Lichtkugeln waren in der Nähe des Hauses erschienen, auch das Hubschrauberbrummen war schon des öfteren gehört worden. Im Sommer 1973 glaubte Frau Doe, irgendwer hätte sie mehrmals im Schlaf berührt, doch immer, wenn sie das Licht einschaltete, war niemand im Zimmer gewesen. Oft hatte sie das Gefühl, intensiv angestarrt zu werden, konnte aber nie jemanden sehen.

Im November 1973 war eine Katze der Familie auf mysteriöse Weise verschwunden. Das Tier war zusammen mit zwei anderen, jüngeren Katzen in einem Käfig untergebracht. Am Morgen war das Tier fort, während die beiden anderen nicht angerührt und der Käfig verschlossen war. Und obwohl es am Abend zuvor geschneit hatte, fanden sich keine Spuren, weder die eines Diebes noch die der Katze.

Überhaupt scheint die Gegend um Uniontown in den Jahren 1973/74 im Zentrum der geheimnisvollen UFO/Bigfoot-Aktivität gestanden zu haben. Am 24. Oktober 1973 wird ganz in der Nähe die Landung eines UFOs beobachtet.[127] Es soll sich um ein riesiges, rotes, ballförmiges Objekt gehandelt haben. Einer der Zeugen, George Kowalczyk, sagte: »Ich fuhr mit meinem Lastwagen, als am Himmel über dem Feld meines Vaters ein orangefarbenes Licht auftauchte.« Er holt sein Gewehr, und zusammen mit zwei Nachbarn, die das Objekt ebenso beobachtet hatten, gehen sie zu einem nahen Hügel, hinter dem sie einen seltsamen Lichtschein sehen.

233

Tatsächlich steht das Objekt knapp unterhalb der Kuppe auf der anderen Seite. Es glüht noch immer rötlich, wechselt aber dann die Farbe zu weiß. »Es hatte etwa 30 Meter Durchmesser, so groß wie ein Haus, mit einer Kuppel darauf. Es war sehr, sehr hell und gab Geräusche wie ein riesiger Rasenmäher von sich.«

Im Lichtschein erkennen die drei zwei große, affenähnliche Kreaturen. Sie sind völlig behaart, ihre Arme hängen tief hinunter. Die Augen leuchten gelb-grün, und ein unerträglicher Gestank geht von ihnen aus.

Einer der drei Männer gerät in Panik und läuft davon. Kowalczyk gibt einen Schuß ab. Doch die Wesen lassen sich davon nicht erschrecken, sondern kommen genau auf ihn zu. Kowalczyk schießt erneut: »Die größere Gestalt stieß einen Klagelaut aus, hob die rechte Hand zu ihrem Begleiter – das Licht und das Geräusch auf dem Feld verschwanden. Langsam zogen sich die beiden Wesen in den Wald zurück.«

Auch das UFO verschwand einfach. Es flog nicht davon, es löste sich gewissermaßen in Luft auf. Aber an der Stelle, an der es gestanden hatte, glühte der Erdboden noch stundenlang in einer hellweißen Farbe.

Um halb zwei Uhr nachts treffen die von der Polizei alarmierten Mitglieder der MUFON am Ort des Geschehens ein. Stan Gordon berichtet darüber: »Wir suchten nach radioaktiver Strahlung. Nichts. Der glühende Kreis war nicht mehr zu sehen, aber Tiere weigerten sich hartnäckig, dem Bereich nahe zu kommen.«

Die Forscher befragen gerade die Zeugen nach ihren Beobachtungen, als sie plötzlich bemerken, wie Kowalczyk beginnt, sich das Gesicht zu reiben. »Er zitterte, und es schien, als ob er gleich umkippt. Er atmete schwer und begann, wie ein Tier zu grunzen. Dann sprang er auf, schlug George und seinen eigenen Vater nieder, der bei ihm stand, rannte nach draußen und lief, die Arme hin und her schwingend, wie ein Verrückter grunzend durch die Gegend. Plötzlich brach er zusammen und fiel kopfüber ins Gras.«

Doch damit nicht genug, auch zwei Mitglieder des MUFON-Untersuchungsteams, Dave Smith, ein Physiklehrer, und Dennis Smeltzer, ein Soziologe, werden von der seltsamen »Krankheit« angesteckt: »Dennis fühlte sich schwindelig und fiel auf die Knie. Dann bemerkte Dave Barker, daß er Schwierigkeiten mit dem Atmen bekam. Die Luft war jetzt von einem starken Schwefelgeruch erfüllt. George Lutz (ein weiterer MUFON-Angehöriger) rief: ›Raus hier! Weg!‹ Das ganze Ereignis ist auf Tonband aufgenommen, aber wenn man es hört, ist es längst nicht so dramatisch, als wie wenn man es selbst miterlebt hat.«

Seltsame, unwirkliche Begegnungen mit Bigfoot-Ungeheuern lassen sich endlos fortsetzen. Am 27. September 1973 gehen zwei Mädchen aus Pennsylvania im Wald spazieren. Gegen 20.30 Uhr begegnen sie einer weißhaarigen Gestalt, die am ganzen Körper mit einem flauschigen Fell bedeckt ist. Das Wesen erreicht eine Größe von 2,20 Metern und trägt eine leuchtende, hellstrahlende Kugel in der Hand. Die Mädchen fliehen entsetzt und kommen schreckensbleich zu Hause an.

Im Sommer 1972 wird die Familie Rodgers aus Roachdale im US-Bundesstaat Indiana mehrmals durch eine 1,80 Meter große, haarige Gestalt erschreckt: »Zu einer bestimmten Zeit, so um 22 bis 23 Uhr, kam es jede Nacht. Man konnte es schon vorher fühlen. Dann begann das Klopfen. Das geschah jede Nacht – zwei Wochen hindurch. Ein fauliger Geruch – wie Abfall oder tote Tiere – ging immer von dem Wesen aus ... Ich stand in der Küche, da tauchte es am Fenster auf. Es duckte sich unter dem Fenster und stand dann wieder auf. Sogar auf allen Vieren war es 1,80 Meter groß. Am Tage war es niemals zu sehen – ich ließ sogar die Türen offen. Wir konnten keine Spuren entdecken, nicht einmal, wenn es über Schlamm gelaufen war. Manchmal schien es, als könne man durch die Kreatur hindurchsehen.«

Im Herbst 1968 lauert ein solches Wesen auf der Farm von Larry Abbott, der seinen Hof nahe Point Isabel in Ohio bewirtschaftete.[22] Er, sein Vater und der Nachbar Arnold Hubbard sehen gegen 22 Uhr abends im Schein ihrer Taschenlampe »ein Ungeheuer, das sich 20 Meter entfernt aus einem Busch erhob. Es begann, auf uns zuzugehen, und ich schätze, daß es etwa drei Meter groß und in den Schultern 1,30 Meter breit war. Seine Arme waren lang, wie die von einem Affen.«

Zu ihrer Überraschung können sich alle drei plötzlich nicht mehr bewegen. Sie befinden sich in einer Art Trance. Für mehrere Minuten verlieren sie das Wesen aus den Augen, unfähig, ihre Position zu verändern. Als sie die Kontrolle über ihren Körper wiedergewinnen, läuft Larrys Vater ins Haus und holt das Gewehr. Er gibt es Arnold Hubbard. Tatsächlich sehen sie die Gestalt wieder. Sie ist jetzt knapp 20 Meter von ihnen entfernt und gut zu erkennen. Hubbard zielt und gibt drei Schüsse ab.

Was dann geschieht, ist unglaublich. Das Wesen, obwohl aus nächster Nähe getroffen, fällt nicht etwa um. Es hüllt sich in einen dichten weißen Nebel. Der Nebel löst sich auf, im Schein der Taschenlampe bleibt nichts zurück als Dunkelheit. »Wir drei«, sagt Larry Abbott, »suchten die Stelle ab. Wir fanden keine Spur von ihm, kein Blut, nichts. Am nächsten Tag durchkämmten wir die ganze Farm. Nichts.«

Und Nessy?
Tim Dinsdale ist der bekannteste Loch-Ness-Forscher Großbritanniens. Sein Leben lang hat der 67jährige damit verbracht, das Ungeheuer zu finden, und mehrmals, 1961, 1970 und 1971, will er es sogar gesehen haben.
Aber Dinsdale weiß auch, daß Nessy nur ein Teil des Geheimnisses ist:[128] »Da ist weit mehr als nur das Ungeheuer. Es ist eine sehr seltsame Gegend.«
Eines Nachts hatte er selbst eine unheimliche Begegnung: »Ein merkwürdiges bläuliches Licht überflutete die Felder und Bäume in der Nähe des Sees, exakt um Mitternacht. Es drang aus dem Wasser, in der Nähe des Ufers. Es war wie ein Geisterfeuerwerk.«
UFOs wurden nie zusammen mit dem Ungeheuer von Loch Ness gesehen – aber viel häufiger über und in der Nähe des Sees als in vergleichbaren Regionen. Ähnliches kennt man auch aus den USA, etwa aus dem *Antelope Valley* in Kalifornien, wo neben überproportional häufigen UFO- auch Bigfoot- und andere Ungeheuersichtungen gemeldet werden.

Erinnern Sie sich an die seltsamen UFO-Insassen, die wir bereits kennengelernt haben – etwa an die kleinen Zwerge mit den Elefantenohren, die stundenlang eine Familie bei Hopkinsville in Atem hielten? Oder an jene seltsame Alptraumgestalt im Clormont County, das sich in Luft auflöste? Die Bigfoot-Wesen sind im Grunde nichts anderes. Sie werden zwar meistens ohne einen direkten UFO-Bezug beobachtet, aber die zahlreichen Fälle, die das Gegenteil belegen, zeigen den unübersehbaren Zusammenhang.

Leben »Bigfoots« in UFOs? Kommt »Nessy« aus dem All? Ist der Kondor mit dem Fledermausgesicht ein aus einem außerirdischen Zoo-Raumschiff ausgerissenes Exponat eines Planeten von »Alpha Aguila?«

Nein. Bigfoot ist so wenig ein UFO-Insasse wie die Hopkinsville-Zwerge oder die einäugigen Riesen von Woronesch. Die Beschreibungen, die von ihm gegeben werden, sprechen für sich: Vor den Augen von Frau Doe verschwindet die Gestalt in einem »Fotoblitz«; andere werden angeschossen und kommen trotzdem auf die Schützen zugelaufen, als sei nichts geschehen; wieder andere erscheinen halb durchsichtig, tragen leuchtende Kugeln in der Hand oder lösen sich in einem weißen Nebel einfach auf.

Das sind keine realen biologischen Wesen, keine zurückgebliebenen Neandertaler. Und es ist auch nicht anzunehmen, daß in einem so abgegrenzten See wie dem Loch Ness ein Saurier oder eine Saurierfamilie überlebt hat – seit 65 Millionen Jahren. Der Eidechsenmann, der Fledermauskondor, der Jersey-Teufel und der Dover-Demon mit dem Kopf einer Acht haben nicht einmal irgendwelche fossilen Vorfahren, aus denen sie sich im Laufe der Erdgeschichte hätten entwickeln können.

Menschen sahen schon immer Drachen und Ungeheuer jeglicher Couleur – die gesamte Mythologie und Sagenwelt des europäischen Abendlandes ist voll davon. Es gibt auch dafür die kuriosesten Erklärungsversuche. So soll sich nach Auffassung einiger Historiker beispielsweise die europäische Drachenmythologie aus der Römerzeit herleiten. Als die Germanen die römischen Legionen anrücken sahen, Soldat hinter Soldat marschierend, für sie, die »Wilden«, in einer völlig ungewöhnlichen Weise, seien sie so von den Socken gewesen, daß sie allen Ernstes glaubten, ein »Lindwurm« schlängele sich durch die Gegend. Mag sein, daß die ersten Späher irgendwo im Alpenvorland derlei Mutmaßungen gehegt haben. Aber doch wohl kaum alle späteren Germanenkrieger ebenfalls. Ein Mythos wie der vom Drachen würde sich kaum so tief in der europäischen Volksseele verwurzelt haben, hätte es sich nur um die heranrückenden Legionen des römischen Imperiums gehandelt.

Aber solche Versuche zeigen die Unsicherheit, zeigen die Ahnungslosigkeit, mit der wir diesem Phänomen begegnen. Unsere Wissenschaftler sind gezwungen, auf jede nur denkbare »natürliche« Erklärung zu verfallen, auch wenn diese so absonderlich wirkt wie die vom römischen Lindwurm. Und jene, die in diesen Wesen tatsächliche, sich nach wie vor versteckt haltende biologische Kreaturen sehen, sind weder in der Lage, die mit ihrem Auftreten verbundenen bizarren Ereignisse noch die Tatsache zu erklären, daß man von all diesen Spukgestalten bislang nicht einen einzigen Knochen gefunden hat.

So, wie alle anderen UFO-Insassen sind Yetis und Bigfoots und Seeschlangen und Jersey-Teufel *Projektionen*, unseren Phantasien, unseren Vorstellungen angepaßte Bilder. Sie entstammen damit sowohl unserer Seele als auch einer Quelle außerhalb von uns. Die von psychologischer Seite favorisierten, *rein* psychischen Projektionen im Jung'schen Sinne, also die »Hinausverlegung« von Empfindungen, Gefühlen, Wünschen, Interessen oder Erwartungen in die Außenwelt, erzeugen keine Fußspuren, schlagen keine Wellen, hinterlassen keine zerfetzten Sträucher, können vor allem nicht von mehreren Personen gleichzeitig gesehen werden. Sie riechen nicht nach Schwefel oder Fisch und geben keine keuchenden Geräusche von sich.

Und Projektionen, die von außerhalb kommen? Projektionen, die sich unserer Phantasien bedienen, unserer Ängste, unserer Alpträume?

Ja, vielleicht. So, wie die UFOs und ihre hochtechnisierten Besatzungen die Zukunft des Menschen repräsentieren, repräsentieren Bigfoots und Ungeheuer seine Vergangenheit. Und die *Anderen* wissen, daß beides letztlich eins ist, daß beides nur zwei Aspekte im unendlichen Strom der Zeit und vor allem: unseres *Bewußtseins* von der Zeit sind.

XI

Die Reise ins Zentrum

Was passiert bei »UFO-Entführungen«?

In der Bundesrepublik Deutschland werden pro Jahr etwa 100.000 Menschen als vermißt gemeldet. Die meisten von ihnen tauchen über kurz oder lang wieder auf: Männer, die nach einem amourösen Abenteuer reumütig in den Hafen der Ehe zurückkehren; Frauen, die dem entflohenen Streß mit Kindern und Haushalt doch nicht endgültig Lebewohl sagen können; jugendliche Ausreißer, denen der häusliche Friede (oder Unfriede) letztlich doch willkommener ist als ein ständiges Übernachten in der Rumpelkammer der Freundin oder im Gartenhäuschen der Schulkameraden von nebenan.

Ein Großteil dieser Vermißten ist jedoch Gewaltverbrechen zum Opfer gefallen. Die Leichen werden irgendwann gefunden, identifiziert, der Vermißte aus dem Register gestrichen und in das der ungeklärten Todesfälle aufgenommen. Wieder andere haben tatsächlich auf immer mit ihrem alten Leben gebrochen, bauen sich im Ausland eine neue Existenz auf oder treten aus der Zivilisation heraus und verbringen ihren Lebensabend irgendwo im Urwald von Brasilien. Manchmal kommt nach vielen Jahren eine Ansichtskarte, in seltenen Fällen auch ein Scheck, der zumindest das Gewissen des Davongelaufenen, wohl kaum aber die Nerven der Verlassenen beruhigen kann.

Von etwa 100 Vermißten pro Jahr hört und sieht man nie wieder etwas. Im Regelfalle werden auch sie einem Verbrechen zum Opfer gefallen sein, ohne daß jemals eine Leiche entdeckt wird, werden sie sich nach Afrika, Asien oder sonstwohin abgesetzt haben, ohne ein Lebenszeichen von sich zu geben. Aber gilt das tatsächlich immer? Manche dieser Vorfälle sind so obskur, so rätselhaft, daß man verzweifelt nach rationalen Erklärungsmöglichkeiten sucht und sie einfach nicht findet. Der Mann, der, mit ein paar Mark in der Tasche, »nur mal eben schnell eine Schachtel Zigaretten aus dem Automaten um die Ecke« holen will und nie wieder auftaucht. Die Frau, die man gerade noch mit vollen Einkaufstaschen im Supermarkt gegenüber gesehen hat, die aber nie in ihrer Wohnung auf der anderen Seite der Straße ankommt. Die Familien, deren Autos einschließlich aller Wertsachen, mit laufendem Motor und völlig intakt, irgendwo am Straßenrand gefunden werden. Kein Hinweis auf ein Verbrechen, kein Hinweis auf irgend etwas, das einen Anhaltspunkt geben könnte.

Wo sind sie geblieben, all diese Menschen, die Jahr für Jahr verschwinden, als hätte der Erdboden sie verschluckt? Was reißt sie aus dem Kreis ihrer Angehörigen, was schlägt wieder und wieder unbarmherzig aufs neue zu: mitten in den Straßen unserer Städte, in den Wohnungen unserer Häuser, auf den Wegen, Wiesen und Wäldern unserer Länder?

»UFO-Entführungen« oder besser: »Entführungen« *in* ein UFO gehören in keinem Staat der Welt zum Bestandteil irgendeiner Kriminalstatistik. Menschen, die behaupten, in ein solches Objekt verschleppt, zu Experimenten genötigt und schließlich – glücklicherweise –

242

wieder freigelassen worden zu sein, werden entweder als Witzbolde verlacht oder es wird ihnen nahegelegt, eine psychiatrische Beratungsstelle aufzusuchen. Bestenfalls glaubt man, sie hätten einfach zu tief ins Glas geschaut. Kein Wunder also, daß an die Möglichkeit, Menschen könnten für immer von UFOs aus unserer Welt geholt worden sein, in keiner Polizeistation irgendwo auf der Erde auch nur ein Gedanke verschwendet wird. Ich bin sicher, weit über 90 Prozent aller Kriminologen, Detektive und Polizisten haben noch nie etwas davon gehört. Vermutlich liegt das in der simplen Tatsache begründet, daß keiner der »Auf-immer-Entführten« jemals zurückkehrte und beweisen konnte, wo er gewesen ist. Und doch gibt es in einigen Fällen konkrete Hinweise darauf, daß das Verschwinden einer Person auch mit UFOs in Verbindung stehen kann. Frederick Valentich zum Beispiel, der am 21. Oktober 1978 über Australien verschwand.

Valentich war ein zwanzigjähriger, für sein Alter sehr erfahrener Pilot, der bereits das Fluglehrer-Diplom gemacht hatte. Er meldete gegen 19.06 Uhr aus seiner *Cessna 182* die Annäherung an ein großes, metallenes Objekt. Es schien fast so etwas wie ein »Spiel« mit ihm zu treiben. Mal flog es über, mal hinter ihm, überholte ihn wieder und wieder und blieb erneut zurück. Valentich konnte es nicht identifizieren, die Flugsicherungsbeamten in Melbourne ebensowenig. Sechs Minuten später verschwand seine Maschine vom Radarschirm. Eine Suche nach abgestürzten Trümmern blieb bis heute erfolglos. Frederick Valentich und sein Flugzeug gelten als vermißt, niemand weiß, was an diesem Oktobertag um 19.12 Uhr wirklich mit ihm geschah.[129-131]

Ein ähnlicher Vorfall scheint sich 1988 über Puerto Rico

ereignet zu haben:[111] Zwei »F-14«-Düsenjäger wurden dabei beobachtet, wie sie ein riesiges, dreieckiges Objekt verfolgten, bis dieses in der Luft stehen blieb und die beiden Flugzeuge herankommen ließ: »Wir alle schrien auf, weil wir Angst hatten, es werde eine Kollision oder vielleicht eine Explosion geben«, sagte Wilson Sosa, einer der zahlreichen Zeugen.[58] »Der hintere Jäger verschwand einfach auf oder hinter dem UFO; ich habe alles durch mein Fernglas beobachtet, er kam weder hinten, noch an der Oberseite oder an den anderen Seiten wieder zum Vorschein.« Das andere Flugzeug vermochte noch ein paar Sekunden auf der rechten Seite des Objekts zu manövrieren: »Es sah sehr klein aus neben dem riesigen Ding. Als das UFO etwas nach Westen flog, verschwand der Jäger mitsamt dem Motorengeräusch.«

Das Objekt näherte sich kurz darauf dem Boden: »Es stand einen Augenblick in der Luft, dann ›streckte‹ es seine Ecken und sandte einen starken Blitz aus der gelben Lichtkugel in der Mitte. Daraufhin teilte es sich in zwei separate, unabhängige, dreieckige Teile. Beide schossen mit großer Geschwindigkeit davon. Als es sich teilte, sprühte es sichtlich rote Funken.«

Was geschah mit den Piloten und ihren Flugzeugen? Wohin wurden sie gebracht? Soweit mir bekannt ist, gibt es keine offizielle Verlautbarung zu dem Fall. Und ich bin sicher, daß man den entsetzten Angehörigen der beiden die Wahrheit nicht gesagt hat.

Menschen *werden* real in UFOs entführt. Sie verschwinden vom Angesicht der Erde, und nie wieder findet man von ihnen auch nur eine einzige Spur. Das Phänomen ist nicht – wie manche UFO-Skeptiker glauben – rein psychologisch, und ebensowenig ist es neu. Es hat zwar durchaus eine ganze Reihe interessanter und bedeutender psychischer und psychologischer Aspekte. Aber in seinem Kern ist es physikalisch, d.h. es ereignet sich wirklich in unserem Raum und in unserer Zeit.

Wieviele Fälle der auf immer Vermißten – wie bei Valentich oder den beiden Piloten über Puerto Rico – mit UFOs in einem Zusammenhang stehen, läßt sich schwer abschätzen. Möglicherweise ist der Prozentsatz nicht gerade gering. Wir müssen das aus der großen Anzahl jener »Entführten« schließen, die das Glück hatten, wieder zurückzukehren und die sich in der einen oder anderen Weise an ihr Erlebnis erinnern. Aber auch sie bilden nur die Spitze des Eisbergs.

Grundsätzlich kann man zwischen drei »Typen« von »Entführten« unterscheiden: solche, die sich vollständig an alles erinnern können; solche, die nur einen Teil und hier meistens den Beginn und das Ende ihres Erlebnisses im Gedächtnis behielten; und schließlich jene, denen alles, was in der fraglichen Zeit geschah, aus dem Gehirn gelöscht zu sein scheint. Manchmal erinnern sie sich nur noch an »irgend etwas Seltsames«, das ihnen widerfuhr; manchmal haben sie eine unerklärliche zeitliche Lücke, fehlende Stunden in ihrem Leben, über die sie keine Rechenschaft ablegen können. In wievielen Fällen aber verfügt ihr Gedächtnis weder über den einen noch über den anderen Hinweis? Wie groß ist die reale, die *wirkliche* Dunkelziffer?

Es ist im Sommer 1948. Der Waldaufseher und Schäfer Ernst-August R. verläßt gegen 8 Uhr morgens zusammen mit seiner Herde den 30.000-Einwohner-Ort Hemer im Sauerland: »Ich hütete damals die Schafe auf einer etwas abgelegenen Waldwiese. Es war so um neun Uhr herum, als plötzlich die ganze Herde panikartig auseinanderlief.

Im Gras liegend richtete ich mich auf und schaute mich verwirrt um, als auf einmal ein sausendes Geräusch zu hören war.«

Der Schäfer erkennt ungläubig ein großes, drei Meter durchmessendes und etwa 30 Meter langes zylinderförmiges Objekt, das wie in einem »künstlichen Nebel« vor ihm auftaucht. Es steht völlig unvermittelt auf der Wiese. Ernst-August R. überwindet nach einigen Schrecksekunden seine Furcht, geht auf das Objekt zu und berührt es. Er spürt etwas wie einen elektrischen Schlag und fällt zu Boden.

»Als ich wieder aufwachte und einigermaßen bei Bewußtsein war, fand ich mich ca. 80 Meter vom Objekt entfernt auf der Wiese wieder. Um mich herum standen vier Wesen, die etwa einen Meter groß waren. Sie hatten einen ziemlich großen Kopf, auf dem sie Stoppelhaare – ähnlich den Nordafrikanern – trugen. Ihre Stirn wies eine ›Ausbuchtung‹ auf. Sie hatten Schlitzaugen, eine kurze gedrungene Nase und auf dem Rücken und der Brust trugen sie einen Kasten, ähnlich einem Sauerstoffgerät.«

An den »Sauerstoffgeräten« befindet sich etwas wie ein Schlauch, den sie hin und wieder zum Luftholen benutzen. Sehr ähnliches hatten 50 Jahre zuvor bereits Colonel H.G. Shaw und Camille Spooner beobachtet, als sie nahe Lodi in Kalifornien jenen seltsamen, leichtgewichtigen Gestalten begegnet waren, die sie hatten entführen wollen (siehe Kap. VIII). Daß Ernst-August R. jemals etwas von diesem Vorfall gehört hat, ist extrem unwahrscheinlich: »Sie schienen Atemschwierigkeiten zu haben, denn von Zeit zu Zeit hielten sie sich die Maske an den Mund. Die Wesen gestikulierten und unterhielten sich in einer fremden Sprache. Als ich an ihnen vorbei zu dem Objekt schaute, bemerkte ich dort weitere vier oder fünf dieser

Wesen, die auf dem Erdboden und in der Vegetation hantierten.«

Die Gestalten stecken Proben davon in große Behälter. Eigentlich ein seltsames Verhalten, denn man sollte annehmen, die »Außerirdischen« müßten seit Jahrtausenden über die Beschaffenheit von irdischem Boden und irdischen Pflanzen Bescheid wissen. Wie auch immer: anschließend steigen die Wesen in das Objekt, das noch

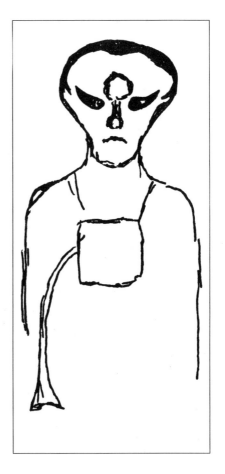

Ernst-August R., ein Schäfer aus Hemer im Sauerland, begegnete im Sommer 1948 Wesen wie den hier skizzierten. Eine Erinnerungslücke deutet auch in diesem Fall auf eine stattgefundene, aber aus dem Bewußtsein gelöschte Entführung in ein UFO hin.

immer von dem seltsamen Nebel umhüllt ist. Es stößt einen hellen, fast heulenden Ton aus und verschwindet mit großer Geschwindigkeit in südlicher Richtung über den Bäumen.

»Als ich mich der Landestelle näherte«, erinnert sich Ernst-August R., »fand ich sechs bis acht kreisrunde, hintereinander liegende Brandflecken mit einem Durchmesser von ungefähr einem Meter. Die Abstände zueinander waren etwa zwei bis vier Meter. Sie sahen aus, als ob ein Feuerstrahl das Gras verbrannt hätte. Ich befand mich noch auf der Wiese, als ein (inzwischen verstorbener) Bekannter vorbeikam und fragte, woher denn die Brandstellen kämen, ob ich dort ein Feuer entzündet hätte. Da ich damals schon Waldaufseher war, hätte ich mir so etwas nie erlauben dürfen. Noch ziemlich von dem Erlebnis benommen, gab ich dem Bekannten jedoch keine Antwort. Anzumerken sei vielleicht, daß ich noch Tage später ein seltsames Brennen im Gesicht verspürte, wenn ich mich in die Sonne legte.«

Ernst-August R. schätzt die Gesamtdauer dieses Ereignisses auf etwa eineinhalb Stunden, zwischen 9 und 10.40 Uhr am Vormittag. Als es 1985 bekannt wurde,[132] wußte er sich an den genauen Tag und das Jahr nicht mehr zu erinnern.

Fraglos ein interessanter Fall, leider läßt er sich nicht beweisen. Der einzige Zeuge, der seinerzeit die Brandflekken sah, war zum angegebenen Zeitpunkt bereits verstorben, Ernst-August R. hatte es damals vermieden, weiteren Personen sein Erlebnis mitzuteilen.

Immer vorausgesetzt, der Schäfer aus dem Sauerland hat die ganze Geschichte nicht von A bis Z erlogen (wofür es weder Hinweise noch eine Motivation gibt), haben wir es hier mit einem »möglichen Entführungsfall« zu tun. Vergleicht man die Zeit, die er als Gesamtdauer nennt (etwas mehr als eineinhalb Stunden), mit den Schilderungen seines Erlebnisses, so ergibt sich eine deutliche Lücke von wenigstens einer Stunde. Erkennen des Objekts, Herantreten und Berühren, aus der Bewußtlosigkeit erwachen und die seltsamen Wesen bei ihrer Tätigkeit beobachten, all das kann maximal 30 Minuten gedauert haben, eher weniger. Ernst-August R. selbst betont, daß er etwa 80 Meter vom Objekt entfernt aufwachte. Was geschah in der Zeit seiner Bewußtlosigkeit mit ihm? Wo war er in der fehlenden Stunde? Wie gelangte er zu der Stelle, an der er wieder zu sich kam?

Hypnose-Regressionen, Rückführungen in die Zeit der Erinnerungslosigkeit, sind auch unter UFO-Forschern sehr umstritten. Während einige in ihnen das Allheilmittel zur Aufdeckung der Wahrheit sehen, fürchten andere, der Proband könnte durch den Hypnotiseur und seine Art, die Fragen zu stellen, so stark beeinflußt werden, daß er seine Entführungsgeschichte nur zusammenfabuliert. Der amerikanische Philologe Dr. Alwin Lawson hat in verschiedenen Experimenten sogar gezeigt, daß man grundsätzlich *jeden* unter Hypnose in ein »Entführungsszenario« versetzen und ihn die verrücktesten Geschichten von Begegnungen mit Wesen aus anderen Welten erleben lassen kann.[133] Lawson schloß daraus, daß »Entführungen« nicht real, sondern entweder vom Hypnotiseur suggerierte oder vom Hypnotisierten fabulierte Geschichten seien.

Natürlich kann man Menschen unter Hypnose UFO-Szenarien beschreiben lassen. Aber auf die gleiche Weise kann man jeden auch in die Märchenwelt von Tausendundeinernacht, wenn es ihm Spaß macht nach Sodom und Gomorrha oder in die Unterwelt von Chicago bringen. Was beweist das? Solche Experimente zeigen letztlich nur eines, daß man nämlich beim Einsatz von Hypnose extrem vorsichtig sein muß – aber nicht, daß alle unter Hypnose gewonnenen Daten zwangsläufig auch konfabulierte Phantasiegebilde sind.

Warum? Weil die Berichte der »echten« Entführten auf einer realen Basis aufbauen: auf der Basis der Erinnerung oder Teilerinnerung an das Geschehen. Es sind keine puren Phantasieprodukte wie die bewußt manipulierten Fantasy-Spiele des Professor Lawson. Und weil ihnen der *Angstfaktor* zugrunde liegt: jene ursprüngliche, künstlich nicht erzeugbare, tief in der menschlichen Seele beheimatete Angst, die die »echten« Entführten im Laufe ihrer Hypnoseregression zeigen und die allen Pseudo-Entführungen, allen künstlich hervorgerufenen »UFO-Begegnungen« fehlt.

Teilerinnerung und Angst – zwei wesentliche Elemente in zahlreichen »Entführungsfällen«: Am 17. Oktober 1973 erleben Frau P. und ihre Kinder im amerikanischen Bundesstaat Utah den schlimmsten Alptraum ihres Lebens, einen Alptraum, der Realität geworden ist.[16]

Gegen 23 Uhr wird Frau P. durch die hysterischen Schreie ihres jüngsten Sohnes geweckt: Ein »Skelett« sei im Haus! Völlig verängstigt zeigt er hinüber in Richtung auf das Bücherregal. Und dort steht tatsächlich ein eineinhalb Meter großes Wesen, bekleidet mit einem phosphorisierenden blauen Overall und einem Helm, der den Kopf vollkommen einschließt. Danach fehlen Frau P. Teile der Erinnerung. Sie weiß – genauso wie vier ihrer sieben Kinder – nur noch etwas von Treppen, die sie zu einem seltsamen Gefährt emporgestiegen seien.

Zwei Jahre später erfährt die große amerikanische UFO-Organisation APRO von dem Geschehen. Sie bittet eines ihrer Mitglieder, den in Hypnoseregressionen erfahrenen Physiker Professor James Harder, sich um die Familie zu kümmern. Und Harder ist es tatsächlich möglich, im Laufe der folgenden Wochen die fehlenden Stunden im Leben der Familie P. zu rekonstruieren.
Unmittelbar nachdem Frau P. das Wesen erkannt hatte, wurden drei ihrer Kinder von weiteren Gestalten geweckt und einschließlich des jüngsten Sohnes wie eine

So erlebte eine der Töchter von Frau P. aus dem amerikanischen Bundesstaat Utah den Beginn ihrer Entführung am 17. Oktober 1973: Ein kleines Wesen mit überproportionalem Kopf trat an ihr Bett, weckte sie und entführte sie zusammen mit anderen Mitgliedern der Familie in ein UFO.

Herde Tiere zu einem in der Nähe gelandeten Objekt getrieben. An Bord trennte man die willenlos geschaltete Mutter von den Kindern und brachte sie in einen separaten Raum.

Frau P. mußte eine schmerzhafte medizinische Untersuchung über sich ergehen lassen. Ein fremdartiges, ebenfalls eineinhalb Meter großes Wesen interessierte sich dabei insbesondere für ihre Geschlechtsteile. Es trug die gleiche blaue Uniform wie die Gestalt in ihrem Haus, aber zusätzlich einen schärpenartigen Gurt, der von seiner linken Schulter hinab zu seiner rechten Hüfte gelegt war. Vor dem Gesicht hatte er eine dunkle Maske, in der nur Löcher für die großen Augen eingelassen waren. Die Gestalt hatte keine Ohren und nur stummelartige Hände und Füße. Andere Wesen mit den gleichen Overalls, Schärpen und Masken standen im Hintergrund des Raumes.

Den seltsamsten Aspekt dieser Entführung bildet fraglos die Hypnose, der Frau P. und ihre beiden ältesten Kinder Barbara (damals zwölf Jahre alt) und Terry (zehn Jahre) an Bord unterzogen wurden – und zwar von einem absolut menschlich erscheinenden, mittelgroßen Mann, der eine Hornbrille trug, etwa um die 40 Jahre alt zu sein schien und mit seiner Stirnglatze wie ein ganz normaler Wissenschaftler wirkte. Danach vermochte Frau P. sich nicht mehr zu bewegen, konnte aber nach wie vor alles im Raum mitverfolgen.

Die größte Angst hatte sie in dieser Zeit um ihre Kinder, von denen sie nicht wußte, was mit ihnen geschah. Harder vermied es, auch sie durch Hypnose zu diesem Ereignis zurückzuführen – generell wird dies aus einsichtigen Gründen bei Kindern nicht gemacht. Aber jene von ihnen, die zusammen mit ihrer Mutter an Bord des Ob-

252

jekts getrieben wurden, die sich z.T. sogar noch an den »Wissenschaftler« mit seiner Hornbrille erinnern konnten, werden diese Nacht ihr Leben lang nicht mehr vergessen haben.

Peter Pasini ist ein junger australischer Operntenor aus der Nähe von Melbourne. Was ihn von anderen Künstlern dieses Genres unterscheidet, ist seine feste Überzeugung, vor vier Jahren, im Juli 1988, von UFO-Insassen entführt worden zu sein.[134] Seither hätten sich diese Entführungen oftmals wiederholt: »Seit damals haben meine Familie und ich keinen Frieden mehr. Wir sind drei Mal umgezogen – aber die Wesen folgen uns.«

Die erste Entführung ereignete sich in Rosewood, einer kleinen Ortschaft in der Nähe von Ipswich im Süden Australiens. »Ich saß im Haus, es war so gegen 21 Uhr. Plötzlich fühlte ich etwas wie eine innere Eingebung, einen unstillbaren Drang, nach draußen zu gehen. Als ich die Straße hinunterschaute, sah ich einen goldenen Ball. Er hing über den Eisenbahnschienen. Ich dachte zuerst, es ist irgendeine Art von Flugzeug, aber es war absolut still. Ich ging auf das Licht zu.«

Das nächste, woran Peter Pasini sich erinnern kann, ist das helle Licht, das ihn übergangslos vollständig einhüllte: »Was mich überraschte, war das friedvolle und entspannende Gefühl, das das Licht erzeugte. Obwohl es von einer grellen Helligkeit war, verletzte es meine Augen in keiner Weise.«

Dann geschieht es: »Als ich so dastand, in dieses Licht eingetaucht, erschien eine menschliche Gestalt. Sie war seidig-weiß und strahlend und hatte einen riesigen Kopf mit tränenförmigen Augen und einem Schlitz statt einem Mund. Sie schaute mich an, dann verschwand alles um mich herum. Das nächste, woran ich mich erinnern konnte, war, daß ich im Vorgarten unseres Hauses stand. Mich fröstelte, ich hatte Schüttelfrost und die schlimmsten Kopfschmerzen meines Lebens.«

Doch nicht nur das: Eine kalte Flüssigkeit bedeckt seinen Kopf. Es ist eine klare, geleeartige Substanz, die ihm die Wangen heruntertropft. »In diesem Moment merkte ich zum ersten Mal, daß auch mein Bruder Gary neben mir kniete. Er hatte das Licht ebenfalls gesehen. Er konnte sich nur noch daran erinnern, daß ihm irgendjemand die Füße massiert hatte.«

Die beiden Brüder wanken zurück ins Haus. Überraschenderweise stellen sie fest, daß ihre Mutter tief und fest schläft – und daß seit jenem Moment, da Peter Pasini und vermutlich kurze Zeit später auch sein älterer Bruder Gary das Haus verlassen hatten, sechs Stunden vergangen sind. Was in dieser Zeit geschehen war, davon haben sie nicht den Schimmer einer Ahnung.

»Als ich in den Badezimmerspiegel schaute«, berichtet Peter Pasini, »erkannte ich eine kreisrunde rote Markierung auf meiner Stirn – und es schmerzte wie die Hölle. Ich hatte auch kleine Knöllchen hinter beiden Ohren. Die Knöllchen sind noch da – und sie schmerzen noch immer.«

Über ein Jahr schleppt sich der damals 16jährige Peter Pasini mit den seltsamen ungeklärten Ereignissen jener Nacht herum. Was ist damals wirklich geschehen? Was war jener leuchtende Ball, den sein Bruder und er gesehen hatten? Wer war dieses seltsame Wesen? Wo war er ge-

Betty Andreasson-Luca skizzierte mehrere Phasen ihrer eigenen Untersuchungen an Bord von UFOs. Ähnlich erging es auch dem australischen Opernsänger Peter Pasini. (Zeichnungen nach Betty Andreasson-Luca.)

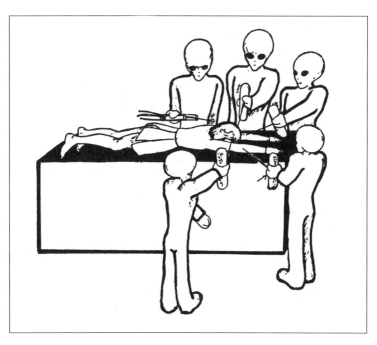

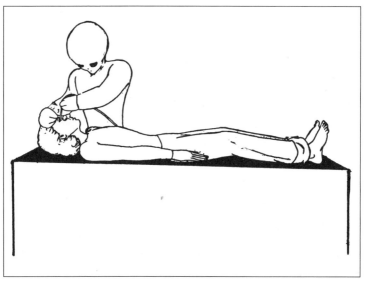

255

wesen in den sechs Stunden, an die er sich beim besten Willen nicht mehr erinnern kann?

Schließlich wagt Peter Pasini den Schritt zum Psychiater. Dieser leitet ihn an einen Hypnotiseur weiter. Kurze Zeit später findet die erste Sitzung statt, Peter Pasini wird zu genau jenem Zeitpunkt im Juni 1988 zurückgeführt, an dem das Unglaubliche geschah: »Ich erfuhr dabei einiges darüber, was damals passierte. Aber nicht alles. Es gab da einen Punkt, an dem ich zu schreien anfing. Ich hatte einfach zu große Angst, mir das weiter anzusehen.«

Immerhin vermochte er sich nun wieder an etwas wie ein metallenes Bett zu erinnern, auf dem er gelegen hatte: »Ein helles, weißes Licht schien auf mich herab. Es war wie in einem Operationsraum, nur, daß dieses Licht absolut beruhigend wirkte. Plötzlich tauchte eine weiße Gestalt über mir auf. Sie hatte den gleichen schmalen Mund und die schrägen Augen wie der Mann, den ich auf der Straße gesehen hatte. Er nahm einen dunkelgrauen Zylinder und richtete ihn auf mich. Ich frug ihn, ob er mir wehtun würde. Seine Stimme erklang mitten in meinem Kopf: Nein, es sei alles okay.«

Das Wesen steckt den Zylinder in das linke Ohr des jungen Mannes. Unmittelbar darauf verliert Peter Pasini die Besinnung, und als er wieder erwacht, schaut er direkt aus einem runden Fenster hinaus in den mit Sternen übersäten Nachthimmel: »In diesem Moment meiner Hypnose-Rückführung begann ich, mit panischer Angst zu reagieren. Irgend etwas ganz Furchtbares muß mit mir passiert sein, kurz nachdem ich aus dem Fenster geschaut hatte.«

Die Observierung von Peter Pasini und seiner Familie begann möglicherweise schon im Winter des Jahres 1987. Seine Mutter Deslie Pasini erinnert sich, damals drei

aufblitzende Lichter über ihrem Haus gesehen zu haben, die sich bewegten und die Form eines Dreiecks annahmen: »Ich beobachtete sie etwa 20 Minuten, und gerade, als ich wieder ins Haus gehen wollte, sah ich etwas wirklich Unheimliches hinter dem Zaun. Die Zaunpfähle sind etwa zwei Meter hoch, aber ich konnte dahinter zwei graue, furchtbar große Wesen stehen sehen.«
Und die Markierung auf Peter Pasinis Stirn? Er selbst glaubt heute, dort sei ihm ein Implantat eingesetzt worden, eine kleine Sonde, die es den *Anderen* erlaubt, ihn jederzeit und an jedem Ort der Welt wieder aufzufinden. Unmöglich? Die Beschreibung vom Einsatz kleiner Sonden – sei es durch die Nase ins Gehirn, sei es hinter die

Piktogrammähnliche Narben auf den Körperteilen von in UFOs Entführter. Zusammen mit den inzwischen bei einigen Verschleppten entdeckten Implantaten bilden sie einen deutlichen Hinweis auf den realen physikalischen Hintergrund des Phänomens.

Augen oder sonstwo im Körper – bildet seit jeher einen nicht unwesentlichen Bestandteil der Berichte über Entführungen und Untersuchungen an Bord von UFOs. Immerhin: zusammen mit seltsamen, zuvor nicht vorhandenen Narben, die zuweilen sehr exzentrische Muster oder fast Piktogramme bilden können, sollten mögliche Implantate als sicherstes Indiz für eine tatsächlich vorgenommene Entführung gelten.

Gibt es sie denn – reale, wirklich existierende Implantate einer fremden Intelligenz in den Körpern der Entführten? Es gibt sie – und nicht nur bei Peter Pasini oder Linda Cortile! Der amerikanische UFO-Forscher und Herausgeber des »International UFO Reporter«, Jerome Clark, berichtet über einen solchen Fall.[135] 1955 hatte der damals achtjährige Richard Price zusammen mit seinem Freund auf dem Oakwood-Friedhof von North Troy (USA) gespielt. Beide beobachteten unvermittelt, wie ein seltsames Objekt sich ihnen näherte und zur Landung ansetzte. Richard wurde an Bord geholt – was mit seinem Freund in den Stunden seiner Abwesenheit geschah, weiß er nicht. Ihn jedenfalls unterzog man einer schmerzhaften Prozedur, in deren Verlauf ihm ein kleiner dunkler Körper in den Bauchraum eingesetzt wurde.

Nach seiner Entlassung aus dem Schiff konnte sich Richard an nahezu alles erinnern – auch ohne hypnotische Rückführungen. Aber: Niemand glaubte ihm. Es blieb ihm nichts anderes übrig, als zu versuchen, das seltsame Ereignis im Laufe der Jahre und des Erwachsenwerdens zu verdrängen und ganz zu vergessen.

Vielleicht hätte es ihm gelingen können – wäre nicht mehr als 30 Jahre später der seltsame, ihm damals eingepflanzte Gegenstand im wahrsten Sinne des Wortes wieder ans Tageslicht gekommen. Über die Jahre hinweg muß das seltsame Ding in Richard Prices Körper gewandert sein, bis es 1989 die Oberfläche erreicht hatte und vom Organismus abgestoßen wurde. Es drang durch die Haut nach außen.

Das kleine Objekt wurde Dr. David Pritchard, einem Physiker des »Massachusetts Institute of Technology«, zur Analyse übergeben. Der Wissenschaftler konnte zwar nicht bestätigen, daß es sich um ein »außerirdisches Gerät« handelt. Er fand aber andererseits auch keine Erklärung dafür, was es dann sei. Er jedenfalls hatte etwas ähnliches nie zuvor gesehen.

In einem anderen Fall soll ein Mediziner aus Kansas bereits mehrere solcher Implantate in den Gehirnen oder den Körpern Entführter lokalisiert und z.T. operativ entfernt haben.[136] Derartige Berichte werden – selbst unter UFO-Forschern – mit größter Zurückhaltung behandelt, um das Ansehen der beteiligten Ärzte und Wissenschaftler nicht zu gefährden.

Unterdessen hat sich in Amerika aber eine Gesellschaft solcher Mediziner zusammengefunden, deren Ziel es ist, Entführten seelischen Beistand zu leisten und Implantate aufzuspüren und zu entfernen. Die Gruppe wird von der Psychologin Dr. Rima Laibow geleitet und nennt sich TREAT – *Treatment and Research on Experienced Anomalous Trauma*. Zu deutsch etwa: *Behandlung und Forschung zu erlebten anomalen Traumata*. Die Gründung einer solchen Gruppe war eigentlich längst überfällig. Häufig wissen die »Entführten« nicht, wohin sie sich mit dem für sie so furchtbaren Erlebnis wenden sollen, wem in unserer alles Unerklärliche als »abartig« oder »krankhaft« ablehnenden Gesellschaft sie sich anvertrauen können. Hier ist es in erster Linie der seelische Beistand, die Tatsache, daß sie ernstgenommen werden, der ihnen in dieser neuen, ungewohnten und häufig erschreckenden Situation hilft (siehe auch Interview auf Seite 322 ff.).

Narben und insbesondere Implantate haben für die UFO-Forschung jedoch andererseits eine nicht zu unterschätzende Bedeutung: Sie zeigen, daß das Entführungsereignis *real* ist, d.h. ein in unserem vierdimensionalen Kontinuum ablaufender Vorgang. Viele UFO-Skeptiker, gerade in Europa, tendieren seit Mitte der siebziger Jahre dazu, Beobachtungen unerklärlicher Himmelsphänomene und insbesondere »Entführungen« in gelandete Objekte ausschließlich unter psychologischen Gesichtspunkten zu sehen.

Solche Begegnungen sollen demnach, wie zum Beispiel Ulrich Magin schreibt, »Märchen [sein], durch die der Entführte mit der Gesellschaft kommuniziert«.[137] Andere entdecken darin lediglich folkloristische Elemente, soziologische Aspekte, die innere Verarbeitung von Science-fiction-Filmen, Erinnerungen an das Geburtstrauma usw. Mit anderen Worten: Für sie sind UFO-Entführungen kein reales Geschehen, sondern ein Vorgang, der sich ausschließlich in der Psyche, also im Gehirn des »Beobachters« abspielt. Sie ignorieren dabei allerdings zahlreiche Faktoren:

● die erstaunliche Übereinstimmung zwischen solchen Berichten;

● die tatsächliche Abwesenheit der »Entführten« in zahlreichen Fällen;

● physikalische Indizien wie Landespuren der Objekte;

● Beobachtungen unabhängiger Zeugen, die ebenfalls das Objekt oder sogar die »Entführer« wahrnehmen;

● das Phänomen von Mehr-Personen-Entführungen, u.a. auch von Kindern;

- das Auftreten piktogrammähnlicher Narben;
- und schließlich der Nachweis von Implantaten.

All das läßt sich nur schwerlich deuten, will man voraussetzen, diese »Entführten« träumten nur, halluzinierten oder seien – wie manche vermuten – einer »radikal neuen Geisteskrankheit« zum Opfer gefallen.
Die Vertreter der psychologischen Richtung innerhalb der UFO-Forschung haben es mit ihrer Hypothese deswegen so einfach, weil es tatsächlich Fälle gibt, in denen so etwas aufzutreten scheint: Menschen, die – mit allen Symptomen einer für sie beängstigenden Situation – eine Entführung »erleben«, tatsächlich aber unter Beobachtung daheim auf dem Sofa, in ihrem Auto oder an einem anderen Ort sitzen, ganz sicher jedenfalls nicht an Bord eines »Raumschiffs von Alpha Orionis« operiert werden.
Es ist die Nacht des 5. Juli 1972. Die Australierin Maureen Puddy ist in der gebirgigen Region südöstlich von Melbourne unterwegs, irgendwo zwischen den beiden Ortschaften Frankston und Dromana.[8] Es ist dunkel, aber plötzlich wird ihr Wagen von einem blauen Licht eingehüllt. Maureen Puddy ist sicher, daß es sich um einen Rotkreuz-Hubschrauber handelt – nichts Ungewöhnliches hier in der weiträumigen australischen Landschaft.
Sie hält an und steigt aus, um besser sehen zu können. Was sie über sich erblickt, raubt ihr den Atem: Das ist kein Hubschrauber, weder von der Rettungswacht noch vom Militär. Ein großes, wenigstens 30 Meter durchmessendes, tellerförmiges Objekt schwebt fast lautlos über ihr. Nur ein ganz feines Summen ist zu hören. Grelles blaues Licht hüllt das Objekt ein, irgendwelche Fenster,

Antennen oder sonstige Konstruktionen kann Maureen Puddy nicht erkennen.

Völlig verängstigt und verwirrt stürzt die Frau zurück in ihren Wagen und gibt Gas. Doch so sehr sie sich auch bemüht, sie kann das komische Ding über sich nicht abschütteln. Ganz gleich, wie schnell sie fährt, immer scheint es im gleichen Abstand über ihr zu schweben. Erst nach 13 Kilometern verläßt es überraschend seinen Platz und jagt in die entgegengesetzte Richtung davon.

Zwanzig Tage später, am 25. Juli 1972, ist sie erneut auf der menschenleeren Strecke unterwegs. Sie hatte ihren kranken Sohn im Hospital von Heidelberg (Süd-Australien) besucht und war nun auf dem Weg nach Hause. Plötzlich, unvermittelt, praktisch an der gleichen Stelle wie zuvor, wird sie erneut von dem blauen Licht überschüttet.

»Oh, mein Gott! Nicht schon wieder!« Maureen Puddy gerät in Panik, verliert die Kontrolle über ihren Wagen und steuert hilflos in das seitliche Gelände. Alles um sie herum – die Felsen, die Bäume, die Sträucher – ist in das intensive blaue Licht getaucht. Sie beugt sich nach vorne. Durch die Windschutzscheibe erkennt sie den Rand des genau über ihr schwebenden Objekts.

Und dann erhält sie eine Botschaft. Eine Stimme in ihrem Kopf ist klar und deutlich zu hören: »Berichte den Medien … Beruhige dich … Wir beabsichtigen nicht, dich zu verletzen … All deine Tests werden negativ sein …« Nach einer kurzen Pause fährt die Stimme fort: »Berichte mir, Gefährtin, beruhige dich, wir wollen dich nicht verletzen.« Und nach einer weiteren kurzen Unterbrechung: »Du hast die Kontrolle wieder zurück.«

Im gleichen Moment erlöscht das blaue Licht, und der Motor des Wagens springt an. Am Rande der Panik, unfähig zu realisieren, was mit ihr geschah, fährt Maureen Puddy zur nächsten Polizeistation. Dort nimmt man ihren Bericht auf und leitet ihn an die Luftwaffe weiter. In den kommenden Wochen wird Frau Puddy mehrmals von Militärangehörigen vernommen. Sie schildert ihnen den Hergang der Ereignisse und macht ihnen auch deutlich, daß sie mit der »Botschaft« im Grunde nicht viel anzufangen weiß. Was zum Beispiel soll die Anspielung auf die negativen Resultate eines »Tests«? Sie hatte in letzter Zeit keinerlei Tests durchführen lassen. Was hatte jene Stimme in ihrem Kopf damit gemeint?

Gleichzeitig meldeten sich weitere Zeugen, die in den besagten Nächten seltsame blaue Lichter über den Himmel hatten jagen sehen. Dies scheint eine gute Bestätigung für den objektiven Charakter der von Maureen Puddy beschriebenen Ereignisse zu sein.

Ein halbes Jahr vergeht. Maureen Puddy findet allmählich in ihren gewohnten Lebensrhythmus zurück. Behilflich dabei ist ihr der Kontakt zu einer australischen UFO-Untersuchungsgruppe, der VUFORS, und ihren beiden Mitgliedern Judith Magee und Paul Norman. Beide haben das Erlebnis ein aufs andere Mal mit ihr durchdiskutiert, beide haben ihr dabei geholfen, mit den Beinen wieder fest auf der Erde zu stehen.

Dann, am 22. Februar 1973, ändert sich alles. Maureen Puddy erhält erneut eine Botschaft: »Maureen, komm zum Treffpunkt.« Die Stimme, die in ihrem Kopf erklingt, ist unmißverständlich.

Völlig verängstigt ruft Frau Puddy Judith Magee an. Sie vereinbaren, gemeinsam mit Paul Norman zum »Treffpunkt« zu fahren und abzuwarten, was passiert.

Sie starten um 20.30 Uhr. Maureen Puddy fährt voran, der Wagen von Judith Magee und Paul Norman folgt ihr.

263

Unterwegs verursacht Frau Puddy fast einen Unfall. Ein in einen goldenen Overall gehülltes kleines Wesen sei plötzlich neben ihr im Auto erschienen, habe sie angeschaut und sei genauso unvermittelt wieder verschwunden.

Schließlich halten sie, der »Treffpunkt« ist erreicht: jene Stelle, an der das blauleuchtende Objekt bereits zweimal erschienen war. Während Paul Norman im eigenen Auto bleibt, steigt Frau Magee in den Wagen von Frau Puddy um. Sie verspürt dabei »ein seltsames Kribbeln, wie ein leichter elektrischer Schock, der gleich wieder vorbeigeht«.

Doch dann geschieht noch Seltsameres. Während sie über das Erscheinen der goldglänzenden Gestalt reden, sieht Frau Puddy das Wesen erneut: »Da ist er! Können Sie ihn nicht erkennen? Er hat die gleichen Sachen an.« Das Wesen kommt über das Gelände gelaufen, genau auf den Wagen zu, und bleibt vor dem linken Frontscheinwerfer stehen.

Nur: weder Judith Magee noch Paul Norman können irgend etwas erkennen, das seltsame Wesen nicht und auch kein gelandetes Objekt. Paul Norman, der in diesem Moment ebenfalls in den anderen Wagen umsteigt, und Judith Magee sind sich dennoch sicher, daß »Maureen Puddy nicht bewußt log ... sie war wirklich verstört.«

Das »Wesen«, das nur von Frau Puddy gesehen wird, fordert sie offensichtlich auf, ihm zu folgen. Dann, nach einem kurzen Moment, beginnt sie noch angstvoller zu schreien. Sie zittert am ganzen Körper und glaubt tatsächlich, entführt zu werden. Stoßweise und nur durch furchtbare Schreie unterbrochen, schildert sie, wie man sie gerade in das blaue UFO schleppt. Dort trägt man sie in einen kleinen, fensterlosen Raum, sie beobachtet einen

264

20 Der Mars. Insbesondere in der frühen Zeit der UFOlogie ebenso wie im ausgehenden 19. Jahrhundert waren viele Menschen davon überzeugt, Außerirdische kämen von dort zu Besuch auf die Erde. Die Raumsondenforschung hat jedoch zeigen können, daß es auf dem Nachbarplaneten der Erde niemals höher entwickeltes Leben gegeben haben kann.

21   Der megalithische Steinkreis von Stonehenge. Nach den detaillierten Arbeiten des Frankfurter Physikers Dr. Wolfgang Feix sind in der Struktur der Anlage Hinweise auf den Asteroiden »16 Psyche« gespeichert.

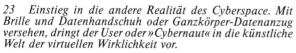

22   Der Asteroid Gaspra. Er war im Jahr 1991 der erste Körper aus dem Planetoidengürtel zwischen Mars und Jupiter, der von einer Raumsonde (GALILEO) aufgenommen werden konnte. Befindet sich auf einem anderen Asteroiden, nämlich »16 Psyche«, eine künstliche extraterrestrische Anlage? ▶

23   Einstieg in die andere Realität des Cyberspace. Mit Brille und Datenhandschuh oder Ganzkörper-Datenanzug versehen, dringt der User oder »Cybernaut« in die künstliche Welt der virtuellen Wirklichkeit vor.

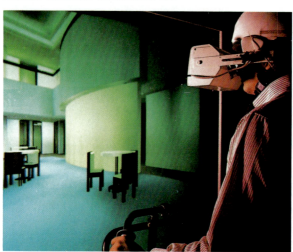

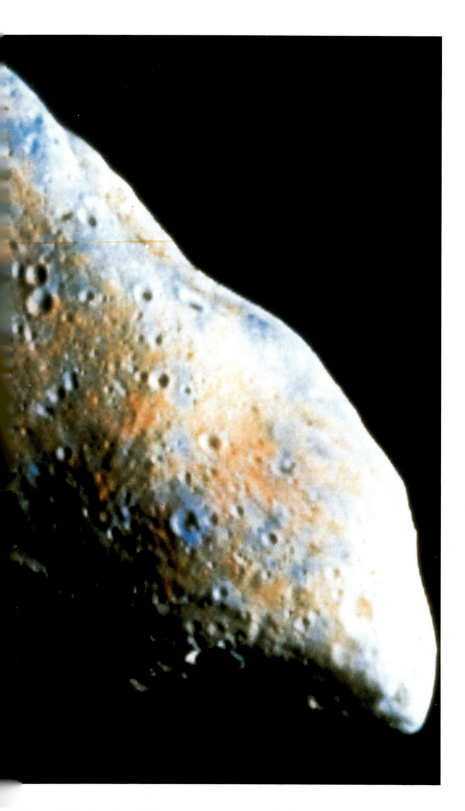

24 Was sind »UFOs«, was sind »UFO-Insassen«? Handelt es sich um reale physikalische Objekte und Wesen oder eher um die Projektionen einer hochentwickelten außerirdischen Intelligenz? Gemälde von Peter Jones.

pilzförmigen Gegenstand und eine »Qualle«, sie schreit hysterisch – und fällt dann plötzlich in einen völlig gelösten Zustand zurück.

Nichts von alledem passierte wirklich. Judith Magee und Paul Norman waren die ganze Zeit bei ihr, sie saßen bei ihr in ihrem Auto, und weder der goldene Mann noch ein UFO waren weit und breit zu sehen. Das ganze Erlebnis spielte sich nur an einem einzigen Ort ab: im Bewußtsein von Maureen Puddy.

Frau Puddy hatte nie zuvor – und auch später nicht – irgendwelche neurotischen Anfälle. Sie litt unter keinem Verfolgungswahn und war in keiner Weise psychisch vorbelastet. Und für die UFO-Sichtungen ein halbes Jahr zuvor gibt es mehrere unabhängige Zeugen, die sich bewegende blaue Lichter genau dort gesehen hatten, wo Maureen Puddy ihre Begegnung mit dem UFO hatte.

Es ist verständlich, daß ein solcher Bericht von den »Hardlinern« unter den UFO-Forschern sehr ungern zur Kenntnis genommen wird. Wenn Maureen Puddy nur *glaubte*, entführt worden zu sein – ist das in allen anderen Fällen dann genauso geschehen? Vielleicht ist es doch eine »radikal neue Form von Geisteskrankheit«, die sich hier zeigt, und kein reales Erleben, kein wirkliches Geschehen?

Aber dagegen sprechen Tests, die die beiden amerikanischen UFO-Forscher Ted Bloecher und Budd Hopkins zusammen mit der Psychologin Dr. Aphrodite Clamar durchführen ließen.[138] Vier Frauen und fünf Männer, die alle Erinnerungen an »Entführungen« hatten, wurden von der Psychologin Dr. Elisabeth Slater untersucht. Sie wußte nichts über diesen Hintergrund und konnte so völlig unvoreingenommen die Standardanalysen durchführen.

Das Ergebnis zeigte, daß alle Versuchspersonen völlig normale, in keiner Weise krankhaft veranlagte Personen waren. Dr. Elisabeth Slater schrieb nach Abschluß der Tests und nachdem sie über den Zweck der Untersuchung informiert worden war: »Die erste und kritischste Frage ist, ob die berichteten Erlebnisse psychopathologisch erklärt werden können. Die Antwort ist ein klares ›Nein‹. Wenn die berichteten Entführungen konfabulierte Phantasieprodukte wären, die auf dem basieren, was wir über Geisteskrankheiten wissen, so könnten sie nur von pathologischen Lügnern, paranoiden Schizophrenen und heftig gestörten und außergewöhnlich hysterischen Charakteren stammen ...«

Die Untersuchung hatte jedoch etwas ganz anderes gezeigt: »Sie sind sehr konkrete, ungewöhnliche und interessante Personen... Während die Tests keine Aussage darüber liefern können, die Glaubwürdigkeit des UFO-Entführungsberichts zu überprüfen, kann man doch schließen, daß die Testergebnisse mit der Möglichkeit vereinbar sind, daß sich die berichteten Entführungen tatsächlich ereignet haben.«

Vergleichbares hatte bereits zuvor der Psychiater Dr. Berthold Schwartz festgestellt:[139] »In den dreizehn Jahren privater Praxis, in denen ich insgesamt 3391 Patienten psychiatrisch untersucht und Tausende von Stunden in der Psychotherapie verbracht habe, habe ich niemals Symptome gefunden, die irgendeinen Bezug zu UFOs hatten. Gleiches wurde mir auf Anfrage von Dr. Theodore A. Anderson und Dr. Henry Davidson, medizinischer Direktor am *Essex County Overbrock Hospital*, bestätigt. Dr. Davidson erinnert sich an keine Patienten mit massiven UFO-Symptomen, nicht bei denen, die er selbst behandelt hat, noch bei jenen dreißigtausend, die

266

seit dem Beginn dieses Jahrhunderts in sein Hospital eingeliefert wurden. Meine eigene Suche in Standard-Lehrbüchern und Zeitschriften für Psychiatrie, Psychologie, Psychoanalyse und Neurologie bestätigt ebenfalls die völlige Abwesenheit UFO-ähnlicher Erlebnisse bei verschiedenen Nerven- und Geisteskrankheiten.«

Dr. Schwartz führte auch eine computergestützte Suche in der medizinischen Literatur der »Nationalbibliothek für Medizin« durch, fand aber für die untersuchten Jahre zwischen 1964 und 1973 nicht einen einzigen Eintrag. »Angesichts des Mangels an Daten«, schreibt der Psychiater, »sowohl aus der psychiatrischen Praxis als auch aus der medizinischen Literatur ist es in der Tat interessant zu verfolgen, daß die Medien und die offiziellen staatlichen Verlautbarungen das UFO-Phänomen häufig der Psychopathologie zuordnen – Halluzinationen, Wahnvorstellungen, religiöser Irrglaube usw. Welch eine trügerische Art, jene zu stigmatisieren und einzuschüchtern, die UFO-Erlebnisse gehabt haben mögen!«

Was zeigt uns all dies? UFO-Zeugen und in UFOs »Entführte« sind ganz normale Menschen. Was aber sind dann »UFO-Entführungen«?

Landespuren, Mehrfachzeugen, Markierungen auf der Haut, Implantate – all dies bezeugt den zweifelsfrei physikalischen Hintergrund des Phänomens. Visionen, tranceähnliche Zustände, telepathische Botschaften – damit deutet sich die psychologische Dimension solcher Erfahrungen an. UFO-»Entführungen« können offenbar sowohl real-physikalisch als auch irreal-psychologisch ablaufen. Und mit allen Varianten dazwischen.

Es gibt die kuriosesten »Entführungen«. Harrison Baily,

267

ein Stahlarbeiter aus Illinois, sah bei seiner Entführung im September 1951 im Innern des UFOs Einrichtungen wie »die Schmelzöfen in einem Eisenwerk«. Die Insassen trugen schildartige Masken, genauso wie die Schweißer, mit denen er tagtäglich zu tun hatte.[140] Andere Zeugen beobachteten UFOnauten an den Schaltkonsolen ihrer Fahrzeuge, aber diese Wesen hatten die Gesichter ihrer Nachbarn. Aus einem anderen UFO kamen Dinosaurier, und wieder ein anderer Zeuge sah während einer Entführung winzige kleine Pferde durch sein Schlafzimmer jagen.[141] Und Frau P. aus Utah und ihre ältesten Kinder wurden von einem »klassischen« Wissenschaftler mit Hornbrille und Stirnglatze hypnotisiert, der mit maskierten Fremdwesen zusammenarbeitete.[16]

Womit wir es hier zu tun haben, ist eine sogenannte »detail reflectivity«, die Fähigkeit des Zeugen, Einzelheiten seiner eigenen alltäglichen Umgebung und Phantasie in das reale Entführungserlebnis einzuarbeiten. Mehr als alles andere zeigt dies, daß in UFOs »Entführte« nicht nur passive Teilnehmer eines für sie vollkommen unverständlichen Dramas sind. Sie sind auch aktive Mitgestalter dieses Dramas – oder werden dazu gemacht.

»Der Zeuge«, schreiben die UFO-Forscher Ann Druffel und D. Scott Rogo,[140] »erlebt reale Ereignisse, aber sein Bewußtsein interpretiert und übersetzt sein Erlebnis in eine Form und ein Format, das für ihn verständlich ist. Eine andere Möglichkeit ist, daß die UFO-Insassen ihre Opfer das Beobachtete sehen und erleben lassen, um sie so vor der wahren Natur dessen, was mit ihnen geschieht, zu bewahren.«

Ann Druffel und Scott Rogo vergleichen dieses Verhalten mit dem griechischen Mythos von Zeus und Semele. Zeus, der sich in Semele verliebt hatte, näherte sich ihr nur in einer verwandelten Form. Als sie ihn schließlich inständig bat, sich als der zu zeigen, der er wirklich war, erstrahlte er vor ihr in glänzendem Licht – Semele wurde zu Asche verbrannt.

Das, was jene Menschen erleben, die »entführt«, »untersucht«, »künstlich befruchtet« werden, ist erschreckend. Aber es ist letztlich nur *Maske*, ist ein »Film«, eine Projektion, erzeugt von unserem eigenen Gehirn oder *in* unserem Gehirn, um uns vor *noch* Schlimmerem zu bewahren. Es ist ein Schutzmechanismus, der um ein reales Geschehen konstruiert wird. UFO-»Entführungen« sind persönliche Dramen, Reisen ins Zentrum des Ichs, angefüllt mit archetypischen Symbolen, paranormalen Erfahrungen und zuweilen unglaublichen »Zufällen«.

Mit anderen Worten: Sie bilden im Kleinen ab, was das UFO-Geschehen im Ganzen darstellt – ein reales Phänomen, für uns unverständlich, vielleicht sogar unerforschbar, kaschiert und maskiert durch Bilder und Symbolismen aus unserem Unbewußten, die wir begreifen können. Etliche UFO-Forscher beklagen das anscheinende Überhandnehmen von »Entführungen« und übersehen dabei, daß »Entführungen« nicht nur ein uralter Aspekt, sondern eine direkte Reflexion des Gesamtphänomens sind. Umgekehrt ignorieren die ausschließlich psychosozial orientierten Forscher die »harten Fakten« und wollen nicht wahrhaben, daß die psychologische Komponente eben nur eine Komponente, nicht aber die ganze Wahrheit ist.

Wenn wir UFO-»Entführungen« als gesteuerte »Reisen ins Zentrum des Ichs« begreifen, als initiierte Dramen eines komplexen Spiels, von dem wir weder die Regeln noch den Sinn noch die Akteure kennen, mit anderen

Worten: als *Begegnungen mit den Anderen in uns selbst*, werden wir – vielleicht – dazu in die Lage versetzt, zu verstehen. Nicht die ganze Wahrheit, aber einen Teil davon. Den anderen Teil sollten wir hinter dem Vorhang lassen, den die Fremden errichtet haben. Nicht, weil wir ihn zum gegenwärtigen Zeitpunkt ohnehin nicht zur Seite schieben könnten oder weil wir im entscheidenden Moment den Mut nicht dazu hätten.

Nein – hinter dem Vorhang könnten sich Abgründe auftun, unauslotbar, unaussprechlich, schrecklicher und furchtbarer als unsere Phantasien es in 6000 Jahren Kulturgeschichte sich jemals haben ausmalen können. Wir würden vielleicht verbrennen wie einst Semele, als sie die Gestalt des Zeus sah.

Denn hinter dem Vorhang verbirgt sich nichts anderes als das Universum selbst – und unser zerbrechliches Ich, eingezwängt in die Sekunden zwischen Geburt und Tod, zwischen Vergangenheit und Zukunft, in den endlosen Raum zwischen den Sternen, in eine Welt voller Geheimnisse, die wir besser noch nicht kennen sollten.

XII

Absurditäten

*Wer lügt: der Beobachter oder der
Beobachtete?*

Am 10. März 1989 werden auf der Farm von L.C.
Wyatt in Hemstead Country (US-Bundesstaat Arkansas) fünf tote Kühe gefunden. Alle fünf waren tragend, alle fünf lagen in einer geraden Linie hintereinander, alle fünf waren verstümmelt.
Juanita Stripling, Fotoreporterin des Lokalblattes *Little
River News*, die noch am gleichen Tag am Ort des Geschehens eintraf, schrieb über ihren Besuch:[142] »Auf den
ersten Blick vermittelte das, was ich vorfand, den Eindruck, als wären die Kühe auf der Stelle tot umgefallen.
Eine Kuh lag auf der rechten Seite, sie wies einen großen
runden Schnitt auf, und das Kalb lag direkt neben der
Kuh und befand sich immer noch in der embryonalen
Hülle. Der Schnitt war sauber, präzise und ca. viereinhalb bis fünf Zentimeter tief. Weder auf dem Boden noch
auf dem Körper der Kuh oder des Kalbes gab es irgendwelche Blutspuren. Auch auf dem Boden war keinerlei
Feuchtigkeit, etwa von Wasser oder Körperflüssigkeit,
zu finden. Der Mastdarmbereich war aufgebläht, und es
schien, als hätte jemand darin herumgebohrt, in einem
Kreis, der etwa einen halben Zentimeter tief war.«
Proben aus dem Bereich der Schnittstellen wurden dem
Pathologen und Hämatologen Dr. John Altshuler zur

Analyse übergeben. Er stellte fest, daß die Schnitte mit chirurgischer Präzision durchgeführt worden waren, und zwar in kurzer Zeit (nicht länger als ein oder zwei Minuten) und unter sehr hohen Temperaturen, vielleicht unter Zuhilfenahme eines Lasers.

Ein Fall von vielen. Die Dokumentarfilmerin Linda Moulton Howe hat in einer umfassenden Arbeit[88] festgestellt, daß bis Ende der achtziger Jahre allein in den USA mehr als 8000 Stück Großvieh auf diese Weise umgekommen sind.

Es ist weitgehend auszuschließen, daß wir es bei den präzisen Tierverstümmelungen rund um die Welt mit der Tätigkeit irgendwelcher satanischer Sekten zu tun haben: Diese müßten global organisiert sein und bei ihren nächtlichen Greueltaten über höchstentwickelte technologische Gerätschaften verfügen – und das seit 30 Jahren.

Gleichfalls ist auszuschließen, daß es sich um geheime biologische Experimente des US-Militärs handelt. Mitte der sechziger Jahre hatte die Laser-Technologie noch längst nicht jenen Standard erreicht, die beobachteten Operationsmerkmale hervorzurufen. Und wozu auch? Geheime militärische Versuchslabors könnten sich die benötigten Tiere fraglos völlig legal beschaffen. Sie bräuchten nicht beständig in Nacht- und Nebelaktionen auf den Wiesen und Weiden ihrer eigenen Staatsbürger zu landen und rechtswidrig massenhaft Kühe, Pferde und anderes Vieh abzuschlachten.

Schließlich wäre im Laufe der Jahre – gleich, ob man Sekten oder das Militär verdächtigt – bei Geheimoperationen dieser räumlichen Größenordnung irgendwo eine »undichte Stelle« entstanden, hätte es Mitarbeiter gegeben, die dem ganzen nicht mehr tatenlos zugeschaut und geredet hätten. Aber nichts dergleichen ist jemals geschehen. Und daß – wie die US-Regierung uns glauben machen will – Koyoten, Fledermäuse und andere Tiere für die Verstümmelungen verantwortlich sein sollen, ist völlig absurd. Niemals ist ein entsprechendes Beuteverhalten der in Frage kommenden Tiergattungen in der Natur beobachtet worden – ganz davon abgesehen, daß keines der Tiere die präzisen Wundschnitte erzeugen könnte. Statt dessen hat man überproportional oft in genau jenen Regionen, in denen Tierverstümmelungen auftreten, UFOs beobachtet. Nicht selten fallen Verstümmelungsaktionen sogar direkt mit dem Auftauchen unbekannter Flugobjekte oder auch schwarzer, kennzeichenloser Hubschrauber zusammen. Und zumindest in einem gut dokumentierten Fall haben wir eine Verbindung mit dem Entführungs-Phänomen: »Judy«, eine Frau mittleren Alters aus Houston, Texas, wurde im Mai 1973 zusammen mit ihrer Tochter »Cindy« in ein UFO verschleppt.[88] Während man an »Cindy« operative Eingriffe vornahm, zeigte man »Judy« die gleichzeitig stattfindende Verstümmelung einer jungen, braun-weißen Kuh. Das Tier wurde in einem »Lichtstrahl« in das Objekt gezogen und ihr bei noch lebendigem Leibe Teile des Körpers, der Augen und der Geschlechtsorgane entnommen. Das dabei schließlich verendete Tier ließ man im gleichen Lichtstrahl wieder zur Erde schweben und auf der Weide zurück.

Es ist offensichtlich, daß das UFO-Phänomen in der einen oder anderen Weise mit den Tierverstümmelungen in einem Zusammenhang stehen *muß*. Alles andere ist Beschwichtigungstaktik, Desinformation oder generelle Unwissenheit zu diesem Phänomen.

Und doch: Sind hier »außerirdische Intelligenzen« am Werk? Werden Biologen aus dem Antares-System dabei beobachtet, wie sie Kühe auseinandernehmen? Und warum bringen sie die getöteten Tiere überhaupt wieder zurück? Ein solches Verhalten lenkt die Aufmerksamkeit doch *erst recht* auf das gesamte Phänomen. Besitzen sie bei all ihrer Hochtechnologie keine Möglichkeit, den »Rest« des Körpers spurlos verschwinden zu lassen?

Was steckt überhaupt hinter dem Phänomen der biologischen Operationen, sei es an Tieren oder an Menschen? Der kanadische UFO-Forscher Dr. Jacques Vallée meint, die berichteten genetischen Eingriffe seien ein Argument *gegen* die Hypothese vom Wirken außerirdischer Intelligenzen. Wirklich hochentwickelte Wesen, die in der Lage dazu seien, interstellare Entfernungen zu überbrücken, hätten es gar nicht nötig, auf diese z.T. barbarische Weise vorzugehen.[143] Die Entnahme von Proben mit Instrumenten, die den unsrigen im Grunde entsprechen, ist in der Tat kein besonders bemerkenswertes Anzeichen für fortgeschrittene Intelligenz – von den psychischen Schäden, die man den Opfern auf Dauer zufügt, einmal ganz abgesehen.

Und inwieweit sind die Regierungen in das gesamte Phänomen involviert? Wird etwas vertuscht? Werden Fehlinformationen verbreitet, bewußt die Unwahrheit gesagt? Was weiß man in Washington, in Moskau, in London, in Bonn über UFOs?

Die mysteriösen »Kornkreise« in Südengland und anderswo auf der Welt kennt inzwischen jeder. Die Frage, um was es sich dabei handelt, ist nicht leicht zu beantworten. Signale einer fremden Intelligenz? Möglich. Ein parapsychologisch einzuordnendes Polter-

Die Getreidefeld-Piktogramme von Barbury Castle (Dreieck) und Ickleton bei Cambridge (»Apfelmännchen«). Was steckt wirklich dahinter?

geist-Phänomen? Vielleicht. Experimente des britischen und anderer Militärs? Denkbar. Experimente großer Elektronik- oder Laser-Konzerne? Auch nicht auszuschließen.

1991 war das Kornkreis-Jahr schlechthin. In Südengland entstanden die kompliziertesten Strukturen – etwa das große Dreieck bei Barbury Castle oder das »Apfelmännchen« bei Cambridge. 1992 kam der Einbruch: Kaum noch Piktogramme, eine Menge Fälschungen, vielleicht einige echte Kreise. Mehr nicht. Ein Fälscherwettbewerb zeigte zudem, daß geschickte Korn-Künstler durchaus in der Lage dazu sind, bei Nacht und Nebel komplizierte Strukturen anzulegen. Nur die Exaktheit der Ränder, die Verwirbelung der Getreidehalme und das flache, nicht geknickte Umbiegen dieser Halme konnten nicht imitiert werden.

Waren also doch die beiden Super-Fälscher Doug und Dave die Schuldigen gewesen? Hatten sie tatsächlich, wie im Boulevardblatt *Today* großspurig verkündet, die Mehrzahl der bisherigen Kornkreis-Piktogramme angelegt?

Wohl kaum. Weder vermochten sie vor laufenden Fernsehkameras noch auf andere Weise zu belegen, daß sie tatsächlich für all dies verantwortlich sind. Im Gegenteil: Der deutsche ZEIT-Korrespondent Jürgen Krönig hat im Zuge intensiver Recherchen den Hintergrund der ganzen marktschreierischen Geschichte entlarven können. Das Copyright für den Artikel im *Today* besitzt eine »MBF-Services« genannte Firma – eine Firma, die es gar nicht gibt. Aber auf die gleiche Weise wurden schon immer Falschinformationen der Geheimdienste in die Öffentlichkeit lanciert, und alles sieht danach aus, als ob es sich hier ganz genauso verhält[144].

276

Ich war im »Superjahr« 1991 in Südengland. Ich habe viele der Piktogramme und Kreise gesehen – gefälschte und echte. Ich habe im großen Dreieck von Barbury Castle gestanden und zusammen mit der »Projektgruppe Merlin« der »Ancient Astronaut Society« wissenschaftliche Untersuchungen vor Ort vorgenommen. Wir haben noch im gleichen Jahr eine eigene Gesellschaft gegründet, die »Forschungsgesellschaft Kornkreise«, die inzwischen international arbeitet und versucht, einen Lösungsansatz zu finden. Mit Sicherheit sind es weder irgendwelche hypothetischen Plasma-Wirbelwinde, noch ist es »Gaia«, die Erdmutter, die zu uns spricht, und man wird dem Phänomen weder durch Wünschelruten noch durch Pendel noch durch irgendwelchen esoterischen Schnickschnack auf die Spur kommen.

Aber eines ist sicher: Das Phänomen existiert, es ist real, es sind nicht *nur* Fälschungen – und der britische Geheimdienst oder die britische Regierung oder irgendwelche unbekannten staatlichen Stellen haben ein massives Interesse daran, das Thema aus den Schlagzeilen zu bekommen. Die Kornkreise, dieser Einbruch des Unerklärlichen in die Welt des Rationalen, ist ein ausgezeichnetes Beispiel dafür, wie die Regierenden mit einem Phänomen umgehen, das ihnen entweder selbst zutiefst suspekt ist oder zu dem man bereits über konkrete Informationen verfügt. Wer sagt uns, daß es hinsichtlich von UFOs nicht ganz genauso ist?

Zurück zu den UFO-Insassen. Ihr Verhalten ist nicht nur in bezug auf Tierverstümmelungen und medizinische Untersuchungen absurd. Die ganze Bandbreite verwirrender, unglaubwürdiger und völlig verrückter Handlungen und Kommunikationen erschließt sich dem Forscher, wenn er den Versuch macht, übermittelte Informationen der »außerirdischen Sternenbrüder« als das zu nehmen, was sie zu sein scheinen: Botschaften extraterrestrischer Intelligenzen.

Eines steht außer Frage: Es gibt einen ungeheuren Wust an »Mitteilungen«, die von selbsternannten Kontakt-lern, »Channels« und sonstigen Wichtigtuern oder psychopathisch gestörten Egozentrikern unter die Menschheit gestreut werden. Hinzu kommen gerade in den letzten Jahren offensichtlich gefälschte Dokumente aus »höchsten Regierungskreisen« und nicht minder unsinnige Behauptungen ehemaliger CIA-Agenten und anderer »Staatsbeamter«.

Der Journalist John A. Keel hatte bereits 1976[145] geschrieben: »Das UFO-Geschäft ist ein emotionaler Treibsand: Je tiefer man sich hineinbegibt, um so tiefer sinkt man ein.« Das gilt heute mehr denn je.

Die UFO-Forschung der ausgehenden achtziger und beginnenden neunziger Jahre sieht sich einem kaum entwirrbaren Konglomerat aus unüberprüfbaren »Botschaften aus dem Kosmos« und nicht minder phantastischen Behauptungen sehr irdischen Ursprungs gegenüber. Alles ist miteinander auf solch irritierende Weise verwoben, daß etliche Forscher inzwischen frustriert aufgegeben haben. Andere ziehen sich auf rein psychologische oder psychosoziale Erklärungsmodelle zurück, weil sie den ins unermeßliche angewachsenen *gordischen Knoten* der heutigen UFOlogie anders nicht mehr zerschlagen zu können glauben.

Und jene, die unbeirrt an der ETH, der extraterrestrischen Hypothese alten Stils, festhalten, sehen sich einem Kreuzfeuer ausgesetzt: den Attacken der weitgehend aus Europa kommenden »Psycho-Fans« unter den UFO-Forschern auf der einen und den zunehmend konfus werdenden »Fakten« aus den UFOs selbst auf der anderen Seite.

Jacques Vallée hat mit einer einfachen Wahrscheinlichkeitsrechnung festgestellt,[143] daß es innerhalb der letzten 40 Jahre zu *14 Millionen Landungen* solcher Objekte auf der Erde gekommen sein müßte, das sind durchschnittlich 350.000 pro Jahr! Eine völlig absurde Zahl? Nein, denn sie ergibt sich aus den 5000 *beobachteten* Landungen in diesen Jahrzehnten. Tatsächlich werden aber allenfalls 10 Prozent solcher Landungen gemeldet (was bereits 50.000 reale Landungen ergäbe), wovon in der zur Verfügung stehenden Statistik aber nur die Kontinente Amerika, Europa und Australien betroffen sind. Weltweit müßte man folglich von etwa 100.000 ausgehen. Setzt man das ganze nun noch in Relation zu den großen, weitgehend unbewohnten Gebieten der Erde (wo wenige Sichtungen gemeldet werden, weil nur wenig Beobachter anwesend sind) und zur Häufigkeit in der Nacht (die meisten Menschen schlafen und können ebenfalls keine Landungen miterleben), ergibt sich die unglaubliche Zahl von vermutlich 350.000 Landungen pro Jahr.

Eine solche Menge ist aber jenseits all dessen, was wir vernünftigerweise bei außerirdischen Expeditionen zur Erde annehmen können. Natürlich wissen wir nicht, wie mögliche extraterrestrische Gesellschaften strukturiert sein könnten, und vielleicht gehört es bei ihnen ja zum guten Ton, beim täglichen Morgenjogging auch einmal auf der Erde vorbeizuschauen. Aber sonderlich überzeugend ist das alles nicht.

Genauso unglaubwürdig wie all die Reparaturen, auf die ich schon hinwies, sind die zahlreichen »UFO-Ty-

279

pen« (mittlerweile in die Tausende gehend), sind die Hunderte von verschiedenen »Rassen«, die im Laufe der letzten Jahre gesehen wurden. Wir müßten wirklich das »Zentrum des Universums« sein, daß wir ein derartiges Forscherinteresse wecken. Nicht ganz verständlich ist auch, warum die UFO-Insassen die »Entführten« überhaupt mit einer Gedächtnissperre versehen. Haben sie noch nicht einmal erfahren, daß man diese durch hypnotische Regression »knacken« kann und dies in zunehmender Weise auch tatsächlich geschieht?

Hinzu kommen die »Botschaften«. Und weil es auf der einen Seite so aufschlußreich ist und auf der anderen einer gewissen Komik nicht entbehrt, wird es Zeit, daß wir uns ein wenig näher damit beschäftigen.

Der Vermessungsingenieur José C. Higgins gehörte sicher nicht zu jenen Menschen, die sich ein X für ein U vormachen lassen. Als er am 23. Juli 1947, zu einer Zeit, als UFO-Landungen noch nirgends publik waren – schon gar nicht im weltabgelegenen brasilianischen Bundesstaat Paraná –, ein etwa 30 Meter durchmessendes Objekt wahrnimmt, glaubt er zunächst, seinen Augen nicht trauen zu dürfen. Die indianischen Helfer, die ihn bei seinen Vermessungsarbeiten unterstützen, haben jedoch die gleiche Beobachtung gemacht, und als das Objekt zur Landung ansetzt, laufen sie, von panischem Entsetzen getrieben, davon.

Higgins bleibt stehen. Von dem Objekt ertönt ein Summen, eine Tür öffnet sich, heraus treten drei fremdartige Gestalten: sie sind etwa 1,80 Meter groß, völlig kahlköpfig, besitzen nicht einmal Augenbrauen und gleichen wie ein Ei dem anderen. Sie treten auf den inzwischen wie Espenlaub zitternden Ingenieur zu, einer von ihnen rich-

280

Die drei Gestalten, die José Higgins am 23. Juli 1947 in Brasilien sah. Er war überzeugt davon, sie kämen vom Planeten Uranus.

tet einen »Stab« auf den Mann und fordert ihn durch eine Handbewegung auf, mit in das gelandete Objekt zu kommen.
Higgins, der noch völlig Herr seiner selbst ist, weigert sich: »Ich fing an zu reden und fragte, wohin sie mich mitnehmen wollten, was ich mit vielen Gesten begleitete.« Immerhin: Die Fremden scheinen zu verstehen. Einer von ihnen ritzt sieben Kreise in den Erdboden und in das Zentrum einen Punkt. Mit der Hand deutet er hinauf zur Sonne, dann wieder zurück zum Punkt und schließlich auf den siebten Kreis. »Die Kreise müssen Planetenbahnen sein ... der siebente Kreis ... mein Gott, der siebente Kreis ist die Bahn des Planeten Uranus ... Die fremden Wesen müssen vom Uranus kommen.«

Higgins ist entsetzt. Er will überall hin, aber ganz gewiß nicht zum Uranus. Er wehrt ab. Die Fremden nicken, drehen sich um, kehren in ihr Schiff zurück, und mit einem Pfeifton verschwindet es blitzschnell in den Wolken. Zurück bleibt ein völlig verwirrter, verängstigter Mann, der von nun an zutiefst davon überzeugt ist, eine »Sternstunde« der Menschheit erlebt zu haben: Am 23. Juli 1947 besuchten uns Bewohner des Uranus.

Hatten wir Besuch vom Uranus? Der siebente Planet von der Sonne gehört – wie Jupiter, Saturn und Neptun – zu den Riesenplaneten. Anders als Merkur, Venus, Erde, Mars, Pluto und die Monde im Sonnensystem handelt es sich im Grunde um nichts anderes als gigantische Gasbälle. Ihre meist aus Wasserstoff, Methan und Ammoniak bestehenden Atmosphären werden dichter, je tiefer man nach unten dringt. Irgendwann ist der Punkt überschritten, der Druck so groß, daß die Gase verflüssigt werden. Noch tiefer unten sind sie schließlich so dicht aneinandergepreßt, daß sie in einen festen Zustand übergehen. Nur im Zentrum dürften diese Planeten einen Felsenkern besitzen, vielleicht sogar so groß wie die gesamte Erde. Aber diesen Kern wird auf absehbare Zeit nie eine Raumsonde erreichen.

Auf den Gaswelten im äußersten Sonnensystem kann sich kein menschliches oder überhaupt biologisches Leben in unserem Sinne entwickelt haben – sie besitzen ja nicht einmal eine feste Oberfläche. Die »Außerirdischen«, die José Higgins sah, kamen ebensowenig vom Uranus wie all die anderen UFOnauten der vierziger, fünfziger und frühen sechziger Jahre von der Venus, dem Mars, der »Gegenerde« Clarion und sonstigen Planeten. Die Venus ist viel zu heiß, die Aufnahmen der Planetensonde

Magellan zeigen eine wüstenhafte, von großen, weiten Ebenen überzogene, von gigantischen Vulkanen, tiefen Schluchten und riesigen Meteoritenkratern gekennzeichnete Welt. Kein Wasser, keine Flüsse, kein Leben.

Der Mars – auch er ist nicht besonders erfolgversprechend. Es ist gut möglich, daß es in seiner Frühzeit bis vor 3,8 Milliarden Jahren Algen und Mikroben gegeben hat, die in seinen damals noch existierenden Schlammozeanen lebten.[146] Aber spätestens seit dieser Zeit dürfte er biologisch weitgehend tot sein. Die einzige Hoffnung besteht in der Suche nach Mikroben, die innerhalb von Steinen leben oder in den tiefen Tälern des *Vallis Marineris*, des großen Marstales, heimisch geworden sind. Aber Menschen oder andere hochentwickelte Lebewesen? Ganz sicher nicht.

Selbst das vielgerühmte »Marsgesicht« in der *Cydonia*-Region wird nicht halten können, was es für manche verspricht. Ich habe mir vor einigen Jahren einmal die Mühe gemacht, die von der NASA zur Verfügung gestellten Aufnahmen der *Viking*-Sonden zu untersuchen: mit geologischen und tektonisch-statistischen Methoden. Das Ergebnis ist niederschmetternd.[147,148] Es besteht kaum eine Wahrscheinlichkeit, daß wir es tatsächlich mit einem künstlichen Relief zu tun haben, und das gleiche gilt für die sogenannten *Pyramiden*, die »Inkastadt« und all die anderen Figurationen, die so überraschend heimisch wirken. Wenn jetzt der amerikanische *Mars-Observer* seine mehrjährige Beobachtungsphase beginnt, werden wir besseres Fotomaterial erhalten als das der *Viking*-Sonden aus dem Jahr 1976. Aber ich fürchte, all jene, die an eine künstliche Errichtung glauben, werden keine besonders guten Nachrichten aus *Cydonia* erhalten.

Einen ehemaligen Planeten im Bereich des Asteroiden-

Gürtels als Ursprungswelt der UFOs oder sonstiger Außerirdischer anzunehmen, ist genauso irreführend. Diese »Phaeton« genannte Welt ist sicher eine reizvolle Spekulation im Bereich der Science fiction – aber mit der Wirklichkeit hat sie wenig zu tun.[149] Es gibt etliche gute Gründe gegen ihre einstige Existenz: die Gesamtmasse aller Asteroide ist nicht einmal so groß wie unser Mond – eine solch kleine Welt hätte keine Atmosphäre halten können, in der biologisches Leben möglich gewesen wäre; die Einschlagkrater auf Mars und Mond sind uralt – wäre Phaeton erst vor ein paar Jahrtausenden explodiert, müßten sie aber geologisch extrem jung sein. Seit mehr als zwei Jahrzehnten zweifelt kein Planetologe mehr daran, daß der Asteroidenring nie aus einem einzigen Planeten entstanden ist. Es handelt sich um die im Laufe der Jahrmilliarden zerborstenen Bruchstücke zahlreicher Kleinplaneten, die es nicht geschafft haben, sich zu einer Welt vom Ausmaß des Mondes, des Mars oder gar der Erde zusammenzufinden. »Phaeton« hat dort nie existiert.

Und noch weiter draußen im Sonnensystem sinken die Temperaturen so weit ab, daß die Entstehung menschenähnlichen Lebens immer unwahrscheinlicher wird. Auch den berühmt-berüchtigten »zwölften Planeten«, der von einem amerikanischen Orientalisten proklamiert wird und der in einer großen Ellipse die Sonne einmal in 3600 Jahren umkreisen soll,[150] gibt es nicht. Zum einen hätte man ihn durch Infrarotaufnahmen der entsprechenden Himmelsregionen inzwischen entdecken müssen, zum anderen lägen die Temperaturen dort nahe des absoluten Nullpunktes – keine besonders erfolgversprechenden Umstände zur Entwicklung biologischen Lebens. Vielleicht kommen die »Eisheiligen« von dort, aber bestimmt keine UFO-Insassen oder Götterastronauten.

Wenn trotzdem so viele Kontaktler der Frühzeit behaupteten, jene, mit denen sie zusammengetroffen seien, wären von solchen Welten gekommen, muß das nicht zwangsläufig immer an den Kontaktlern gelegen haben. Stellen Sie sich vor, regte der UFO-Forscher John Keel 1970[11] an, ein grellstrahlendes Objekt senkt sich vor Ihnen nieder, eine menschenähnliche Gestalt tritt heraus, spricht Sie an und verkündet, sie käme gerade von der Venus – würden Sie es *nicht* glauben? Sie haben schließlich die Landung beobachtet, Sie haben das Wesen nur eine Armlänge von Ihnen entfernt stehen gesehen – es gäbe keinen Grund, an seiner Aussage zu zweifeln, insbesondere dann nicht, wenn Sie in Astronomie und Planetenkunde nur durchschnittliche oder gar keine Kenntnisse besitzen.

Ich will nicht behaupten, daß all jene Kontaktler der frühen UFOlogie tatsächlich Berührung mit fremden Intelligenzen hatten. Aber ich kann mir beim besten Willen auch nicht vorstellen, daß sie *alle* logen, *alle* psychopathologisch belastet waren oder Geld scheffeln wollten. UFO-Insassen verbreiten bewußt Falschinformationen – es gehört zu ihrem Plan seit Anfang an.

Den Luftschiff-Beobachtern des letzten Jahrhunderts wurden Botschaften nicht nur per »Flaschenpost« zugespielt. Die kurioseste Desinformation erhielt ein texanischer Richter namens Love aus Waxahachie.[82] Ihm teilten gelandete Luftschiff-Ingenieure mit, sie kämen vom »Nordpol-Land«. Dieser Staat sei einst vom »zehnten Stamm Israels« gegründet worden und hätte inzwischen eine Technologie entwickelt, die jener der Amerikaner überlegen sei – unter anderem im Bau von Flugmaschinen: »Am 1. Januar 1897 entschied die Gesellschaft für

Geschichte des Nordpol-Landes, eine große Anzahl Luftschiffe in die Vereinigten Staaten und Europa zu entsenden ... Wir haben Gewehre und Fischzeug, und die Geschwindigkeit, mit der wir reisen, macht es möglich, uns zu jedem Punkt zu bewegen, zu dem wir möchten. Die zehn Schiffe in den Vereinigten Staaten werden sich in Nashville in Tennessee treffen, um an der Jahrhundertausstellung am 18. und 19. Juni teilzunehmen. Sie können dann von jedem besichtigt werden. Etwa 100 Meilen nördlich von hier sind wir schon einmal gelandet und sahen einen eurer Züge vorbeifahren. Das sind wirklich interessante Dinger, aber sie bewegen sich so langsam.«
Der Richter schwor Stein und Bein, alles genau so gehört zu haben. Für einen Mann in seiner Position eine erstaunlich couragierte Haltung. Es braucht kaum erwähnt zu werden, daß zum angegebenen Zeitpunkt nicht eines der angekündigten zehn Luftschiffe in Nashville eintraf und bestaunt werden konnte.
Im November 1896 veröffentlichte die Zeitung *Sacramento Bee*[151] den Brief eines Lesers, der durchblicken ließ, selbst ein Luftschiffinsasse zu sein – und vom Mars zu kommen: »Der Oberkommandierende des Mars hat eines seiner elektrischen Luftschiffe zu Forschungsreisen in die jüngeren und größeren Welten entsandt. Die Luftschiffe sind aus den leichtesten und härtesten Materialien gebaut, und die Maschinerie ist eine perfekte elektrische Apparatur. Aluminium und Glas, gehärtet durch die gleichen chemischen Prozesse, die unsere Diamanten entstehen lassen, vervollständigen das Material der besten Schiffe. Wenn sie sich im Flug befinden, dann besitzen diese Fahrzeuge die Erscheinung eines Feuerballs. Sie werden von den elektrischen Maschinen angetrieben, die sich in ihrem Inneren befinden. Die Geschwindigkeit un-

serer Marsschiffe ist sehr groß und kann bis auf mehrere tausend Meilen pro Sekunde gesteigert werden. Tatsächlich ist mit diesen marsianischen Erfindungen der Raum bedeutungslos geworden.«

Der Scherz eines frühen Science-fiction-Fans? Durchaus möglich. Aber ähnliche Übermittlungen geschahen immer wieder, und nicht in jedem Fall kann man sie als Betrügerei beiseite schieben.

Ein im Grunde sehr glaubwürdiger Fall einer »Entführung« ist jener von Carl Higdon, einem Bohringenieur, der im Oktober 1974 in den Wäldern nahe Rawling im US-Bundesstaat Wyoming von »Außerirdischen« gekidnapped wurde.[152] Sie schleppten ihn an Bord und ließen ihn »Visionen« erleben. Higdon durchlief später mehrere regressive Hypnosen und Lügendetektortests, die er einwandfrei bestand.

Kurios muten dagegen die Kommunikationsinhalte an, die man Higdon übermittelte. Die Fremden seien hier auf unserer Erde, so wurde ihm mitgeteilt, weil sie unseren Planeten als Jagd- und Fischreservoir nutzten. Sie benötigten diese Nahrung, da ihnen ihre eigene, künstlich hergestellte, nicht genügend Vitamine böte.

Als Higdon entführt wurde, war er gerade auf der Jagd, und es ist offensichtlich, daß man in diesem Kontext verblieb und ihm »Jägerlatein« als Wahrheit verkaufen wollte. Auch hier zeigt sich die »detail reflectivity«, die Einbeziehung ganz persönlicher Vorstellungen und Phantasien in ein reales Entführungserlebnis – und die Verschleierung der wahren Gründe.

Herbert Schirmer, einem Streifenpolizisten, der am frühen Morgen des 3. Dezembers 1967 eine Entführung mit zwanzigminütigem Zeitverlust erlitt,[153] erzählte man

287

ähnliche Märchen: daß die Fremden Stationen auf der Venus hätten und geheime Erdbasen am Nord- und Südpol, vor Florida und vor Argentinien, daß das Raumschiff Energie aus unseren Umspannungswerken benötige und durch unser Radar »ausgeschaltet« werden könne usw.

Diese Informationen sind allesamt nicht besonders glaubwürdig, und doch zählt die Schirmer-Entführung zu den bestdokumentierten Fällen dieser Art. Sie fand sogar Eingang in den *Condon-Report*, ohne daß die Wissenschaftler der Universität Colorado eine plausible »natürliche« Erklärung für den Fall finden konnten.[97]

Seit etlichen Jahren gibt es aber neben diesen Menschen wie Herbert Schirmer und Carl Higdon, die ein für sie echtes »Entführungserlebnis« hatten und dabei lediglich Fehlinformationen erhielten, eine ständig wachsende Schar von sogenannten »UFO-Propheten«. Das sind Leute, die nicht unbedingt eine Begegnung mit einem UFO gehabt haben müssen. Sie setzen sich in ihren Schaukelstuhl, schließen die Augen und »empfangen« Botschaften. »Channeln« nennt man so etwas heute.

»Channeln« kommt vom englischen Begriff »channel« (= »Kanal«) und nach ihrem eigenen Verständnis sind sie Kanäle für Wesen aus anderen Welten, anderen Dimensionen, »Schwingungsebenen« und dem Jenseits – die Grenzen scheinen da recht flexibel und fließend zu sein. Jeder kann »Channel« sein oder »Channel« werden, es existiert keine Beschränkung.

Nun gab es so etwas früher ja auch schon. Menschen – sogenannte »Medien« – haben bereits im Altertum mit ihren Verstorbenen im Jenseits, mit Engeln und Göttern kommuniziert. Ich will nicht bestreiten, daß so etwas grundsätzlich möglich ist, daß es andere Dimensionen des Seins gibt, mit denen ein Austausch von Informationen in der einen oder anderen Weise praktiziert werden kann. Nur darf man bei all dem nicht die Gefahr übersehen, die damit verbunden ist: die Frage der Beweisbarkeit. Damals wie heute kann im Grunde jeder behaupten, Kontakt zum kürzlich verstorbenen Großpapa oder zum Raumschiffkommandanten XYZ vom Planeten »Alphabetagamma« zu besitzen – und in Wirklichkeit doch nur mit sich selbst, d.h. mit einer bislang verborgen gebliebenen Transpersönlichkeit seines Ichs, zu kommunizieren. Besonders fragwürdig erscheint das Ganze, wenn man das Selbstverständnis jener betrachtet, die dieser Kategorie zuzuordnen sind, die also behaupten, via »Channeling« Botschaften von den »außerirdischen Brüdern« zu erhalten. Nach Brad Steiger, der ganze Bücher über ihre Mitteilungen geschrieben hat, lassen sie sich wie folgt charakterisieren:[154] »Diese Kontaktpersonen sind vielleicht die sich entfaltenden Prototypen einer zukünftigen Verkündigung des Evangeliums, Herolde einer Religion des New Age, die Elemente der Technologie und der traditionellen Religionskonzepte miteinander verquickt.« Mit anderen Worten: Wir haben es mit einem Kauderwelsch aus Pseudo-Religiösem, Pseudo-Spirituellem und Science-fiction zu tun. Wir wollen einige Botschaften dieser »New-Age-Herolde«, dieser Evangelisten des Neuen Zeitalters, einmal etwas genauer betrachten.

OX-HO ist nicht etwa die Seriennummer für eine neue Typenradschreibmaschine aus Hongkong, so nennt sich ein »Außerirdischer«, der durch die »Channels« des *Solar Light Centers* in Oregon seine Philosophie verbreiten läßt und zum Beispiel »eine direkte Einladung in die vierte Dimension« ausspricht:[154] »Es gibt eine völlig neue Welt, die euch Erdenbewohnern winkt. Die vierte Dimension ist von ungeheurer Feinheit, eine Dimension leichterer Schattierungen der Schönheit. Wenn sich euer Schwingungsniveau erhöht, werdet ihr in der Lage sein, diese Feinheit mit einer Intensität wahrzunehmen, die jetzt noch jenseits eurer Vorstellungskraft ist ... Die Erde selbst, auf der ihr steht, wird ihre Frequenz wechseln, um sich dieser dimensionalen Schwingung anzupassen, und jede Lebensform wird neue Schattierungen des Seins annehmen.«

Also spricht OX-HO. Und scheint dabei die simpelsten physikalischen Fakten nicht zu kennen. Denn wir leben ja in einem vierdimensionalen Kontinuum, das sich aus den drei Dimensionen des Raumes (Länge, Höhe, Breite) und der vierten Dimension der Zeit konstituiert. Warum sollte es sich dann um eine »völlig neue Welt« handeln, in die wir durch »Erhöhung des Schwingungsniveaus« hinüberwechseln können? Überhaupt ist das Fabulieren über die »anderen Schwingungszustände« und die »feineren Frequenzen« anderer Welten, anderer Dimensionen oder anderer Zeiten ein beliebtes Thema in solchen Übermittlungen. Nur scheint niemand, weder OX-HO noch ein anderer der zahlreichen »geistig hochentwickelten Sternenbrüder«, dazu in der Lage zu sein, diese Begriffe und ihren Sinnzusammenhang definieren zu können. Natürlich klingt so etwas recht gut und wissenschaftlich – aber bei genauerem Hinsehen entpuppt es sich schnell als das was es ist: purer Unsinn, reiner Nonsens.

Aber davon können die »Außerirdischen« gar nicht genug erzählen – etwa der hohe Meister »Orlon« aus dem Raumschiff »XYZ« (kein Witz, er nennt sich wirklich so): »Euch wurde bereits mitgeteilt, daß das Jahr 1975

ein Jahr großer Veränderungen auf dem Planeten Terra (die Erde) war und daß die Entscheidungen, die in diesem Jahr getroffen wurden, weitreichende Auswirkungen bis über das Jahr 2000 eurer Zeitrechnung hinaus haben würden. Wir stellen nun fest, daß infolge der hohen Geschwindigkeitswogen, die euren Planeten von der zentralen Sonne erreichen, sich jetzt bei jedem einzelnen zu jeder Zeit ein immanenter Wechsel oder ein bewußtseinsmäßiger Durchbruch ereignen kann.« Doch nicht nur das: »Gleichzeitig fließen ungeheure Energien in die Gebiete, die ihr höchstwahrscheinlich als einen ultravioletten Strahlungsgürtel bezeichnen würdet. Aufgrund dieser Energien vollziehen sich strukturelle Veränderungen in der molekularen Struktur des Planeten und in seinen Atomen, die als sehr rasche oder drastische Wechsel zwischen Stabilität und totaler Instabilität erlebt werden können. Das wiederum könnte zu Bewegungen der Landmassen, zu Verlagerungen der Luftströmungen und zu einer Veränderung aller Wettererscheinungen und der damit verwandten Phänomene führen.«[154]
In diesem Stil geht es endlos weiter. Aber, was ist eine »zentrale Sonne«, was sind die ominösen »hohen Geschwindigkeitswogen«, was der »ultraviolette Strahlungsgürtel«? All diese Dinge gibt es nicht oder stellen Verballhornungen bekannter aber völlig mißverstandener physikalischer Phänomene dar (z.B. des elektromagnetischen Van-Allen-Strahlungsgürtels).

Eine der beliebtesten »außerirdischen« Gestalten ist Asthar Sheran. Er trat 1952 erstmals durch den »Kontaktler« George van Tessel[155] in Erscheinung und ist seither aus dem Bewußtsein der »Lichtarbeiter«, jener, die seine Botschaften verbreiten, nicht mehr wegzudenken. Nach

Asthar befinden sich bereits mehr als 100.000 Raumschiffe im Orbit um die Erde, um bei einer atomaren Katastrophe den größten Teil der Menschheit retten zu können. Das ist tröstlich.

Nach Asthar wird das Universum vom »Konzil der sieben Lichter« regiert. Der Kosmos sei in Sektorensysteme und diese wiederum in Einzelsektoren unterteilt. Unser Sonnensystem bewege sich gerade in den »vierten Sektor von Bela« hinein, für den Asthar zuständig ist.

Auch heute noch treibt der Asthar-Unsinn seine Blüten. In einem bundesweit verbreiteten »Aufruf an die Lichtarbeiter« zur Gründung einer »Allianz oder Vereinigung des Asthar Kommandos e.V.«[156] wird 1989 verkündet, die Erde sei jetzt in die »Galaktische Union« aufgenommen, wofür sich Asthar und sein ganzes Kommando herzlich bedankten: »Die Erde ist nunmehr an das Energie-Netz der Galaktischen Union angeschlossen. Dadurch wird sie auf der 4. Dimension stabilisiert, und wir alle werden bald diese kraftvolle Unterstützung fühlen.« Die sogenannte »Göttliche Mutter« – wer immer das sei – habe als Dank dafür 100.000 Lichtkinder geboren, die sich bis 1992 auf der Erde inkarniert hätten, um als »erste Generation des Neuen Zeitalters im Jahre 2012 die Galaktische Kultur auf der Erde zu etablieren.«

»Channeling« ist ganz offensichtlich der größte Unsinn seit Erfindung des *perpetuum mobile*, das es bekanntermaßen nicht geben kann. Die »Lichtarbeiter«, die »Sternenkinder«, diese ganzen »Propheten des New Age« sind entweder leichtgläubige Esoteriker oder gerissene Geschäftemacher, die mit dem guten Glauben ihrer Anhänger im *Solar Light Center* und anderswo ihre Schäfchen ins Trockene bringen.

Aber es kommt noch besser: Da behauptet zum Beispiel ein anonymer »Commander X«,[157] angeblich ein hoher Regierungsbeamter in den USA, die Erde sei in Wirklichkeit innen hohl und von einer »rauchigen Zentralsonne« beleuchtet. Dort lebten die »Lemurier«, Reptilienmenschen, die vor 300.000 Jahren in den Untergrund gingen. Was sie dort unten die ganze Zeit über machen, ist nicht ganz klar. Auf jeden Fall liegen sie sowohl mit den Raumfahrern vom »Asthar-Kommando« als auch mit den »kleinen Grauen« im Clinch. Beide hätten in den Tunnels und Höhlensystemen ihre Enklaven und bekriegen sich ständig miteinander: jeder gegen jeden.

Das mag noch ganz lustig klingen. Der Spaß hört aber auf, wenn man die Behauptungen des ehemaligen CIA-Agenten Virgil Armstrong hört, der auf großen, eigens für ihn organisierten Kongressen – etwa im vergangenen Jahr in Berlin – seine Philosophie verbreitet. Armstrong, der sich als »Botschafter des Daseinszwecks der Menschen auf diesem Planeten« begreift, verkündet allen Ernstes,[158] ein Großteil der im Dritten Reich vergasten sechs Millionen Menschen sei überhaupt nicht in Konzentrationslagern umgekommen, sondern zu »biologisch-energetischen« Forschungszwecken auf andere Planeten gebracht worden. »Böse Außerirdische« und Hitler hätten 1937 einen entsprechenden Pakt geschlossen, und die von Wernher von Braun entwickelte V-2-Rakete sei gewissermaßen das erste »Abfallprodukt« dieser Kooperation gewesen.

Dies paßt gut in das Bild, das ein anderer ehemaliger CIA-Agent, der Pilot John Lear, malt:[159] Er selbst hätte in geheimen Militärbasen außerirdische Leichen gesehen und wisse, daß die US-Regierung mit den Fremden zusammengearbeitet habe. Aber: »Die Regierung hat uns an die Aliens verkauft!«, als sie zwischen 1969 und 1971 den Deal abschloß. Während die USA damals Informationen über extraterrestrische High-tech-Produkte erhielten, zeigten sie sich damit einverstanden, die »Grauen« Menschen entführen und Tiere zu Versuchszwecken töten zu lassen.

Inzwischen allerdings sei die ganze Angelegenheit nicht mehr unter Kontrolle: »Sie verwenden uns Menschen auch als Nahrung für sich – und dies ist genau der Punkt für die großen Vertuschungsaktionen durch die Mächte der Welt. So etwas darf nicht bekannt werden. Können Sie sich vorstellen, was dann los wäre? Trotz aller Panik und Anstrengungen gegen die Außerirdischen sind wir ihnen machtlos ausgeliefert.« Da kann man nur von Glück sagen, daß wenigstens drei »EBEs« (»extraterrestrial biological entities« – außerirdische biologische Einheiten) sich noch in der Gefangenschaft der US-Air Force befinden: in Los Alamos, unter einem elektromagnetischen Schutzschirm, der im Fachjargon »YY-11« genannt wird.

Den Vogel schießt freilich ein »UFO-Forscher« namens John H. Andrews ab, der in seinem Buch[160] wirre Botschaften von »Channels«, Medien, auf der Erde wiedergeborenen »Space People« und obskurem angeblichem Geheimdienstmaterial vermengt: Demnach seien die »kleinen Grauen« biologische Androiden, Roboter, die sich von Menschenblut ernähren, Menschenfleisch in Konserven verarbeiten und in Menschenblut baden, das sie durch die Haut aufnehmen. In Kürze würde sich die »zweite Wiederkehr Christi«, das »Jüngste Gericht« ereignen: dann würden alle, die nicht gelernt hätten, gegen die Grauen zu kämpfen, mit ihren Raumschiffen zur kosmischen Schlachtbank geführt, um in die galaktischen Konservierungsanlagen zu wandern.

Genug! Es reicht! Die abartige Phantasie einiger Autoren, »Channels« und sonstiger Verrückter kennt offensichtlich keine Grenzen.

Wie herzerfrischend-naiv wirkt dagegen die dem »Entführten« Carl Higdon mitgeteilte Information, man nutze die Erde als Fischreservoir. Von ihrem Raumschiff aus im Chiemsee angelnde Außerirdische – eine geradezu liebliche Vorstellung angesichts all dieser Horrorgemälde.

Die Konfusion, der Wirrwarr, das Durcheinander ist perfekt. »Entführungen« und dabei vermittelte Falschinformationen, Angaben über Phantasieplaneten und andere Schwingungsebenen, »gechannelte« Weissagungen mit physikalischem Unsinn und philosophischen Platitüden, Massenveranstaltungen, die den Dialog mit dem Universum versprechen und doch nur recht irdischen Aberglauben präsentieren, Gerüchte über tote und lebende »Aliens« in geheimen US-Basen, perverse Phantasien über fleischfressende und bluttrinkende »kleine Graue« – ein undurchschaubares, undurchdringliches Knäuel aus möglichen Wahrheiten, Halbwahrheiten und Lügen.

Und trotzdem könnte *genau dies* zum Plan der *Anderen* gehören. Seit Jahrtausenden verbergen sie ihre wahren Motive, ihre wahre Herkunft hinter einem Schleier, hinter einem Nebel aus Unwissenheit und Konfusion. Es ist an der Zeit, den Schleier ein wenig zu heben, einen Blick hinter den Vorhang zu wagen. Aber was immer wir dort finden werden – es wird uns und unser Bild von der Welt verändern.

XIII

Mimikry

Das Wirken einer außerirdischen Intelligenz

> »Es war, als bräche der Boden unter unseren
> Füßen ein, und es gab nichts Festes mehr, auf
> das man sich stützen konnte. Identität, Ob-
> jekt, Kausalität, Raum, Zeit, die ganze beru-
> higende Armatur des Vernünftigen brach zu-
> sammen.«
>
> Albert Einstein: *Mein Weltbild*

Wie real ist unsere Realität? Wie wirklich ist unsere
Wirklichkeit?

Stellen Sie sich vor, es gibt einen allmächtigen Gott. Stellen Sie sich vor, dieser Gott habe einst unser Universum
geschaffen, so, wie wir es im Moment sehen. Kein Problem, werden Sie vielleicht sagen. Aber halt! Wenn dieser
Gott allmächtig ist, dann sollte es ihm auch möglich sein,
unsere Welt von einer Sekunde auf die andere »ins Leben
zu rufen«. Noch immer kein Problem? Aber was, wenn
diese Sekunde erst vor allerkürzester Zeit gewesen wäre,
beispielsweise vor *genau zehn Minuten?*

Unmöglich? Nein, nur unwahrscheinlich. Wir hätten
nicht den Hauch einer Chance, jemals nachzuweisen,
daß dem nicht so ist. Ein allmächtiger Gott wäre nämlich
durchaus dazu in der Lage, das Universum so zu gestalten, daß es »alt« wirkt: mit Sternen in den unterschied-
lichsten Phasen ihres Lebens, mit uralten Planeten, mit
Gesteinen, die unseren Meßmethoden Jahrmillionen seit
ihrer Entstehung vorgaukeln – und mit Menschen, die

297

sich an all die Geschehnisse erinnern, an die *wir* uns erinnern können. Nur, daß sie nie wirklich stattgefunden haben.

Ein zweites Beispiel: Stellen Sie sich vor, im gesamten Universum gäbe es nur ein einziges denkendes Wesen: Sie selbst. All das, was Sie um sich herum sehen, ist nichts anderes als eine für Sie – und vielleicht sogar *von Ihnen* – aufgebaute »künstliche Welt«.

Unmöglich? Nein, nur unwahrscheinlich. Denn wenn Sie selbst das Universum sind und alles um sich konstruiert haben, um sich der Illusion von Gesellschaft hinzugeben, werden Sie keine Chance haben, etwas über die Realität dieser Annahme zu erfahren. Bis zu dem Zeitpunkt, den Sie sich selber als Endpunkt Ihres Spiels gesetzt haben. Natürlich weiß Ihre Frau oder Ihr Mann oder Ihr Nachbar, der diese Zeilen in Kürze lesen wird, daß dem nicht so ist, denn er ist ja gleichfalls »da«. Und er wird zu Ihnen sagen: »So ein Unsinn, ich bin mir ja meiner auch bewußt!« Aber werden Sie mit hundertprozentiger Sicherheit jemals wissen können, ob nicht genau dies zu den Richtlinien *Ihres* »Spiels« gehört? Und wird Ihre Frau oder Ihr Mann oder Ihr Nachbar jemals wirklich Gewißheit haben, ob nicht tatsächlich sie oder er allein existiert, als Zentrum des Universums?

Ein drittes Beispiel: Stellen Sie sich vor, Sie ziehen sich so etwas wie einen enganliegenden Anzug an, Sie setzen sich eine futuristische Brille auf, Sie drücken auf einen Knopf – und sind plötzlich auf dem Mond. Oder auf dem Mars. Oder im Schlaraffenland. Oder in einer Phantasiewelt, die Sie selbst sich geschaffen haben.

Unmöglich? Nein, nicht einmal unwahrscheinlich. Denn

was bereits heute für einige wenige Menschen Teil ihres Broterwerbs ist, wird in 20 oder 30 Jahren zur alltäglichen Normalität für uns alle werden: der Schritt hinüber in eine andere Welt, in eine andere Wirklichkeit, in die virtuelle Realität des Cyberspace.

»Cyberspace« ist genauso ein Kunstwort wie die Welt, die es beschreibt. »Cyber« leitet sich vom englischen »cybernetics« (Kybernetik) ab und faßt all jene Forschungen zusammen, die sich in irgendeiner Weise mit Steuerungs- und Regelungsvorgängen – insbesondere in der elektronischen Datenverarbeitung – befassen. »Space« ist das englische Wort für Raum, und der »Cyberspace« ist nichts anderes als ein künstlich durch den Computer geschaffener Bereich, der dem Benutzer, dem »User«, eine unglaubliche Möglichkeit verschafft: Er kann in ihn eintreten wie in das Zimmer, in den Raum nebenan.

Aber »Raum« vermag nicht wirklich auszudrücken, worum es geht: es geht um eine ganze Welt, mehr noch: es geht um *unendlich viele andere Welten.* Es gibt keine Grenze. Die einzige Beschränkung liegt in der Phantasie des Programmierers, in der Phantasie des Users. Im Cyberspace ist grundsätzlich alles möglich: Man kann gehen, wohin man will, man kann tun, was man will, man kann konstruieren, was man will. Im Cyberspace wird man zum Weltenschöpfer.

Noch erleben wir nichts anderes als die Kindertage dieser neuen Computertechnologie. Piloten setzen sie ein, um gefahrlos – im Cyberspace – Angriffe zu fliegen. Der Krieg gegen den Irak 1991 fand im Grunde zweimal statt: im Nahen Osten und in der virtuellen Realität des Cyberspace. Astronauten nutzen diese Technik, um schwierige Operationen im All zu üben. Flugzeug- und Autokonstrukteure lernen, mit ihr umzugehen, um die

Flug- und Fahreigenschaften ihrer Produkte schon im voraus hautnah erleben zu können.

Der User setzt sich eine Brille auf, die mit zwei LCD-Displays bestückt ist und eine dreidimensionale Sicht ermöglicht. Nach einigen Sekunden der Anpassung fühlt man sich bereits mittendrin: in der künstlichen Wirklichkeit einer zuvor programmierten Software-Welt. Mit einem »data glove«, einem »Datenhandschuh«, kann man in das Programm eingreifen. Streckt man den Finger, beginnt man zu fliegen, wohin man deutet. Man kann hinauf in den Himmel düsen oder durch ein Atom schweben, man kann auf dem Mond spazieren gehen oder durch die Arterien eines Mammuts jagen.

Wissenschaftler am NASA Ames Research Center und anderen Forschungsstätten im berühmten Silicon Valley haben diese ersten Schritte in künstliche Realitäten längst hinter sich. Es geht nicht mehr um den Eintritt in diese »schöne neue Welt«, es geht darum, sie immer perfekter zu machen, das Erleben in ihr noch naturgetreuer zu gestalten. Optisch, indem man die kleinen Bildschirme vor den Augen mit immer höher auflösenden Displays versieht und Abtastvorrichtungen baut, die die Augenbewegung wahrnehmen und das Bild beim Hin- und Herschauen sofort automatisch verändern. Akustisch, indem man Geräusche synthetisch nachahmt und direkt über Kopfhörer dem User vermittelt. Taktil, indem man elektronische Impulse an den User weitergibt, so daß er – sobald er einen Gegenstand im Cyberspace ergreift – über sogenannte »Effektoren« tatsächlich einen »harten« Widerstand zu spüren glaubt. Schließlich die Telekollaboration, das Zusammenarbeiten von zwei oder mehreren Personen im gleichen »Raum«.

Aber die Entwicklung ist auch über diesen Punkt schon

fast hinaus: »Bei eingebautem Ganzkörpertracking (Abtasten aller Körperbewegungen) wird der User an einem solchen kooperativen Arbeitsplatz – lebensgroß, aber virtuell – auch selbst ›anwesend‹ sein: als eine Art elektronischer Stellvertreter, dessen Aussehen und Erscheinung er selbst bestimmen kann. Bei interaktiven Videospielen oder interaktivem Theater kann er sein Alter ego alle möglichen Formen annehmen lassen – vom Zeichentrickmännchen bis zum unbelebten Objekt, vom diffusesten Umriß bis zur bekannten Persönlichkeit.«[161]
Schon in ein paar Jahren, wenn diese Technologie für jedermann zugänglich sein wird, werden »Filme«, wie wir sie heute kennen, nur noch einen eher bescheidenen Anteil am allabendlichen Fernsehvergnügen darstellen. »Interaktives Schauspiel« wird gefragt sein. Es wird Matrizen geben (zumindest für jene, die nicht gewillt sind oder keine Lust haben, ihre eigenen Welten zu schaffen): Disketten, die man in das Laufwerk des Cyberspace-Computers schiebt, wie heute ein Schreibprogramm. Dann wird man in den voll-sensorischen Ganzkörperanzug steigen, die Brille aufsetzen und sich per Knopfdruck in die verrücktesten Welten versetzen lassen: in den Wilden Westen, in die ferne Zukunft, auf den Jupitermond Io, in die Steinzeit. Sie können auch in der Welt Ihres Lieblingsfilms auftauchen. In »Der unsichtbare Dritte« zum Beispiel oder in »Mein Freund Harvey«, in »Alien« oder in »2001 – Odyssee im Weltraum«. Sie können James Stewart begegnen oder Sigourney Weaver, sie können die tollsten Abenteuer (natürlich auch erotischer Art) erleben, ja, Sie können, wenn Sie dies wollen, James Stewart oder Sigourney Weaver *sein*.
Und die Welt um Sie herum wird so real erscheinen, daß Sie irgendwann wirklich *glauben*, dort zu sein.

Wie real ist *unsere* Welt? Was ist Realität? Was ist Wirklichkeit?

Gibt es das überhaupt – Wirklichkeit? Gibt es eine objektive, unantastbare, unverletzbare Wirklichkeit?

Nein. Wirklichkeit ist eine Illusion. Was wir über unsere Sinnesorgane wahrnehmen, ist nur ein Abbild der Wirklichkeit. Und auch davon erreicht unser Gehirn nur ein kleiner Teil: im optischen, im akustischen, im sensorischen Bereich. Vieles, was unsere Augen und unsere Ohren nicht wahrnehmen können, ist nur mit Geräten nachweisbar. Infrarot- und Ultraviolettlicht, Infra- und Ultraschall. Wir wissen heute, daß all dies zur Wirklichkeit gehört, obwohl ein Mensch noch vor hundert Jahren diese Aspekte der Realität wenn nicht bestritten, so doch für unglaubhaft gehalten hätte.

In der Welt des Allerkleinsten, in der Welt der Quanten, versagt unsere Auffassung von Realität vollständig. Werner Heisenberg, der große Atomphysiker, hat einmal geschrieben: »In den Experimenten über atomare Zustände haben wir es mit Dingen zu tun, mit Erscheinungen, die ebenso real sind wie irgendwelche Erscheinungen des täglichen Lebens. Die Atome oder Elementarteilchen selber sind jedoch nicht ebenso real; sie bilden eine Welt der Potentialitäten oder Möglichkeiten und nicht eine solche der Dinge oder Tatsachen ... Atome sind keine Dinge.«[162] Die Irrealität dieser Welt des Allerkleinsten läßt sich fraglos nicht problemlos auf die Welt des Großen übertragen (wobei ich mir allerdings die Frage stelle, wie etwas, das nur aus Potentialitäten oder Möglichkeiten besteht, etwas aufbauen kann, das eine Tatsache, ein Ding, ein Faktum ist; wo wird die Grenze zwischen Irrealität und Realität überschritten?). Aber vielleicht liegt das nur an der

Grobstruktur unserer Meßinstrumente, vielleicht auch nur an der *Theorie*, an dem *Bild*, das wir vom Universum haben.

Nicht wenige große Physiker unseres Jahrhunderts – etwa John von Neumann, Eugene Wigner und Erwin Schrödinger – glaubten, daß nur unser eigener, bewußter Geist eine elementare Realität besitze. Alles andere seien lediglich Konstruktionen, aus den eigenen Erfahrungen der Vergangenheit generiert und mit dem Bewußtsein gekoppelt.

Schon bald, vielleicht in 20 oder 30 Jahren, werden die Genies unter den Softwareentwicklern Cyberspace-Welten schaffen können, die sich in kaum etwas von der »realen« Welt unterscheiden lassen. Welten mit ihren eigenen physikalischen Gesetzen, mit ihrer eigenen kosmologischen Geschichte, mit ihren eigenen (elektronischen) Lebewesen. Vielleicht werden diese »Lebewesen« mit der Möglichkeit zur Replikation ausgestattet sein und irgendwann beginnen, sich fortzupflanzen. Und wenn wir ein wenig warten – oder diesen Schritt künstlich beschleunigen –, werden sie vielleicht sogar etwas wie Bewußtsein entwickeln. Sie werden sich fragen, wer sie sind und woher sie kommen und was es damit auf sich hat, mit ihrer Welt, mit ihnen selbst, mit ihrem Bewußtsein. Wir könnten Fallen eingebaut haben, Tricks, die es ihnen auf immer verwehren, hinter das Geheimnis ihrer Existenz zu kommen. Wir könnten sie dabei beobachten, wie sich sich abmühen, philosophische und theologische Konzepte und Glaubenssysteme zu entwerfen und wieder fallenzulassen. Sie werden sogar Wissenschaft betreiben – aber natürlich nur im Rahmen dessen, was wir ihnen zubilligen.

Und manchmal werden wir in ihrer Welt auftauchen: als gestaltlose Schemen oder als Götter oder als lebloser Stein, der am Wegesrand liegt. Wir steigen einfach in unseren Ganzkörper-Datenanzug, drücken ein paar Knöpfe und sind mitten in der virtuell-»reellen« Welt unserer Geschöpfe.

Ist *unsere* Welt in Wirklichkeit eine virtuelle Welt? Es gibt Leute, die das für möglich halten. Die Quantelung von Energie und Drehimpuls, das heißt ihre »Zerstückelung« in Welle und Teilchen, könnte in diese Richtung deuten, und wenn sich erweisen sollte, daß sogar Raum und Zeit in ähnlicher Weise gequantelt sind, wäre das ein ernstzunehmendes Argument – jedenfalls nach Meinung jener Mathematiker, deren Leben sich ohnehin schon wenigstens zur Hälfte in künstlich geschaffenen Welten abzuspielen scheint.[163]

Fraglos existiert unsere Welt nicht im Superrechner eines mehr oder weniger genialen hyperdimensionalen Computerfreaks (obwohl man hundertprozentig wohl nicht einmal das ausschließen kann). Fraglos ist das Universum etwas mehr als die elektronische Vernetzung eines unglaublich komplizierten Software-Pakets (nun ja, wer weiß ...?). Fraglos ist unser Bewußtsein kein durch programmierte Schaltkreise festgelegtes Kunstprodukt (aber was *ist* Bewußtsein überhaupt?). Fraglos wird es der Wissenschaft möglich sein, früher oder später alle wissenschaftlich ergründbaren Fragestellungen auch zu beantworten (nur nicht die auf der Basisebene der subatomaren Partikel, denn da wird die Heisenbergsche Unschärferelation uns für immer einen Strich durch die Rechnung machen)...

Die Grenzen zwischen Realität – wie wir sie verstehen – und virtueller, künstlicher Realität sind offenbar fließend. *Die* Realität gibt es nicht. Es gibt nur Bilder, Eindrücke, Wahrnehmungen, die durch die Sinnesorgane in unser Gehirn dringen, die durch eine Jahrmillionen andauernde Konditionierung gefiltert und gerastert und die schließlich von unserem Bewußtsein als »objektive Realität« interpretiert werden. »Diese Tatsachen«, glaubte Albert Einstein, »können in einem Paradox ausgedrückt werden, nämlich daß ›Wirklichkeit‹, wie wir sie kennen, ausschließlich aus willkürlichen Vorstellungen zusammengesetzt ist.«

Zeitsprung. Zurück in die Vergangenheit. Fünf, sechs Milliarden Jahre vor heute.

Noch existiert das Sonnensystem nicht. Die Supernova, die die Metalle und schweren Elemente für die Bildung unserer Sonne und der Planeten in ihrem Inneren »gekocht« und »gebrütet« hat, steht kurz vor ihrer Explosion. Sie wird sie weit hinaus ins All verteilen, eine Wolke aus Sternenstaub, die schließlich wieder gravitativ kollabiert und damit den Grundstein für unser Planetensystem legt.

In anderen Teilen der Galaxis, die Milliarden Jahre später einmal »Milchstraße« genannt werden wird, kreisen längst solche Welten um ihre Sonnen. Sie haben bereits Äonen ihrer Entwicklung hinter sich. Auf etlichen von ihnen ist sogar Leben entstanden, und auf manchen hat dieses Leben den Sprung hinüber zum Bewußtsein seiner selbst geschafft: biologische Entitäten, so exotisch sie uns erscheinen mögen, haben die Schrift erfunden, das Feuer gezähmt, Technologie entwickelt. Und irgendwann haben sie den Schritt gewagt und ihren Planeten verlassen.

Nicht alle. Viele von ihnen sind »unterwegs« liegengeblieben. Sie haben sich in globalen Kriegen selbst zerstört

305

oder ihre Umwelt ruiniert, sie wurden von kosmischen Katastrophen vernichtet oder durch Epidemien ungeahnten Ausmaßes hingeweggerafft. Vielleicht versanken sie auch einfach nur im Strudel ihres degenerierenden Bewußtseins, weil die Evolution ihres Planeten die »Notbremse« gezogen hatte.

Andere haben nie eine Technologie entwickelt, entwikkeln können oder entwickeln wollen. Ihre natürliche Umwelt war ihnen Paradies genug. Vielleicht lebten sie unter Wasser, und es gab keinen Bedarf für Technologie. Vielleicht schwebten sie in den exotischen Wolkenfeldern jupiterähnlicher Wasserstoff-Methan-Riesen. Vielleicht taten und tun sie noch heute nichts anderes als zu philosophieren – und lernen dadurch vielleicht mehr über sich und das Universum als all jene, die ihre Teleskope und Mikroskope auf die Rätsel des Alls richteten.

Aber einige gingen einen anderen Weg. Sie verließen ihre Welt. Sie schickten automatische Sonden aus und folgten ihnen nach. Sie besiedelten die anderen Planeten ihres Sonnensystems, und dann, nach Hunderten oder Tausenden von Jahren, bedeutete auch dies keine Grenze mehr für sie. Sie konstruierten gigantische Strukturen, Raumschiffe, die Tausende oder Millionen Einzelindividuen ihrer Rasse beherbergen konnten. Sie sandten sie zu den Nachbarsternen.

Und sie besiedelten diese neuen Welten. Sie breiteten sich aus. Sie erschlossen die Galaxis. Eine oder auch mehrere einander völlig fremde Zivilisationen kolonisierten die Milchstraße, lange bevor die Erde geboren war.

Science-fiction? Ja, aber im wahrsten Sinne des Wortes: eine wissenschaftliche Fiktion. Denn was sich auf den ersten Blick nach dem Vorspann eines neuen Films aus der Steven-Spielberg-Produktion anhört, ist nichts anderes als kühle Wahrscheinlichkeitsabschätzung und computergesteuerte Simulation. Astronomen wie Carl Sagan, Eric Jones, Walter Newman, Marty Fogg und D.G. Stephenson haben Migrationsmodelle für außerirdische Gesellschaften entworfen, die sich über die Galaxis ausbreiten.[164-173] Fünf bis zehn Millionen Jahre würde eine interstellare Kultur benötigen, um die gesamte Milchstraße zu besiedeln. Und das ist eine extrem kurze Zeit, wenn man bedenkt, daß unsere Erde bereits seit fast fünf *Milliarden* Jahren existiert.

»Vor einer Jahrmilliarde«, so beschreibt es der Astronom Robert Jastrow, »war der Mensch in seiner Ahnenreihe beim Wurm angelangt. In einer weiteren Jahrmilliarde werden wir uns so weit von unserer augenblicklichen Gestalt entfernt haben, wie wir gegenwärtig vom Wurm entfernt sind.«[174]
Andere Intelligenzen in der Galaxis haben auch diesen Schritt längst hinter sich. Und zu all dem kommt noch ein entscheidender Faktor hinzu, den Jastrow nicht nennt: Die bislang völlig natürliche Evolution des Menschen wird mehr und mehr durch eine künstliche abgelöst werden – wir erleben in der modernen Gentechnologie momentan die bescheidenen Anfänge. In ein paar hundert Jahren (ich wage diese Voraussage) wird es allen heutigen ethisch-moralischen Einwänden zum Trotz künstlich gestaltete Menschen geben, und noch etwas später intelligente Wesen, die, jedenfalls was ihre körperlichen Attribute betrifft, nur noch sehr wenig Ähnlichkeit mit dem *homo sapiens* besitzen werden.
Aber auch dies dürfte nur eine Zwischenstation sein: »Ich bin der Meinung«, fährt Robert Jastrow[174] fort, »daß unser Leben, auf den Voraussetzungen von Wasser-

reichtum und Kohlenstoffketten beruhend, sich als ein Übergangsstadium erweisen wird. Im Gegensatz zur Zeitdauer des Universums existiert die Erde erst seit relativ kurzer Zeit, deshalb glaube ich nicht, daß das Leben im Kosmos, nicht einmal der winzigste Bruchteil dieses Lebens, nur eine letztlich mißlungene Nachbildung unseres eigenen Chemismus darstellt. Vielmehr meine ich, es wird sich dort um ein körperloses, geistiges Leben handeln, möglicherweise in Gestalt von Silizium-Wesen – damit sind nicht jene sandfressenden Monster gemeint, sondern diejenigen, die wir Computer nennen. Hülsen aus Blut und Eingeweiden, auf der Basis von Kohlenstoff aufgebaut und von einem Knochengerüst, dem des Menschen ähnlich, gestützt, werden mit Sicherheit nicht als Gehäuse für Intelligenzen in Frage kommen; biologische Behälter, welcher Art auch immer, wird es dort nicht geben. Derartige sterbliche Hüllen, die allenfalls hundert Jahre überstehen und dann nicht mehr zu gebrauchen sind, wären in der Tat im Blick auf den Kosmos primitive Modelle. Ich würde jede Wette eingehen, daß es einen Silizium-Gedächtnisspeicher als Form der Unsterblichkeit von Leben gibt, das heißt, einen letzten Endes körperlosen Geist.«

Aber ist Geist *letzten Endes* tatsächlich noch auf die Speicherung in Siliziumketten angewiesen? Wird er nicht irgendwann auch dieses Stadium hinter sich lassen und völlig unabhängig von *jedweder* Materie, *jedwedem* Körper sein, sei er nun aus Kohlenstoff- oder aus Siliziummolekülen aufgebaut? Da wir nicht wissen, was Bewußtsein eigentlich ist, ist auch diese Frage nicht zu beantworten. Einige Experimente aus der Parapsychologie, Nahtod-Erlebnisse und bewußtes oder unbewußtes Trennen vom eigenen Körper (sogenannte »out-of-body-Erlebnisse«) deuten diese Möglichkeit zumindest an.

Der große Jesuiten-Gelehrte Pierre Teilhard de Chardin hat in seiner Philosophie eine weit in die Zukunft gerichtete Projektion konzipiert: Auch bei ihm ist der heutige Mensch nicht die Krone der Schöpfung, sondern nur eine Art »Übergangsvarietät«. Ziel der gesamten Evolution sei der von ihm so genannte »Omega-Punkt«, eine Entwicklungsstufe, in der die Menschen losgelöst von ihrem Körper existieren und nahezu gottgleich werden würden: einsgeworden mit sich selbst, mit dem Universum, geborgen im Schoße eines göttlichen »Zentrums der Zentren«. Ich bin sicher, daß andere Zivilisationen, andere Intelligenzen im All diesen »Omega-Punkt« längst erreicht haben. Interstellare oder sogar intergalaktische Kulturen, die Milliarden Jahre älter sind als die Menschheit, *müssen* inzwischen ein Entwicklungsstadium erreicht haben, in dem Raum, Zeit und Materie keine Rolle mehr spielen.

Was bedeutet das? Es bedeutet nicht mehr und nicht weniger, als daß die Realität, in der sie leben, eine multidimensionale Wirklichkeit sein muß. Möglich, daß für sie in diesem Universum die physikalischen Gesetze unserer Welt gelten – sofern sie sich ihnen unterstellen. Ihr Aktivitätsradius muß aber um ein Vielfaches hinausgeschoben sein, hinein in andere Dimensionen und Ebenen des Seins. Daß die Möglichkeit unendlich vieler Universen besteht, die parallel zu unserem eigenen existieren, wird heute kaum ein Physiker mehr ernsthaft bestreiten.[175] Ein reines Bewußtsein, vielleicht sogar hervorgegangen aus Milliarden einzelner Bewußtseinsinhalte, unbeschränkt durch Gesetzmäßigkeiten wie die Lichtgeschwindigkeit, die Gravitation, die starke und die schwache Kernkraft, sollte dazu in der Lage sein, durch diese

Universen zu fluktuieren, ungeachtet ihrer für uns scheinbaren Abgegrenztheit.

Und letztlich bedeutet dies, daß all diese Universen für sie nichts anderes mehr sein können als so etwas wie *Cyberspace-Welten*, verschiedene Modelle aus Raum, Zeit und Energie (bzw. ihrer Varietät, der Materie).

Legen Sie sich einen Ganzkörper-Datenanzug an, steigen Sie hinein in die von einem Programmierer geschaffene Welt aus Bits und Bytes, nehmen Sie die Form an, die Ihnen gefällt oder von der Sie glauben, daß es den Bewohnern dieser Welt gefallen würde: Fee oder Elfe, Gott oder Teufel, Luftschiff-Insasse oder kleines graues Männchen. Egal. Lassen Sie Ihrer Phantasie freien Lauf. Oder benutzen Sie die programmgemäß installierte Phantasie Ihrer Kunstwelt-Mitbewohner.

Die virtuellen Gestalten, denen Sie begegnen, glauben an höhere Wesen, die sich als fliegende Menschen aus Magonia präsentieren? Kein Problem für Sie: ein Handgriff, ein Antippen des für Sie eingeblendeten Menüs, und schon sind Sie ein Luftfahrer aus Magonia. Sie tauchen ein paar Jahrhunderte später auf (Jahrhunderte bedeutet für Sie, die Sie über oder außerhalb dieses ganzen Systems stehen, nichts). Sie erfahren, daß man sich fremde Intelligenzen nun als kleine graue Männchen vorstellt, die in strahlenden Sternenschiffen durch die Lüfte sausen und schwangeren Frauen ihre Babys rauben? Kein Problem. Sie tippen eine Menüfolge, und Sie *sind* ein solcher UFO-naut.

Warum Sie das tun? Vielleicht ist es für Sie nur ein Spiel. Vielleicht ist es ein Test. Vielleicht ist es ein Experiment. Vielleicht ist es ein übergeordnetes Programm, an dem Sie und Ihre Kollegen arbeiten. Vielleicht dient es dazu,

die in den virtuellen Welten entstandenen Bewußtseins-
inhalte zu »liften«, sie zu entwickeln, sie über Phasen der
Regression, des Stillstands hinaus zu Phasen der weiteren
Evolution anzuregen.

Natürlich wissen Sie, daß Sie kein Gott sind. Ihnen unter-
laufen Fehler. Sie müssen die Bewußtseinsinhalte, die
sich dort im künstlichen Environment Ihres Computers
entwickelt haben, täuschen. Sie dürfen die »Wahrheit« –
wie immer sie aussehen mag – nicht erfahren. Noch
nicht. Alles braucht seine Zeit. Sie machen diesen »Wesen« etwas vor: Sie schauspielern. Sie erzählen ihnen
Märchen, am besten genau das, was sie hören wollen:
daß Sie tatsächlich eine Fee sind, daß Sie tatsächlich aus
Magonia kommen, daß Sie tatsächlich Embryos stehlen.
Je nachdem. Und mögliche »Beweisstücke« lassen Sie
einfach wieder verschwinden, elektronisch erzeugte »Gegenstände«, die Ihre Anwesenheit zumindest wahrscheinlich machen könnten: Schriften wie das »Buch
Mormon«, außerirdische »Leichen« wie den Toten von
Aurora, abgestürzte Jules-Verne-Vehikel und »UFOs«.
Sie löschen sie einfach aus Ihrem Programm, und sie zer-
fließen wie das Gelee-Schiff aus Nebraska.

Ist es so? Leben wir in einer virtuellen Realität? Existieren
wir im Inneren eines Computers, sind wir Teile eines Pro-
gramms, in das User nach Belieben eingreifen können?
Nicht ganz. Aber dieses Bild kann uns als Analogie dienen. Unser Universum ist – von wem oder durch wen
oder aus wem oder was auch immer es geschaffen wurde
– so etwas wie ein Uhrwerk: einmal aufgezogen, einmal
nach bestimmten Richtlinien (sprich: physikalischen Gesetzen) festgelegt, läuft es kontinuierlich in programmierten Bahnen ab. Es kann gar nicht anders.

In der Philosophie des Ostens existiert die Vorstellung, Gott selbst habe sich in diesem Universum verwirklicht, er-sie-es sei es, der-die-das sich durch dieses Universum erlebt und vor allem: Erfahrung gewinnt. Die Evolution von Leben, die Bewußtwerdung schlechthin sei als integraler Bestandteil des Universums und damit dieses ganzen Planes aufzufassen, vielleicht sogar als sein wesentliches Element. Nach Teilhard de Chardin mündet diese Entwicklung im Omega-Punkt – Gott erkennt seine Schöpfung und damit sich selbst.

Wir sind noch auf dem Weg dorthin. Aber andere mögen uns einen Großteil dieses Weges bereits voraus sein, den Omega-Punkt schon erreicht haben. Für sie gibt es keine Grenzen mehr: weder räumliche noch zeitliche, keine Grenzen der Materie und keine Grenzen der Energie.

Und seit für uns ewigen Zeiten begleiten sie uns. Ihr Verhalten entspricht dem Mimikry-Verhalten bestimmter Tiere: Sie passen sich ihrer Umwelt optimal tarnend an.[176]

Die *extraterrestrische Hypothese* alten Stils, wonach tatsächlich fortwährend Raumschiffe von Alpha Centauri bei uns eintreffen, war und ist nicht in der Lage, die Komplexität des UFO-Phänomens zu erklären. Ebensowenig sind es andere Hypothesen: gleich, ob man UFOs als mehrdimensionale Fahrzeuge, als Fahrzeuge aus Parallelwelten oder aus zukünftigen Zeiten ansieht oder ob man sich auf die ziemlich simple »psychosoziale« Hypothese zurückzieht, die alles nur und ausschließlich im Menschen begründet sehen möchte. Mit den zahlreichen Facetten des Gesamtphänomens kommen sie nicht zurecht und können sie nicht zurechtkommen.

Wenn wir dagegen unsere Wirklichkeit nur als ein *Modell* betrachteten, als eine Realität von vielen, wenn wir zur Kenntnis nehmen, daß andere Intelligenzen in diesem Universum uns in ihrer Entwicklung um ein Vielfaches voraus sein müssen, wenn wir schließlich das, was wir beobachten – nämlich das UFO-Phänomen in all seinen bizarren Aspekten –, mit dem vergleichen, was wir über Intelligenz, Bewußtsein, künstliche Intelligenz und künstliches Bewußtsein, Wirklichkeit und virtuelle Wirklichkeit wissen oder zu ahnen beginnen, dann fügen sich all die verwirrenden Steine dieses Puzzles allmählich zusammen.

UFO-Erscheinungen, Marien-Erscheinungen, Bigfoot-Erscheinungen, Luftschiffe, die sich auflösen, Raumschiffe, die abstürzen, »außerirdische« Leichen, die geborgen, und »halbirdische« Föten, die aus den Bäuchen schwangerer Frauen entfernt werden: all das ist genauso »real« oder »irreal« wie unsere *gesamte* Wirklichkeit. Es sind künstlich erzeugte Verknotungen der Raumzeit, so wie Materie schlechthin heute als »natürliche« Raumzeit-Verknotung aufgefaßt wird: quasimaterielle Erscheinungen, Projektionen, die eine fremde Intelligenz – die *Anderen* – in unsere Welt delegiert.

Diese *Anderen* gehen dabei sehr geschickt und sogar mit einem gewissen hintergründigem Sinn für Humor vor. Sie begegnen unseren Ahnen, die sie für Götter halten, nicht nur als lichtdurchflutete Wesen, sondern als »Astronauten«: sie benutzen Raumschiffe, die heute einwandfrei rekonstruierbar sind,[177] sie gestalten Tempel zu Erdbasen um, deren Zweck erst jetzt erkannt werden kann,[178] sie hinterlassen technische Geräte und andere Artefakte, denen abenteuerliche Wege durch die Geschichte bevorstehen,[179-181] und lassen Bauwerke errichten, die sich nun als Datenträger zeitunverträglicher Informationen entpuppen.[182-185] Das wäre fraglos nicht nötig gewesen, wäre damit nicht gleichzeitig auch eine konkrete Botschaft verbunden: die Botschaft, daß wir beginnen sollen, uns, unsere Herkunft und unsere Auffassung von der Welt wieder in Frage zu stellen, unter einem neuen und anderen Licht zu sehen. Es ist die Veränderung des Blickwinkels, die zu neuen Aus- und Einsichten führt.

Welche Art von »Technologie« sie dabei verwenden, ist nur schwer abschätzbar. Vielleicht hat man so etwas wie eine automatische Station in unserem Sonnensystem installiert, eine Art »Transmitter«, der als Relais zwischen jener fremden Intelligenz und uns dienen könnte. Dabei ist es von ziemlich untergeordneter Bedeutung, »wo« und »wann« sich diese Intelligenz – auf unser lokales Raumzeit-System bezogen – »derzeit« befindet. Die »Station« hätte lediglich die Aufgabe, als Mittler zwischen »ihrer« und »unserer« Welt zu dienen, so wie der Datenhandschuh es dem User ermöglicht, in der virtuellen Realität des Cyberspace-Universums aktiv zu werden. Der deutsche Physiker Dr. Wolfgang Feix hat in einer umfassenden Untersuchung auf die Möglichkeit aufmerksam gemacht, wonach die steinzeitliche Megalithanlage von Stonehenge als ein verschlüsselter Datenkomplex aufzufassen sei, der auf den Asteroiden »16 Psyche« verweist.[184] Ich könnte mir gut vorstellen, daß man von dort oder einem äquivalenten Punkt aus die Entwicklung auf der Erde überwacht und steuert – und gelegentlich Projektionen erzeugt, die wir (ganz nach persönlichem Geschmack, Phantasie, Religion und soziokulturellem Hintergrund) als das interpretieren, als was wir sie gerne sehen möchten: als Madonna von Fatima, als Luftschiffinsasse vom Nordpolland, als leuchtender Riese am Bodensee oder als kleine graue Männchen von Zeta Reticuli, die erschreckte Mitbürger in UFOs entführen und mit langen Nadeln traktieren.

Genauso gut wäre es möglich, daß die *Anderen* ohne derartige »Transmitter« auskommen und rein psychische oder parapsychische oder metaphysische oder wer weiß was für Methoden benutzen, um die beobachteten Effekte zu erzeugen. Ich will gerne eingestehen, daß all dies nur ziemlich zeitabhängige, dem Kenntnisstand am Ende des 20. Jahrhunderts entsprechende Interpretationen sind. Es sind vielleicht nicht einmal die besten, die wir momentan zur Verfügung haben. Aber wir wollen darüber auch gar nicht weiter spekulieren. *Jede* Spekulation wäre ziemlich sicher dazu angetan, uns in die Irre zu führen und darüber hinaus einem pseudowissenschaftlichen Fruchtcocktail zu gleichen, der uns nicht nur sauer aufstoßen, sondern auch einen bitteren Nachgeschmack hinterlassen würde.

Als Menschen können wir immer nur das erkennen und uns über das Gedanken machen, wozu wir intellektuell und aufgrund der Erfahrungen unserer Geschichte in der Lage sind. Fraglos wird man in hundert oder in tausend oder in zehntausend Jahren wesentlich differenzierter darüber denken. Jastrows Analogie der körperlichen Entwicklung vom Wurm zum Menschen und vom Menschen zu einem Wesen, das weit über dem *homo sapiens* steht, meint sicher nicht nur die körperlichen Attribute der Gattung Mensch. Sie muß vor allem für seine geistigen gelten. So, wie wir uns heute vom Wurm unterscheiden, werden sich unsere Nachfahren in Milliarden von Jahren über uns erheben. Sie werden verstehen, *was* geschah, werden wissen, *warum* es geschah, werden Kenntnis darüber haben, *wie* es geschah. Und vielleicht werden auch sie es erneut *geschehen lassen*.

315

Denn dies scheint der »Zweck« unseres Universums zu sein: Evolution. Entwicklung vom Primitiven zum Höheren, von den einfachen Wasserstoffmolekülen nach dem Urknall hin zu den komplexen molekularen Strukturen der »Jetztzeit«, vom primitiven Einzeller zum komplexen Mehrzeller, vom primitiven Intellekt zum komplexen Bewußtsein im Omega-Stadium.

Was wir für die Teilhabe an dieser Entwicklung benötigen, ist zweierlei: zum einen die Grundlage zu schaffen oder zu bewahren, an dieser Evolution auch weiterhin beteiligt zu sein, d.h. menschliches Leben zu schützen, nicht, es auf die eine oder andere Weise, individuell oder global, der Vernichtung preiszugeben. Dabei wird uns niemand helfen, wir sind ganz allein dafür verantwortlich. Und zum anderen: das »Wissen«, das Glauben und Ahnen, daß alles einen Sinn hat. Die Religionen haben seit jeher versucht, diesen Sinn zu vermitteln – mit eher unterschiedlichem Erfolg.

Das *eigentliche* Wissen der Menschen um die Existenz einer anderen, übergeordneten Welt stammt nicht aus verstaubten Texten oder hohlen Phrasen, nicht aus der Verkündigung dogmatisierten Unsinns oder entstellter Historie – es stammt aus der unmittelbaren Erfahrung des Menschen mit dieser anderen Welt. Eine solche Erfahrung kann auf vielerlei Weise erlebt werden: mystisch, religiös, mit christlichem oder buddhistischem, schamanistischem oder hinduistischem Hintergrund. Es kann sich aber auch ganz einfach in einer Begegnung äußern, in einer Begegnung mit den *Anderen*, die uns seit Anbeginn der Geschichte begleiten.

Ich habe in diesem Buch versucht, auf einige solcher Begegnungen aufmerksam zu machen. Sie äußern sich in vielfältigen Formen, und das macht es zuweilen schwer, die internen Zusammenhänge zu erkennen. Am einfachsten ist es natürlich, sie zu leugnen: die Phänomene, die Zusammenhänge oder beides. Nun gut. Wer möglichst bequem leben, sich über nichts seine Gedanken machen und ansonsten in Ruhe gelassen werden möchte, für den mag dies der ideale Weg sein. Es bleibt jedem unbenommen, sich dafür zu entscheiden.

Für alle, die ein wenig kritischer und dazu in der Lage sind, verborgene Strukturen aufzuspüren und zu erkennen, wird es nicht so einfach sein. Sie werden dieses Buch vielleicht als Ausgangspunkt betrachten, als Einstieg in einen langen Prozeß der Veränderung, der zu einem neuen Bild von der Welt, vom Platz, den wir darin einnehmen, und schließlich von uns selbst führen kann.

Denn letztlich muß jeder für sich entscheiden, was er mit all diesen Informationen macht. Niemand wird ihm dabei irgendeinen Rat geben können. Er kann sie vergessen oder ignorieren, in der Gedächtnisschublade für »Verschlußsachen« deponieren oder alles in allem nur für Humbug halten. Er kann auch einen Teil davon annehmen, einen anderen zurückweisen, er kann an die reale Existenz von Bigfoots und Seeungeheuern glauben, an die reale Existenz von kleinen grauen Männchen und Hopkinsville-Zwergen oder alles nur für psychologisch, psycho-sozial oder als einen Fall für den Psychiater betrachten. Es gibt tausend verschiedene Varianten, mit all dem umzugehen, und jeder kann und wird es auf seine Weise tun.

Dagegen ist nichts einzuwenden. In diesem Buch werden weder Dogmen noch sonstige »ewige Wahrheiten« verkündet. Aber eines möchte ich am Schluß doch noch tun: Sie, den Leser, bitten, die Seiten dieses Buches ein weiteres Mal durchzublättern, hier und dort einen kurzen Moment zu verweilen, dann die Augen zu schließen und ganz tief in sich hineinzuhören.

Wenn Sie nichts dabei spüren, nichts dabei wahrnehmen – okay.

Aber der eine oder andere *wird* etwas spüren, *wird* etwas wahrnehmen: keine »Stimmen aus dem Jenseits«, keine »Mitteilungen aus der siebten Dimension«. Nein, nichts weiter als den Hauch der tiefen, inneren Ahnung, daß sich auf dem Grund Ihrer Seele eine Begegnung vollzogen hat: die Begegnung mit dem Unbegreiflichen, dem Unfaßbaren, dem Unaussprechlichen – die Begegnung mit den *Anderen.*

Und wenn Sie die Augen wieder öffnen und in die »reale Welt« schauen, werden sich einige Nuancen dieser Welt für Sie verändert haben, Schattierungen nur, Kleinigkeiten, Unauffälligkeiten. Aber trotzdem: die Welt, in die Sie nun blicken, wird nie mehr die Welt sein, in der Sie bislang gelebt haben. Sie hat sich verändert und wird sich weiter verändern. Und *Sie selbst* werden sich mit ihr verändern.

Und gibt es tatsächlich etwas Bedeutsameres, etwas Wichtigeres, etwas Notwendigeres als *genau das* ...?

XIV

Anhang

Danksagung

Wenn ein neues Buch entsteht, vorbereitet, geschrieben und in die endgültige Fassung gebracht wird, so ist dies nicht nur eine Angelegenheit des Autors. Viele Menschen haben auf ihre Weise zum Gelingen beigetragen.

So geht der erste Dank an meine Familie: an meine Frau Gertrud, für all ihre Liebe und ihr Verständnis in dieser Zeit. Sie hat das Manuskript als erste gelesen und durch ihre kritischen Anmerkungen die endgültige Formgebung entscheidend beeinflußt. Meine beiden kleinen Söhne Tobias und Daniel waren zwar weniger konstruktiv beteiligt, haben aber – jeder auf seine Weise – zum seelischen Ausgleich des zuweilen arg gestreßten Vaters beigetragen. Ihnen allen sei dafür von Herzen gedankt.

Mit meinem Bruder Peter habe ich etliche Bücher zusammen geschrieben, für die Fehler und Ungereimtheiten in diesem bin ich also ganz allein verantwortlich. Trotzdem fand – natürlich! – auch bei diesem Projekt eine beständige Absprache und Diskussion mit ihm statt, und bereits der folgende Band wird wieder eine Co-Produktion sein.

Dank gilt auch meiner Schwägerin Claudia und all meinen Freunden, die in irgendeiner Weise Material beigesteuert oder durch ihre Diskussionsbereitschaft neue Ideen haben entwickeln helfen: Alexandra und Harry

Schmieg, Christoph Opfermann, Ulli und Georg Schedel, Wolfgang Siebenhaar, Walter Jörg Langbein, Luc Bürgin, Hans Neumann, Erich von Däniken, Reinhard Habeck, Peter Krassa, Hans-Werner Peiniger, Hans-Werner Sachmann, Ulrich Dopatka, Thomas Mehner, Dr. Karl Grün, Franziska Scheuplein, Willi und Ingrid Grömling, Professor Ernst Senkowski, Dr. Wolfgang Feix und Professor James Deardorff.

Wie immer geht ein besonders herzliches Dankeschön auch an Rainer Holbe. Durch seine Sendungen in Rundfunk und Fernsehen hat er in der Vergangenheit viel zum Erfolg unserer Bücher beigetragen – und ich bin sicher, das neue Projekt wird ihm nicht minder zusagen.

Zum Schluß bleibt der Dank an all jene, ohne deren Erlebnisse dieses Buch gar nicht möglich gewesen wäre: jene hier zitierten Menschen in aller Welt, die eine »reale« Begegnung mit den *Anderen* hatten, heute und vor Tausenden von Jahren. Gleich, ob sie dieses Ereignis als schön oder traumatisch empfanden, sie alle haben uns etwas voraus: Sie durften einen Blick in die Zukunft, einen Blick in eine andere Welt tun.

Johannes Fiebag

Gespräch mit Rima Laibow

Anläßlich einer MUFON-CES-Tagung 1991 in Deutschland konnte der Gynäkologe Dr. Vladimir Delavre (VD) die amerikanische Psychologin und Gründerin der Organisation TREAT zum Phänomen der UFO-Entführungen, Dr. Rima Laibow (RL), interviewen. Das Gespräch wurde erstmalig in *Transkommunikation* – Zeitschrift für Psychobiophysik e.V., 1/4, 29-34, R.G. Fischer-Verlag, Frankfurt a.M. 1992, veröffentlicht. Der auszugsweise Nachdruck an dieser Stelle erfolgt mit freundlicher Genehmigung von Dr. Delavre und der Redaktion:

VD: Gibt so etwas wie eine typische Entführungsgeschichte?
RL: Ja. Die betreffende Person fährt Auto oder liegt im Bett ... und plötzlich ist sie voller Angst oder unfähig, sich zu rühren und wird z.B. aus dem Bett durch das Fenster hinweggetragen, hin zu einem UFO. Interessanterweise immer durch ein Fenster, nicht durch die Wand hindurch. Oft wird der Entführte von kleinen unbekannten Wesen begleitet. An dem Punkt, wo vom Eintritt in das UFO berichtet wird, fangen die Berichterstatter üblicherweise an, mit der weiteren Geschichte zu zögern. Das ist sehr interessant und typisch.

VD: Hat diese Gehemmtheit etwas damit zu tun, daß die Betreffenden von der UFO-Besatzung zum Schweigen verpflichtet worden sind?

RL: Ja, das ist mein Eindruck. Es scheint eine partielle Amnesie zu bestehen. Die Geschichte wird aber unter Hypnose in einer sehr konstanten Weise erzählt und widersetzt sich allen Suggestions- oder Änderungsversuchen meinerseits. Das ist typisch für traumatische Erinnerungen, während normale Erinnerungen durchaus suggestiv verändert werden können.

VD: Wie geht es weiter mit der Entführungsstory?

RL: Der oder die Entführte geht oder schwebt durch einen Korridor in das UFO. Dann findet sich das Entführungsopfer auf einer Art Operationstisch wieder, auf dem es anschließend verschiedenen Untersuchungen unterzogen wird, besonders im genitalen Bereich. Das schließt auch sexuelle Manipulationen mit ein, die jedoch als völlig unerotisch und in keiner Weise lustvoll erlebt werden.

VD: Enthalten die Berichte Hinweise auf eine Kommunikation mit der UFO-Besatzung?

RL: Ja, durchaus. Die Leute erzählen oft von ausführlichen Unterhaltungen, aber vieles davon erscheint mir fabuliert und mit Bedeutung überladen. In Hypnose reduziert sich die erinnerte Kommunikation eher auf telepathisch aufgenommene Hinweise, wie z.B.: »Hab keine Angst«, »wir tun dir nicht weh«, oder »alles ist in Ordnung«.

VD: Können Sie mir Genaueres von den berichteten sexuellen Manipulationen erzählen? Gibt es Hinweise darauf, daß eine Zeugung hybrider Wesen beabsichtigt ist?

RL: So ist es. Die betreffenden Patientinnen berichten häufig davon, daß sie auf anomale Weise schwanger geworden sind und die Schwangerschaft etwa in der 12.

323

Schwangerschaftswoche auf ebenso anomale Weise, ohne Blutung oder Gewebsausstoßung, verloren haben.

VD: Ist eine dieser Schwangerschaften durch Ultraschalluntersuchungen oder mit anderen eindeutigen Methoden bestätigt worden?

RL: Ja, das ist der Fall gewesen.

VD: Das spurlose Verschwinden einer Schwangerschaft in der 12. Woche ist extrem ungewöhnlich, jedenfalls dann, wenn es innerhalb kurzer Zeit geschieht. Ist das wirklich von Gynäkologen nachgeprüft worden?

RL: Das ist eine sehr interessante und wichtige Frage. Es ist sehr schwierig, von den betreffenden Ärzten detaillierte Auskünfte zu erhalten. Das hängt nicht zuletzt mit der bizarren Vorgeschichte der Patientinnen zusammen und mit der in USA besonders hohen Quote von Klagen wegen ärztlicher Kunstfehler.

VD: Sind denn Fälle berichtet worden, wo solch eine anomale Schwangerschaft ausgetragen worden wäre?

RL: Meines Wissens nicht. Einige dieser Schwangerschaften sind aber bis zum 3. Monat gegangen, dann starben die Foeten ab. Es wäre sehr interessant, wenn wir hier Autopsieberichte hätten. Wir haben übrigens auch Hinweise von Patientinnen, daß schon fortgeschrittene Schwangerschaften über Nacht verschwanden. Das geschah jeweils im Zusammenhang mit einer erneuten Entführung.

VD: Das ist tatsächlich medizinisch kaum zu erklären.

RL: Absolut nicht, es ist eines der größten Rätsel. Es gibt da noch etwas, wovon ich Ihnen berichten sollte. Das zweite uns berichtete Szenario besteht oft darin, daß der Mutter oder dem Vater hybride Babies präsentiert werden. Die Frauen erzählen auch, daß man ihnen die Babies zum Stillen an die Brust legt.

VD: Wie sehen die hybriden Kinder denn aus ?

RL: Halb wie Außerirdische, halb wie Menschen. Sie haben weiße Haare, die Lippen sind voller als auf den typischen Zeichnungen von Außerirdischen. Übrigens gibt es Berichte von Frauen, die nach einer weiteren Entführung mit Vorzeigen des Kindes aufwachten und feststellten, daß sie laktierende Brüste hatten.

VD: Wie wird der von den entführten Frauen erwähnte Geschlechtsverkehr beschrieben? Ähnelt er dem normalen Verkehr?

RL: Nein, eher als die Einführung eines mechanischen Instruments. Oft wird auch erwähnt, daß Teile des Eierstocks entfernt wurden.

VD: Wird Ihnen von vielen Patienten von wiederholten Entführungen berichtet?

RL: Ja, wiederholte UFO-Entführungen scheinen eher die Regel als die Ausnahme zu sein. Dieses Szenario beginnt oft schon in der Kindheit.

VD: Was halten Sie von den Behauptungen mancher UFO-Entführter, daß man ihnen irgendein Objekt in das Gehirn implantiert hätte?

RL: Davon habe ich gehört. Es gibt auch Untersuchungen von Radiologen, die bei unseren TREAT-Treffen darüber berichtet haben. Insgesamt scheint mir diese Frage jedoch nicht eindeutig geklärt zu sein.

VD: Wir haben mit diesem Thema eigentlich schon den Bereich der Erlebnisse im UFO verlassen und sind bei der Zeit danach. Wenn wir chronologisch vorgehen, kommt jetzt erst einmal die Art der Rückkehr nach der Entführung. Gibt es hier auch übereinstimmende Berichte?

RL: Die Rückkehrberichte sind bei weitem nicht so genau wie die Entführungsschilderungen. Die meisten scheinen einfach froh darüber zu sein, daß alles vorbei ist und sie wieder zu Hause oder in ihrem Auto sind.

VD: Gibt es nicht auch Fälle, wo die Betreffenden an völlig anderen Orten, weit weg vom Ausgangspunkt, wieder auftauchen?

RL: Persönlich habe ich solche Patienten nicht untersucht, aber ich habe davon gehört. Manchmal ist es nicht nur eine örtliche, sondern auch eine zeitliche Versetzung, d.h., es gibt eine fehlende Zeitspanne, über die sich die Entführten keine Rechenschaft ablegen können.

VD: Wie sieht es denn mit der physischen Evidenz nach der UFO-Entführung aus? Haben Sie jemals Wunden oder andere Spuren der angeblich durchgeführten Operationen feststellen können?

RL: Ja, und das ist wirklich hochinteressant. Wir hatten zum Beispiel eine Patientin, bei der ein hinzugezogener Gynäkologe eine Vielzahl kleiner Narben in der Gebärmutter festgestellt hat. So, als ob man die Gebärmutter mit einem spitzen Instrument mehrfach durchlöchert hätte.

VD: Als mutwillige Verstümmelung durch die Patientin selbst kann ich mir das als Mediziner nicht vorstellen. Es ist de facto technisch unmöglich, sich solche Wunden selbst beizubringen. Und daß ein Arzt solche Verletzungen absichtlich herbeiführt, kann man vermutlich, wenn man die möglichen lebensgefährlichen Folgen bedenkt, ebenfalls ausschließen?

RL: Absolut. Wir haben wirklich keine vernünftige Erklärung für diesen außergewöhnlichen Befund.

VD: Erzählen Sie uns von weiteren physischen Anomalien.

RL: Wir haben mehrere Patienten untersucht, die uns Narben mit darunterliegenden Gewebsdefekten gezeigt haben. Die Narben waren ca. 1 cm lang und darunter war eine Gewebslücke, so als ob man eine Probe entnommen hätte.

VD: Welche Erklärungen haben Sie dafür von den betreffenden Personen erhalten?

RL: Interessanterweise konnte mir niemand eine vernünftige Erklärung abgeben, bis ich die Befragung in Hypnose fortsetzte. Hier kamen dann erstaunlich übereinstimmende Berichte über die Entnahme von Körpergewebe als Teil der Untersuchungsprozedur während der Entführung.

VD: Haben Sie weitere Fälle mit ungewöhnlichen körperlichen Symptomen?

RL: Ja, zwei Patientinnen mit Lungenentzündung, die ins Krankenhaus aufgenommen werden sollten. Beide wachten am Morgen davor auf und fühlten sich wieder völlig gesund, das Fieber war verschwunden, sie konnten ohne Schmerzen atmen. Am seltsamsten war jedoch die Tatsache, daß beide Frauen identische Wunden an sich entdeckten. Es handelte sich um zwei große Einstiche in der Haut unterhalb des Schlüsselbeins. Die Löcher waren etwa 2 cm auseinander und befanden sich jeweils auf der Seite des von der Lungenentzündung befallenen Lungenflügels.

VD: Waren die beiden Frauen miteinander bekannt?

RL: Nein, eben nicht. Das ist ja das Besondere an diesen Fällen. Hier haben wir zum ersten Mal so etwas wie einen unabhängigen Beweis für die vielzitierten medizinischen Eingriffe an Bord von UFOs.

VD: Sie sagten doch, daß die betreffenden Frauen einfach aufwachten und nicht verstanden, wieso sie plötzlich wieder gesund waren.

RL: Das stimmt, sie hatten auch keine bewußte Erklärung für die ungewöhnlichen Löcher am Brustkorb. Erst unter hypnotischer Regression erzählten beide gleichlautende Geschichten von einer UFO-Entführung in jener Nacht und einer Behandlung durch die UFOnauten. Ich habe beide Patientinnen später wiedergesehen und untersucht, sie hatten keine Spur von Narben mehr. Auch das schien mir sehr unerklärlich.

VD: Gab es noch andere Auffälligkeiten?

RL: Die eine der beiden Frauen schlief in einem gemeinsamen Schlafzimmer mit ihrem Ehemann und ihrem 9jährigen Sohn. Mann und Sohn erwachten am Morgen mit je einer etwa 20 cm langen völlig verheilten Narbe am linken Bein. Sie hatten aber keinerlei bewußte Erinnerung an irgendwelche vorangegangenen Verletzungen.

VD: Worüber können Sie uns aus eigener Anschauung noch berichten?

RL: Eine meiner Entführungspatientinnen hatte mehrere Schnitte in ihrem großen Zeh. Während ich sie genauer untersuchte, begannen diese Wunden vor meinen Augen zu heilen. Die Wundränder wuchsen zusammen, dann sah ich eine rote Narbe, dann eine weißliche Narbe und dann nichts mehr. Das alles geschah innerhalb einer halben Stunde.

VD: So ein Erlebnis müßte doch Ihre Anschauung von der Medizin und von unserer Realität überhaupt ziemlich verändert haben?

RL: Mehr als das. Ich war zu Tode erschrocken, als ich das alles beobachtete. Später habe ich noch andere Stigmata beobachtet. So zum Beispiel bei einem Mann den Abdruck einer Hand auf seinem Rücken, bei einem anderen einen Kreis mit Strahlen, wie das Sonnenzeichen. Beide Stigmata machten den Eindruck von Verbrennungen.

VD: Ich glaube, wir haben jetzt einen Überblick über den

Verlauf einer typischen UFO-Entführung und über einige von Ihnen festgestellte physische Veränderungen danach. Wie werden diese Leute denn mit ihren Erlebnissen fertig?

RL: Wie ich schon sagte, handelt es sich ja um Menschen, die nach allen psychologischen Maßstäben normal sind, also weder um Neurotiker noch Psychopathen. Es ist daher verständlich, daß die geschilderten Erlebnisse einen erheblichen psychischen Stress zur Folge haben, besonders bei denen, die wiederholte Entführungserfahrungen gemacht haben. Ich helfe ihnen, diese Erlebnisse zu verarbeiten und in ihr Leben zu integrieren.

Empfehlenswerte Organisationen und Zeitschriften

1. Organisationen, die sich mit der Erforschung des UFO-Phäno-mens oder Besuchen außerirdischer Intelligenzen in der Ge-schichte der Menschheit beschäftigen:

Ancient Astronaut Society (AAS)
Baselstr. 10
CH-4532 Feldbrunnen

Forschungsgesellschaft Kornkreise (FGK)
Sekretariat: Dipl.-Ing. Hans Herbert Beier
Udalrichstr. 5
D-W-6143 Lorsch

Gesellschaft zur Erforschung des UFO-Phänomens (GEP)
Postfach 2361
D-W-5880 Lüdenscheid

Interessengemeinschaft Prä-Astronautik e.V. (IPE)
Wintgenstr. 26
D-W-4300 Essen 16

Mutual UFO Network – Central European Section (MUFON-CES)
Gerhart-Hauptmann-Str. 5
D-W-8152 Feldkirchen-Westerham

2. Zeitschriften zum Thema (sämtliche Zeitschriften werden von Organisationen oder Privatpersonen im Eigenverlag hergestellt und vertrieben):

Ancient Skies

Organ der Ancient Astronaut Society (s.o.).
Erscheint zweimonatlich, Themenbereich Paläo-SETI-Hypothese, neue Erkenntnisse und theoretische Ansätze, Literaturrezensionen.

Ancient Skies Amateur-Explorer

Erscheint als Eigenproduktion der Mitglieder in der AAS und wird herausgegeben von
Gerald Appel, Schwalbenweg 37, D-W-6700 Ludwigshafen.

Cheops

hrsg. von Thomas Mehner
Große Beerbergstr. 13, D-O-6019 Suhl.
Erscheint vierteljährlich, Magazin für UFO-Forschung und die Paläo-SETI-Hypothese, wendet sich insbesondere an die Leser aus den neuen deutschen Bundesländern.

G.R.A.L. – Geheimnisse/Rätsel/Analysen/Lösungen

hrsg. von Michael Haase
Arckos-Verlag, Lepiusstr. 1, D-W-1000 Berlin 41.
Erscheint zweimonatlich, kritisches Magazin mit Hauptaspekt Paläo-SETI, daneben Themen wie Astronomie, Astronautik, Archäologie und Grenzgebiete der Forschung.

Independent Science

hrsg. von Marc Theobald und Heiko Hebig
Graupnerweg 42, D-W-6100 Darmstadt.
Zweimonatlich erscheinendes Magazin, das sich vorwiegend mit historischen Kontakten (Paläo-SETI) beschäftigt, aber auch Berichte zu Nachbargebieten veröffentlicht.

International UFO Reporter
hrsg. vom J. Allen Hynek Center for UFO Studies
2457 West Peterson Avenue, Chicago, Ill. 60659, USA.
Englischsprachige UFO-Zeitschrift, erscheint zweimonatlich.
Gute, fundierte und wissenschaftliche Beiträge zu aktuellen und
historischen UFO-Fällen. Hauptschwerpunkt: Sichtungen in den
USA.

Journal für UFO-Forschung
Organ der GEP (s.o.), hrsg. von H.-W. Peiniger und G. Mos-
bleck.
Erscheint zweimonatlich, Themenbereich UFO-Forschung, kriti-
sche Analysen einzelner Fälle, weltweite UFO-Forschung, umfas-
sende Literaturrezensionen.

MUFON-CES-Berichte
hrsg. von MUFON-CES (s.o.).
Unregelmäßig etwa alle zwei bis drei Jahre erscheinende Ta-
gungsbände der zentraleuropäischen Sektion von MUFON. Wissenschaftlich ausgerichtete und gut fundierte Beiträge zum gesamten UFO-Themenspektrum.

MUFON UFO Journal
hrsg. vom Mutual UFO Network
103 Oldtown Rd., Seguin, Texas 78155, USA.
Monatlich erscheinendes, englischsprachiges Magazin der derzeit weltweit größten UFO-Forschungsgruppe. Wissenschaftlich
abgesicherte, gut recherchierte Berichte. Schwerpunkt USA.

Sign
hrsg. von Luc Bürgin
Margarethenstr. 75, CH-4053 Basel.
Erscheint zweimonatlich, Magazin für UFO-Forschung und die
Paläo-SETI-Hypothese, Berichte insbesondere aus der Schweiz.

Spurensuche
hrsg. von der IPE e.V. (s.o.)
IPE-Info, *Prä-Astronautik-Jahrbuch*, *Spurensuche* und *Spurensuche Extra* erscheinen als Heft- oder Buchreihe. Thematisch konzentriert sich die Arbeit der IPE und ihre Veröffentlichungen auf die Paläo-SETI-Hypothese, wobei auch Querverbindungen zum UFO-Komplex angesprochen werden.

UFO-Report
hrsg. von Wladislaw Raab
Klenzestr. 17, D-W-München 5.
Aktuelle UFO-Meldungen und Berichte, insbesondere auch Übersetzungen von Arbeiten aus der ehemaligen Sowjetunion. Erscheint viermal im Jahr.

Literatur

[1] Strieber, W.: *Die Besucher – eine wahre Geschichte.* Ueberreuther, Wien 1989. Tb-Ausgabe München, 1990.

[2] Strieber, W.: *Transformation – Eine wahre Geschichte.* München, 1992.

[3] Hopkins, B.: *Von UFOs entführt – Dokumente und Berichte über aufsehenerregende Fälle.* München, 1982.

[4] Hopkins, B.: *Eindringlinge – Die unheimlichen Begegnungen in den Copley Woods.* Hamburg, 1991

[5] Ribera, A.: *Treinta Años de Ovnis.* Barcelona, 1979.

[6] McCampbell, J.: *UFOlogy – New Insights from Science and Common Sense.* Belmont (Kalifornien), 1973

[7] Henke, R.: *Der CE-III-»Klassiker« Gill (Papua Neu Guinea 1959) aus heutiger Sicht – Die Theorie der verschwommenen Reize.* Journal für UFO-Forschung, 2/62 S. 38-48, 1989.

[8] Spencer, J.: *UFOs – The definitive Case Book.* London, 1991.

[9] Campbell, S.: *Livingston: Eine neue Hypothese.* Journal für UFO-Forschung, 3, S. 79-84, 1987. Original in: The Journal of Transient Aerial Phenomena, 4/3, 1986.

[10] Walter, W.: *Anmerkung des Übersetzers zu Campbell (Livingston).* Journal für UFO-Forschung, 3/51, S. 84, 1987.

[11] Keel, J.A.: *UFOs – Operation Trojan Horse.* London, 1973.

[12] Stemman, R.: *Das Weltall und seine Besucher.* Frankfurt-Berlin-Wien, 1979.

[13] Lorenzen, C.: *UFO Occupants in United States Reports.* In: C. Bowen (Hrsg.), The Humanoids, S. 143-176, London, 1969.

[14] Peiniger, H.-W.: *ET-Abbild zur Norm erklärt.* Journal für UFO-Forschung, 2/80, S. 46f., 1992 (bezieht sich auf: D.M. Jacobs: *What Can We Believe in Abduction Accounts?* MUFON 1991 International UFO Symposium Proceedings, S. 30-38, Seguin, Texas).

[15] Jacobs, D.M.: *The UFO Controversy in America.* Bloomington (Indiana), 1975.

[16] Lorenzen, C. und J.: *Encounters with UFO Occupants – The Complete Reports of Extraterrestrial Contact.* New York, 1976.

[17] Steiger, B.: *Project Blue Book.* New York, 1976.

[18] Erstmals veröffentlicht in: UFO-Nachrichten, 139, S. 2, 1968; von A. Schneider im Gespräch mit dem Zeugen überprüft und erneut veröffentlicht in: Schneider, A.: *Besucher aus dem All – Das Geheimnis der unbekannten Flugobjekte.* Freiburg, 1973.

[19] Bowen, C.: *Few an Far Between.* In: C. Bowen (Hrsg.), The Humanoids, S. 13-26. London, 1969.

[20] Creighton, G.: *The Humanoids in Latin America.* In: C. Bowen (Hrsg.), The Humanoids, S. 84-129. London, 1969.

[21] Ballester-Olmos, V.J.: *OVNIs – El Fenomeno Aterrizaje.* Barcelona, 1978.

[22] Stringfield, L.H.: *Situation Red – The UFO Siege.* New York, 1977.

[23] Eiseley, L., zit. in: L. Pauwels und J. Bergier, *Aufbruch ins dritte Jahrtausend – Von der Zukunft der phantastischen Vernunft.* München, 1962.

[24] Zit. in Michell, J., und Rickard, R.J.M.: *Die Welt steckt voller Wunder.* Düsseldorf-Wien, 1979.

[25] Löpelmann, M. (Hrsg.): *Erinn – Keltische Sagen aus Irland.* Düsseldorf-Köln, 1981.

[26] Hetmann, F. (Hrsg.): *Irischer Zaubergarten – Märchen, Sagen und Geschichten von der Grünen Insel.* Düsseldorf-Köln 1981.

[27] In: Schweizer Archiv für Volkskunde, 21, S. 53, Basel, 1917.

[28] Evans-Wentz, W.Y.: *The Fairy Faith in Celtic Country.* New York, 1911 und 1973.

[29] Michell, J., und Rickard, R.J.M.: *Die Welt steckt voller Wunder.* Düsseldorf-Wien, 1979.

[30] MacManus, D.: *The Middle Kingdom.* London, 1973.

[31] Aubry, J.: *Natural History of Wiltshire.* London, 1659.

[32] Mackenzie, D.: *Myths of Pre-Columbian America.* New York, 1969.

[33] Fowler, R.E.: *Die Wächter – Wie Außerirdische die Erde retten wollen: Ein unglaublicher Report.* Bergisch-Gladbach, 1991.

[34] Farson, D., und Hall, A.: *Geheimnisvolle Wesen und Ungeheuer.* Glarus, 1978.

[35] Broukesmith, P. (Hrsg.): *Appearences and Disappearences.* London, 1984 und 1990.

[36] Zit. in: Charroux, R.: *Verratene Geheimnisse – Atomsintflut und Raketenarche.* München-Berlin, 1973.

[37] Creighton, G.: *A Brief Account of the True Nature of the »UFO Entities«.* Flying Saucer Review, 29, S. 1, 1983.

[38] Welling, G.v.: *Opus mago-cabbalisticum et theosophicum ...* Frankfurt, 1784.

[39] Ascher, B.: *Paracelsus, Sämtliche Werke.* Jena, 1926-1932.

[40] Goethe, J.W.v.: *Dichtung und Wahrheit.* 6. Bd. der 14bändigen Gesamtausgabe, Hamburg, 1964.

[41] Magin, U.: *Kontakte mit »Außerirdischen« im deutschen Sprachraum.* Gesellschaft zur Erforschung des UFO-Phänomens, Lüdenscheid, 1991.

[42] Zit. in: Heß, W.: *Himmels- und Naturerscheinungen in Einblattdrucken des 15. bis 18. Jahrhunderts.* Leipzig, 1911.

[43] Brand, I.: *Die Behandlung von UFO-Beobachtungen in der Presse und durch die Gelehrten im 17. und 18. Jahrhundert.* In: I. Brand (Hrsg.), Unerklärliche Himmelserscheinungen in älterer und neuerer Zeit. MUFON-CES-Bericht Nr. 3, S. 57-157, Ottobrunn, 1977.

[44] »Von einzelnen Naturgeschichten 1717«, Class. IV. In: Geschichte der Natur und Kunst, Artiv IV: Potsdam, 1718.

[45] Bergk, J.A., und Baumgärtner, F.G.: *Museum des Wundervollen oder Magazin des Außerordentlichen in der Natur und der Kunst und im Menschenleben.* Leipzig, 1809.

[46] Mehner, T.: *Spektakuläre Himmelserscheinungen während UdSSR-Inlandsflug*. Journal für UFO-Forschung, 1/55, S. 8-17, 1988.

[47] Sachmann, H.-W.: *Himmelskräfte – Karl der Große, das »Lichtphänomen« an der Sigiburg im Jahre 776 n.Chr. und der Heilige Reinhold, Schutzpatron der Stadt Dortmund, aus prä-astronautischer Sicht*. In: J. Fiebag, P. Fiebag und H.-W. Sachmann: Gesandte des Alls. Interessengemeinschaft Prä-Astronautik e.V., Essen, 1993.

[48] Rübel, K.: *Geschichte der Hohensiburg*. Essen, 1901.

[49] Bürgin, L.: *Fliegende Schilder*. SIGN, 1, S. 8f., 1989.

[50] Drake, W.R.: *Messengers from the Stars – Fascinating Evidence of Visitors from Outer Space*. London, 1977.

[51] Zit. in: *Handwörterbuch des deutschen Aberglaubens*. Berlin, 1986.

[52] Francisci, E.: *Der Wunder-reiche Überzug unserer Nider-Welt / Oder Erd-umgebende Lufft-Kreys*. Nürnberg, 1680.

[53] Fiebag, J., und Fiebag, P.: *Himmelszeichen – Eingriffe Gottes oder Manifestationen einer fremden Intelligenz?* München, 1992.

[54] Golowin, S.: *Götter der Atomzeit*. Bern-München, 1967.

[55] Kolosimo, P.: *Schatten auf den Sternen*. Wiesbaden, 1971.

[56] De Villars, M.: *Le comte de Gabalis*. Paris, 1670; deutsche Übersetzung: Berlin, 1782.

[57] Good, T.: *Jenseits von Top Secret – Das geheime UFO-Wissen der Regierungen*. Frankfurt, 1990.

[58] Good, T.: *Sie sind da – Die UFO-Dokumentation*. Frankfurt, 1992.

[59] Calmet, A.: *Von Erscheinungen der Geisteren und denen Vampiren in Ungarn, Mahren ...* Augsburg, 1751.

[60] Peuckert, W.-E.: *Deutsche Propheten*. In: Handwörterbuch des deutschen Aberglaubens, Bd. 9, S. 66-100. Berlin, 1988.

[61] *Das Buch Mormon*. Kirche Jesu Christi der Heiligen der letzten Tage. 19. Auflage, Köln, o.D.

[62] Kappel, M.: *Die Erscheinungen des Joseph Smith – Was geschah bei der Mormonen-Gründung wirklich?* In: E. v. Däniken (Hrsg.): Neue kosmische Spuren, S. 284-290. München, 1992.

[63] Schmidt, J.: *Collectanea Chronica und denkwürdige Sachen pro Chronica Lucernensi et Helvetiae*. Bd. 1, Luzern 1969.

[64] Henke, R.: *Entführung anno 1572?* Journal für UFO-Forschung, 6/78, S. 161-167, 1991.

[65] Lorenzen, C. und J.: *Flying Saucer Occupants*. New York, 1967.

[66] Bürgin, L.: *Dreiecksichtung im 19.Jahrhundert*. SIGN, 16, S. 10, 1991.

[67] *Sacramento Evening Bee* und *San Francisco Call* vom 18.11.1896.

[68] Gross, L.E.: *UFO's. A History 1896*. Fremont (Kalifornien), 1987.

[69] *Chico Enterprise* vom 22.11.1896.

[70] *San Francisco Call* vom 27.11.1896.

[71] Fischer, D.: *Experten erschüttert: UFO-Absturz in Darmstadt*. Skyweek 8/20, S. 1, 1992.

[72] *Kansas City Times* vom 29. März 1897.

[73] *Quincy Morning Whig* vom 11. April 1897.

[74] *Sioux City Journal* vom 17. April 1897.

[75] *St. Paul Pioneer Press* vom 12. April 1897.

[76] *Lincoln Weekley Courier* vom 13. April 1897.

[77] *Jamestown Weekley Alert* vom 22. April 1897.

[78] *Cincinnati Enquirer* vom 5. Mai 1897.

[79] *Cleveland Plain-Dealer* vom 11. Mai 1897.

[80] Siehe hierzu u.a.: Fiebag, P.: *Der Zukunftsdenker*. In: J. Fiebag, P. Fiebag und H.-W. Sachmann: Gesandte des Alls. Interessengemeinschaft Prä-Astronautik e.V., Essen, 1993.

[81] *Dallas Morning News* vom 16. April 1897.

[82] Chariton, W.O.: *The Great Texas Airship Mystery*. Plano (Texas), 1991.

[83] *Clarksville Daily Leaf-Chronicle* vom 17. April 1897.

[84] *San Antonio Light* vom 28. April 1897.

[85] *Evening Press* (Grand Rapids) vom 17. April 1897.

[86] *Evening Press* (Grand Rapids) vom 16. April 1897.

87 Magin, U.: *Die Luftschiffe des Herrn Verne – ein mögliches Indiz zur Lösung der UFO-Frage.* Journal für UFO-Forschung, 4/46, S. 117-120, 1986.

88 Howe, L.M.: *An Alien Harvest – Further Evidence Linking Animal Mutilations and Human Abductions to Alien Life Forms.* Littleton (Colorado), 1989.

89 Reckmann, T.: *Neue Erkenntnisse zu Viehverstümmelungen mit UFO-Bezug?* Magazin für UFO-Forschung, 3, S. 4-16, 1991.

90 *St. Paul Pioneer Press* vom 15. April 1897.

91 *Minneapolis Tribune* vom 13. April 1897.

92 *Louisville Evening Post* vom 13. April 1897.

93 *Saginaw Courier-Herald* vom 17. April 1897.

94 *St. Louis Post-Dispatch* vom 19. April 1897.

95 *Kokomo Daily Tribune* vom 4. Mai 1897.

96 *Stockton Evening Mail* (Kalifornien) vom 27. November 1896.

97 Condon, E.U., und Gillmore, D.S. (Hrsg.): *Scientific Study of Unidentified Flying Objects.* New York, 1968.

98 *Pfälzer Tageblatt* vom 10. Oktober 1954.

99 Vallee, J.: *The Pattern Behind the UFO Landings.* In: C. Bowen, The Humanoids, S. 27-76. London, 1969.

100 Meheust, B.: *Science Fiction et Soucopes Volantes.* Paris, 1978.

101 *Arkansas Gazette* vom 22. April 1897.

102 *Paducah Daily News* vom 26. April 1897.

103 *Houston Daily Post* vom 25. April 1897.

104 *Dallas Morning News* vom 19. April 1897.

105 *Auburn Granger* vom 9. April 1897.

106 *Fort Worth Register* vom 18. April 1897.

107 *Springfield News* vom 15. April 1897.

108 Schwartz, B.E.: *UFO Dynamics*, Bd. II Moore Haven (Florida), 1983.

109 Gordon, S.: MUFON-UFO-Journal, 247, 2, 1991.

110 *Houston Post* vom April 1897, zit. in [82].

111 Ludwiger, I.v.: *Der Stand der UFO-Forschung.* Frankfurt a.M. 1992.

[112] Huneeus, A.: *Soviet's Acknowledge UFO Landings and Sightings of Alien Beings.* UFO Universe, 3, S. 28-41, 1990.

[113] *Daily State Journal* (Lincoln) vom 8. Juni 1884.

[114] *Daily State Journal* (Lincoln) vom 10. Juni 1884.

[115] *Hessisch-Niedersächsische Allgemeine* vom 2. Juni 1973 (dpa-Meldung).

[116] *News World* (New York) vom 8. Januar 1983.

[117] Witchell, N.: *The Loch Ness Story.* London, 1975.

[118] *Die Welt*, 206, vom 4.9.1976.

[119] Dinsdale, T.: *The Loch Ness Monster.* London, 1976.

[120] Farson, D., und Hall, A.: *Geheimnisvolle Wesen und Ungeheuer.* Glarus, 1978.

[121] *Bergsträßer Anzeiger* vom 20. Mai 1977.

[122] *Bild-Zeitung* vom 15. 1. 1978.

[123] *State* (Columbia) vom 2. 1. 1989.

[124] *Bild-Zeitung* vom 17. Juli 1979.

[125] Napier, J.: *Bigfoot – The Yeti and Sasquatch in Myth and Reality.* London, 1976.

[126] *Bulletin* (Latrobe, Pennsylvania) vom 8. Juni 1988.

[127] Gordon, S.: Vortrag MUFON-Symposium, 1974 in Acron, USA.

[128] *Titbits* (London), März 1987.

[129] Chalker, W.: *The Missing Cessna and the UFO.* Flying Saucer Review, 24/5, S. 3-5, 1978.

[130] Chalker, W.: *Vanished? The Valentich Affair Re-examined.* Flying Saucer Review, 30/2, S. 6-12, 1984.

[131] Eine gute aktuelle Zusammenfassung findet sich bei [57]Good, S. 199-208.

[132] *Begegnung der 3. Art in Hemer.* Mysteria, 7/57, S. 18f., 1985.

[133] Lawson, A.H.: *Hypnosis of Imaginary UFO »Abductees«.* The Journal of UFO Studies, 1/1, S. 8-26, 1980.

[134] *Australian* Post (Melbourne) vom 14. Dezember 1991 und persönliche Kommunikation.

[135] Clark, J.: *UFOs in the 1980s.* The UFO Encyclopedia, 1. Detroit (Michigan), 1990.

[136] Shuessler, J.: *The Implant Enigma.* MUFON-UFO-Journal, 269, S. 19, 1990.

[137] Magin, U.: *Von UFOs entführt – Unheimliche Begegnungen der vierten Art.* München, 1991.

[138] Bloecher, T., Hopkins, B., und Clamar, A.: *Abductees are »Normal People«.* International UFO Reporter, 9/4, S. 10-12, 1984.

[139] Schwartz, B.: *UFO-Dynamics: Psychiatric and Psychic Aspects of the UFO Syndrome.* Moore Haven (Florida), 1985.

[140] Druffel, A., und Scott Rogo, D.: *The Tujunga Canyon Contacts.* New York, 1988.

[141] Watson, N.: *Portraits of Alien Encounters.* London, 1989.

[142] *Little River News* (Ashdown, Arkansas) vom 11. März 1989.

[143] Vallée, J.: *Five Arguments Against the Extraterrestrial Origin of UFOs.* Journal of Scientific Exploration, 4/1, S. 105-118, 1990.

[144] Krönig, K. und J.: *Was Schlagzeilen macht.* In: J. Krönig (Hrsg.), Spuren im Korn, S. 140-144, Frankfurt, 1991.

[145] Keel, J.A.: *The Mothman Prophecies.* New York, 1976.

[146] S. u.a. Fiebag, J.: *Vor 3,5 Milliarden Jahren: Leben auf dem frühen Mars?* In E.v.Däniken (Hrsg.), Neue kosmische Spuren, S. 55-65, München 1992.

[147] Fiebag, J.: *Analyse tektonischer Richtungsmuster auf dem Mars – Keine Hinweise auf künstliche Strukturen in der südlichen Cydonia-Region.* Astronautik, 1, S. 9-13, und 2, S. S. 47-48, 1990.

[148] Fiebag, J.: *»Gesicht« und »Pyramiden« in der Cydonia-Region des Mars – Eine Untersuchung zu Spekulationen über eine »künstliche« Entstehung.* Astronautik, 2, S. 44-46, und 3, S. 75-77, 1990.

[149] Fiebag, J.: *Woher die Götter kamen – und woher nicht.* Journal für UFO-Forschung, 5/59, S. 130-141, 1988.

[150] Sitchin, Z.: *Der zwölfte Planet.* Unterägerie, 1979, und München, 1989.

[151] *Sacramento Bee* (Sacramento) vom 24. November 1896.

[152] Smith, W. (Pseudonym für Norman, E.): *The Book of Encounters.* New York, 1976.

[153] Blum, R., und Blum, J.: *Beyond Earth – Man's Contact with UFOs.* New York, 1974.

[154] Steiger, B., und Hansen-Steiger, S.: *Die Gemeinschaft – Spirituelle Kontakte zwischen Menschen und Außerirdischen.* Frankfurt, 1991.

[155] Van Tessel, G.: *I Rode a Flying Saucer.* Los Angeles, 1952.

[156] Sheran, M.S.: *Aufruf an die Lichtarbeiter.* München, 1989.

[157] Commander X: *Underground Alien Bases.* New Brunswick (New York), 1989.

[158] Armstrong, V., auf der 2. Konferenz »Dialog mit dem Universum«, München 1990, zit. in: »*UFOs – Irre Geschichten aus dem Weltraum*«, Bayerischer Rundfunk vom 10. 2. 1991.

[159] Zit. in: Walter, W.: *Ehemaliger CIA-Pilot behauptet, daß die Fremden unter uns sind.* Journal für UFO-Forschung, 3/63, S. 88-90, 1989.

[160] Andrews, J.H.: *The Extraterrestrials and Their Reality.* Prescott (Arizona), 1989.

[161] Fisher, S.S.: *Wenn das Interface im Virtuellen verschwindet.* In: M. Waffender (Hrsg.), Cyberspace – Ausflüge in virtuelle Wirklichkeiten, S. 35-51. Reinbek, 1991.

[162] Heisenberg, W.: *Der Teil und das Ganze. Gespräche im Umkreis der Atomphysik.* München, 1969.

[163] Stryker, T.: *Ist die Wirklichkeit etwas Virtuelles?* In: M. Waffender (Hrsg.), Cyberspace – Ausflüge in virtuelle Wirklichkeiten, S. 237-247. Reinbek, 1991.

[164] De San, M.G.: *The Ultimate Desteny of an Intelligent Species – Everlasting Nomadic Life in the Galaxy.* Journal of the British Interplanetary Society, 34, S. 219-237, 1981.

[165] Finney, B.R.: *Solar System Colonization and Interstellar Migration.* Acta Astronautica, S. 225-230, 1988.

[166] Fogg, M.J.: *Temporal Aspects of the Interaction Among the First Galactic Civilizations: The »Interdict Hypothesis«.* Icarus, 69, S. 370-384, 1987.

[167] Jones, E.M.: *Colonization of the Galaxy.* Icarus, 28, S. 421-422, 1976.

[168] Jones, E.M.: *Interstellar Colonization.* Journal of the British Interplanetary Society, 31, S. 103-107, 1978.

[169] Jones, E.M.: *Discrete Calculations of Interstellar Migration and Settlement.* Icarus, 46, S. 328-336, 1981.

[170] Newman, W.I., and Sagan, C.: *Galactic Civilizations: Population Dynamics and Interstellar Diffusion.* Icarus, 46, S. 293-327, 1981.

[171] Stephenson, D.G.: *Models of Interstellar Exploration.* Quarterley Journal of the Royal Astronomical Society, 23, S. 236-251, 1982.

[172] Turner, E.L.: *Galactic Colonization and Competition in a Young Galactic Disk.* In: Papagiannis, M.D. (Hrsg.), The search for extraterrestrial life: Recent developments, S. 477-482, Proc. 112th Sympos.IAU, Boston University, Boston, June 18-21, 1984. D. Reidel Publ., Dordrecht-Boston, 1985.

[173] Zuckerman, B.: *Stellar Evolution: Motivation for Mass Interstellar Migrations.* Quarterly Journal of the Royal Astronomical Society, 26, S. 56-59, 1975.

[174] Zit .in: Bylinski, G.: *Evolution im Weltall – Geschichte und Zukunft des Lebens.* Frankfurt, 1985.

[175] De Wit, B., und Graham, N. (Hrsg.): *The Many-Worlds Interpretation of Quantum Mechanics.* Princeton, 1973.

[176] Fiebag, J.: *Die Mimikry-Hypothese.* In: E.v.Däniken (Hrsg.), Neue kosmische Spuren, S. 402-408, München 1992.

[177] Blumrich, J.F.: *Da tat sich der Himmel auf – Die Raumschiffe des Propheten Ezechiels und ihre Bestätigung durch modernste Technik.* Düsseldorf-Wien, 1973.

[178] Beier, H.H.: *Kronzeuge Ezechiel – Sein Tempel, seine Raumschiffe, seine Geschichte.* München, 1985.

[179] Sasson, G., und Dale, R.: *Die Manna-Maschine.* Rastatt, 1979.

[180] Fiebag, J. und P.: *Die Entdeckung des Grals – Auf den Spuren der Manna-Maschine, der Bundeslade und des Templer-Ordens.* München, 1989.

[181] Fiebag, J.: *Die Marienerscheinungen von Guadalupe (Mexiko), 1531 – Hinweise auf einen extraterrestrischen Hintergrund.* In: E.v.Däniken (Hrsg.), Neue kosmische Spuren, S. 264-283. München, 1992 (siehe auch[53]).

[182] Feix, W.: *Eine Botschaft von Alpha Centauri?* In: E.v.Däniken (Hrsg.): Kosmische Spuren, S. 187-204. München, 1988.

[183] Feix, W.: *Die große Pyramide von Gizeh – Neues von Alpha Centauri.* In: E.v.Däniken (Hrsg.), Neue kosmische Spuren, S. 151-154. München, 1992.

[184] Feix, W.: *Stonehenge als Zeichensystem – Eine Botschaft vom Asteroid »16 Psyche«.* In: E.v.Däniken (Hrsg.), Neue kosmische Spuren, S. 305-320. München, 1992.

[185] Feix, W.: *Kosmolinguistik in Stonehenge.* Ancient Skies, 5, S. 3f., 1992.

Register

Personenregister

Abraham 79
Alexander der Große 79
Alighieri, Dante 37
Altshuler, John 271
Andreasson-Luca, Betty 67,
  69, 78, 81
Andrus, Walter 206, 208
Armstrong, Virgil 293

Bloecher, Ted 265
Bos, Françoise 75, 79
Bosch, Hieronymus 37
Buchmann, Hans 125ff., 130

Campbell, Charles 161
Campbell, Stuart 35f.
Case, William 206, 208, 210
Chariton, Walton O. 168
Chreigthon, Gordon 81
Clamar, Aphrodite 265
Clark, Jerome 166
Columbianus 214

Condon, Edward 176f.
Cortile, Linda 9ff., 20, 258
Cysat, Renward 124, 126,
  128, 130

da Vinci, Leonardo 153
Delavre, Vladimir 322ff.
de Chardin, Pierre Teilhard
  309, 312
de Cuellar, Perez 13
de Villars, Montfaucon 113,
  115
Diaz, Carlos Antonio 59ff.
  113, 130
Dinsdale, Tim 236
Drake, W. Raymond 98
Druffel, Ann 268f.

Edison, Thomas Alva 174,
  176
Einstein, Albert 297, 305
Eiseley, Loren 52

345

Ellis, John W. 199, 201, 203
Evans, Mary 204, 207
Evanz-Wentz, W. 58

Feix, Wolfgang 314
Fogg, Marty 307
Francisci, Erasmus 104

Gibbs-Smith, Charles H. 142
Golowin, Sergius 108

Harder, James 251
Heisenberg, Werner 302
Hetmann, Frederick 62
Hickson, Charles 45
Higdon, Carl 287
Higgins, José C. 280f.
Hillary, Sir Edmond 223
Hopkins, Budd 11ff., 20, 66,
    136, 265

Jacobs, David 43f.
Jastrow, Robert 307, 315
Jesus von Nazareth 78
Jones, Eric 307

Karl der Große 96f., 99, 114
Keel, John A. 37, 278, 285
Kiehl, William J. 135
Kötter, Christoph 118ff., 124
Krischna 79

Laibow, Rima 259, 322ff.
Lasurin, Gennadi 95f.
Lawson, Alwin 249f.
Lear, John 293

Livius, Titus 98
Löpelmann, Martin 56
Ludwiger, Illobrand von (Illo
    Brand) 91, 117, 197
Luther, Martin 75

Machen, Arthur 27
MacManus, Dermont 59
Magee, Judith 263f.
Magin, Ulrich 119, 260
McCampbell, James 32
Meheust, Bertrand 179
Mehner, Thomas 95
Messner, Reinhold 223
Michell, John 59
Morre, Dr. 73f.
Moroni 121ff.
Moulton Howe, Linda 272

Neumann, John von 303
Newman, Walter 307
Norman, Paul 263f.
Nostradamus, Michel de 90,
    92

Oldham, Adam 157, 158,
    174
Oleson, Ole 193ff.

Paracelsus von Hohenheim
    82f.
Parker, Calvin 45
Pasini, Peter 253ff.
Peuckert, Will-Erich 119
Pipin 113
Price, Richard 258

Puddy, Maureen 261ff.
Rieder, Jürgen (Pseudonym)
  15ff., 87
Rogo, D. Scott 268f.

Sachmann, Hans-Werner 97
Sagan, Carl 307
Sarah 79
Schirmer, Herbert 287f.
Schrödinger, Erwin 303
Schwartz, Berthold 184,
  266
Semele 269f.
Sheran, Asthar 291ff.
Shipton, Eric 222
Siebig, Fred 228
Slater, Elisabeth 265
Smith, Joseph 120ff.
Spielberg, Steven 306
Steiger, Brad 289
Stewart, James 301
Strieber, Whitley 20, 28, 78
Stripling, Juanita 271
Sutton, Elmer und Vera 38

Taylor, Bill Ray 38ff.
Taylor, Robert 33ff.

Thoma, Agathe 137
Thoma, Hans 137f.
Tolbert, Frank 206f.
Tscherkaschin, Igor 95

Valentich, Frederick 243
Vallée, Jacques 274, 279
Van Tessel, George 291
Verne, Jules 138, 140, 164
von Braun, Wernher 293
von Goethe, Johann Wolf-
  gang 85f.
von Neumann, John 303
von Welling, Georg 82
von Zeppelin, Ferdinand
  Graf 142

Ward, Michael 222
Weaver, Sigourney 301
Wigner, Eugene 303
Wilson, Mr. 180ff.
Wright, Orville und Wilbur
  142

Zedekias 113
Zeus 269

Sachregister

Algonkin 64
Ancient Astronaut Society 227
Antigravitationsmaschine 23f., 120
APRO (Aerial Phenomena Research Organization) 250

Bigfoot 221f., 224ff., 233, 235, 237, 239
Britisches Museum 74
Buch Mormon 121f., 311

CE-III-Kontakte 21
»Champ« 222
Channeling / Channeln 288f., 292
Channel 278, 288, 294f.
»Christine« (Schiff) 193f., 196
Condon-Report 176f.
Crash-Phänomen 192, 195
Cyberspace 299ff., 303, 310, 314

Dämone 24, 26, 37, 56, 75, 78, 81, 111
Dämonologie 37
Dämonomanie 38
detail reflectivity 268, 287
Devon 228
Dinosaurier 213, 218f., 238
»Dover Demon« 222, 238

Drei-Sonnen-Phänomen 87
Dschinns 81f.

EBEs (Extraterrestrial Biological Entities) 294
Edda 56
Elfen 25, 55f., 58f., 62, 65, 69, 82, 111, 131, 310
Engel 25, 37f., 57, 100, 118ff., 212, 288
Engelsbataillone 100
Entführungen (in UFOs/durch die Anderen) 11, 20, 22, 24, 43ff., 48, 52, 58ff., 66f., 69, 72ff., 78, 81f., 111ff., 115f., 117, 119f., 123f., 130f., 168, 173, 177, 211, 242ff., 245f., 248ff., 252f., 257, 258ff., 264ff., 273, 280, 287f., 294f., 315, 326ff.
Entführungs-Syndrom 11, 20
Erdlichter 86f.
Eresburg 97f.
Erinnerungsverlust/Zeitverlust 20, 112, 119, 122f., 287
ETH (Extraterrestrische Hypothese) 192, 274, 278, 312

Fata Morgana 36, 101
Feen 25, 55ff., 62f., 69, 72, 74, 82, 84, 89, 111, 113, 117f., 131, 212, 310f.

Feuerkugeln 87, 91
FGK (Forschungsgesellschaft Kornkreise) 277

Geister 24, 37, 55, 113f.
Geisterarmeen 101
Gill-Fall 32f.
Gnome 55
»große Volk, das« 55, 72
GWUP (Gesellschaft zur wissenschaftlichen Untersuchung von Parawissenschaften) 148

Heisenbergsche Unschärferelation 304
Hexenring 63f.
Hypnose/Hypnoserückführung 11ff., 20, 49, 67, 111, 168, 249f., 251f., 254, 258, 268, 280, 287

Implantate 12f., 257ff., 267
Incubi 74f.

»Jersey Devil« 222
Jüngstes Gericht 57, 294

»kleine Graue« 9, 13, 28, 43f., 81, 250ff., 253ff., 293ff., 310, 314, 317
»kleine Volk, das« 55f.
Kobolde 57f., 63, 130f., 212
Kornkreise 274ff.
Kugelblitze 35, 91f.

Landespuren (von UFOs) 45, 52, 67, 248, 267
Lemurier 293
»Lizard Man« 221, 229
Lockborne Luftwaffenstützpunkt 189, 192
Luftschiff-Phänomen 114, 180
Luftschiffe 93, 113f., 130f., 138ff., 149, 151f., 153, 155ff., 162ff., 166ff., 172ff., 179, 181, 193, 196, 199, 204f., 211, 285f., 313
Luftschiff-Insassen 24, 139, 162ff., 180, 194, 204, 314

Magellan (Planetensonde) 284
Marienerscheinungen 105, 122, 124, 313
Mars Observer (Planetensonde) 283
Marsgesicht 283
Marsianer 157, 173, 208f., 287
Massachusetts Institute of Technology 11, 217, 258
Meteore/Meteorite 44, 87, 89, 91f., 94, 184ff., 199, 202
Meteoritenkrater 283
Mimikry-Verhalten 312
MIR-Raumstation 148
MUFON (Mutual UFO Network) 13f., 91, 117, 187, 206ff., 230, 234f.

349

Nahtod-Erlebnisse 308
NASA 187, 192, 283, 300
NASA Ames Research Center 300
Neandertaler 224, 238
»Nessiteras rhombopteryx« 217
»Nessy« 213ff.
New Age 289, 292
Nordlichter 93, 100f.

Oakwood-Friedhof 258
»Ogopogo« 222, 228
Omega-Punkt 309, 312, 316
Out-of-body-Erlebnisse 308

Parapsychologie 308
parmas (Rundschilder) 98
Party-Ballone 147f.
Pegasus (Luftschiff) 163
Phantomheere 101
Puck 81f.

Quastenfloßler 228

Reichsheer, Deutsches 101
Riesen 20, 28, 43, 45f., 48, 52, 55, 58, 87, 170, 195, 237, 256

Sakramento (Luftschiff) 161f.
Saratoga (Luftschiff) 163
Sasquatch 222, 225
Schneemenschen 213, 222ff., 227f.

Seeschlangen 213, 222, 238
Sigiburg/Hohensyburg 97ff.
Smithsonian Institute 158, 174
Solar Light Center 289, 292
Space People 294
Stonehenge 314
Succubi 74f.
Sylphen 113, 115ff.

Tierverstümmelungen 165f., 271ff.
TREAT (Treatment and Research on Experienced Anomalous Trauma) 259, 326

UFO 11ff., 20f., 24, 37, 41, 49, 59, 62, 65, 67, 72, 77f., 94, 96, 98, 107, 111, 123, 130, 136, 176, 179, 187, 211, 213, 230, 233f., 237, 239, 242ff., 257, 264, 266ff., 273f., 277, 279, 284, 288, 311, 312, 315
-Begegnungen, künstliche 250
-Beobachter/-Berichterstatter 90, 179
-Beobachtungen 32, 64, 144, 148
-Berichte 32, 35
-Besatzungen 58, 65, 82
UFO/Bigfoot-Aktivität 233
-Cover-up 114
-Entführung siehe Entführungen (in UFOs)

350

-Forscher 11, 14, 37, 42f.,
  95, 97, 137, 179, 230f.,
  249, 258f., 265, 268,
  269, 274, 278
-Forschung 42, 75, 91, 165,
  259, 261, 278, 285, 294
-Forschungsorganisationen/
  -Untersuchungsgruppen
  13, 250 (siehe auch MU-
  FON und APRO)
-Geschehen 269
-Geschichte 105
-Insassen (s.a. UFO-Besatzungen) 21, 24, 49, 81,
  177f., 237f., 253, 267f.,
  277
-Katastrophen/Abstürze
  183ff.
-Kontaktpersonen 38
-Landungen 39, 166, 177,
  233, 258, 279f., 285
-Literatur 42, 58, 87, 166,
  172
-Mechaniker 179
-Phänomen 22, 38, 43f.,
  86, 102, 105, 136, 176f.,
  211, 231, 267, 273, 312f.
-Propheten 288
-Sichtungen/-Sichtungswel-
  len 13, 31f., 45, 95, 104,
  137f., 142, 147, 230,
  265, 279
-Skeptiker 13, 32, 36, 96,
  112, 119, 127f., 136,
  147f., 244, 259

-Stimuli 32, 148
-Typen 151, 279
-Zeugen 12f., 21, 31, 49,
  58, 62, 65f., 82, 89, 105,
  114, 117, 187, 189, 192,
  233f., 244, 248, 260,
  263, 265, 267f.
UFOlogie 278, 285
UFOnauten 178, 180, 211,
  267, 282, 310
Universität Colorado 176
US-Armee 187
  -Geheimdienste 192
  -Luftwaffe 187, 294
  -Marine 187
  -Militär 272
  -Regierung 273, 293

V-2-Rakete 293
Van-Allen-Strahlungsgürtel
  291
Viking (Planentensonde) 283

Weltkrieg, Erster 100
Weltkrieg, Zweiter 224f.
Wright-Patterson-Luftwaffen-
  stützpunkt 189, 192

Yeti 22ff., 229, 238

Zeitverlust s. Erinnerungsverlust
Zwerge 9, 24, 28, 39, 41ff.,
  55, 58, 82, 89, 108, 172,
  237, 317

Ortsregister und astronomische Begriffe

Aberdeen 46
Afrika 213, 218f., 222, 224,
 229, 242
Alençon 107
Alpha Centauri 312
Amerika 11, 25, 43, 93,
 120f., 138f., 141, 159, 164,
 193, 211, 224, 227f., 279
Anden 221
Andromeda-Nebel 27
Antelope Valley 237
Argentinien 48, 59ff., 178,
 288
Arizona 184, 226
Asien 224, 228, 242
Asteroide 283f., 314
Atlantik 193, 228
Aurora 183, 204ff., 311
Australien 195, 243, 253ff.,
 261ff.
Aztec 184, 192

Bahia Blanca 60, 62, 113,
 130
Baikalsee 213
Belgien 137
Benkelman 199, 201, 203
Berlin 293
Bern 108
Bernau 137
Bodensee 16, 23, 49, 87, 314
Bolivien 184
Brasilien 184, 241, 280

Bremen 184, 192
British Kolumbien 225
Buenos Aires 60ff., 113, 130

Champlainsee 222
Chattanooga 179
Chicago 226, 249
Chiemsee 295
Cincinatti 153
Clarion 282
Clausthal-Zellerfeld 92, 96,
 144
Cydonia-Region 283

Darmstadt 148
Denver 200, 203
Deutschland 25, 128, 184,
 219
Don 108ff., 112
Dortmund 97

Ecuador 228
England 30, 56, 218, 274,
 276f.
Erde 38, 57f., 81, 101, 113,
 115f., 124, 158, 170, 174,
 179, 181f., 185, 192, 197f.,
 221, 243f., 279, 283f., 287,
 290ff., 306f., 314
Eriesee 222
Estland 95
Europa 113f., 141, 164, 193,
 238, 260, 279, 286

352

Fatima 105, 314
Flatwood 44
Florida 221, 226, 288
Frankfurt 85, 87, 326
Frankreich 96, 107, 177

Galaxie /Galaxis (s.a. Milch-
straße) 90, 305ff.
Galisteo Junction 139f.
Gelnhausen 85
Glasgow 163
Görlitz 119
Großbritannien 30, 213, 216,
229, 236
Guadalupe 105

Hagen 97
Hanau 85, 87
Harz 92
Heidelberg (Australien)
262
Hemer 245
Himalaja 213, 222, 227
Hopkinsville 38, 41f., 82,
237, 317
Houston 195, 273

Illinois 151, 153, 267
Indiana 64, 172, 221, 235
Indien 193
Indischer Ozean 193
Inverfarigaig 215
Io 301
Irak 229
Irland 56, 73
Italien 128

Jakutien 218
Jupiter 149, 282

Kalifornien 142, 144, 237,
246
Kanada 174, 216, 222
Kansas 148, 166, 259
Kap der Guten Hoffnung 193
Kaukasus 222, 225, 227
Kecksburg 184, 186ff., 191f.
Kentucky 38, 163
Kiel 92
Kosmos 278, 292, 308
Kuba 181

Labynkyr-See 218
Leipzig 85
Livingston 33, 35f.
Loch Ness 213ff., 237f.
Loch Watten 217
London 74, 274
Los Alamos 294
Los Angeles 48, 149
Luzern 124, 130
Lyon 116f.

»Magonia« 113, 116ff., 131,
212, 310f.
Mailand 127f.
Mars 157ff., 172, 174, 205,
208, 212, 283f., 286, 299
Massachusetts 222
Medjugorje 105
Melbourne 243, 253, 261
Merkur 35f., 282
Mexiko 184

353

Michigan 163, 170
Milchstraße (siehe auch Galaxis) 90, 305ff.
Minnesota 169f., 177
Mississippi 45, 157, 163
Missouri 170
Mond 57, 90, 104, 133, 139, 149f., 282, 284, 299f.
Münster 177

Nashville 286
Nebraska 198, 203, 311
Neptun 282
Neuseeland 227
New Mexico 13, 139f., 183, 184
New York 9, 11, 14, 62f., 121, 140, 181, 222
Nord-Carolina 221
Nordamerika 24, 64, 142, 158, 167, 174
»Nordpol-Land« 285f., 314

Oberlausitz 119
Odenwald 219f., 222
Ohio 50, 153, 189, 222, 235
Okanagansee 222
Ontariosee 135
Österreich 128
Ostsee 102

Paradise Valley 184
Pascagoula-River 45
Pazifik 228
Pennsylvania 49, 184, 186f., 226, 230f., 235

Phaeton 284
Pittsburg 163, 231
Pluto 282
Puerto Rico 245
»16 Psyche« 314

Rickerode 177
Rio Grande 220
Rocky Mountains 213, 222, 226
Römerschyl 125
Roswell 183, 192
Rothenburg ob der Tauber 101
Rußland 108, 184, 218

San Francisco 146, 149
Saturn 282
Sauerland 245, 248
Schlesien 119
Schottland 24, 33, 48, 56, 213
Schwarzwald 137, 213
Schweiz 108, 124, 127f.
Sempach 126f.
Silicon Valley 300
Soest 97
Sonne 36, 87, 281f., 291, 293, 305
Sonnensystem 282, 284, 292, 305f., 314
Sowjetunion 95, 191, 197, 224
Spitzbergen 184
Stralsund 102f., 105
Stuttgart 45

Tennessee 157, 179, 286
Texas 142, 155f., 161, 168,
  179ff., 183f., 195, 206,
  220ff., 273

Ubatuba 184, 192
Uniontown 231, 233
Universum 28, 270, 292,
  295, 297ff., 303f., 309,
  311f., 316
Uranus 281f.
USA 20, 42f., 45, 50, 64,
  120, 137f., 142, 144, 176,
  216, 221, 229, 237, 259,
  272, 293f.

Utah 120, 250, 268

Vallis Marineris 283
Venus 28, 32, 35f., 149, 212,
  282, 285, 287

Washington 146, 158, 274
West Virginia 44
Westfalen 97
Wladiwostok 184, 197f.
Woronesch 48, 237

Zeta Reticuli 27, 116, 131,
  212, 315
»Zwölfter Planet« 284

Eine Bitte des Autors:

Wenn Sie selbst eine außergewöhnliche Erfahrung gemacht beziehungsweise den Verdacht haben, möglicherweise »entführt« worden zu sein, schreiben Sie mir:

Dr. Johannes Fiebag
c/o Herbig-Verlag
Thomas-Wimmer-Ring 11
W-8000 München 22

*Bitte beachten Sie
die folgenden Seiten*

Die Revolution des Bewußtseins hat eine neue Qualität erreicht

Langen Müller

Bedeutende Wissenschaftler unserer Zeit arbeiten fieberhaft an der Enträtselung sogenannter Psi-Phänomene, jenem unerklärlichen Geschehen jenseits von Raum und Zeit, das in naher Zukunft unser naturwissenschaftliches Weltbild von Grund auf verändern wird.
»Transwelt« entführt den Leser in die Grauzonen der Realität, in die Welt des Außergewöhnlichen, und bietet plausible Erklärungen für paranormale Manifestationen mitten unter uns.

*Ein Einstiegs-
buch für alle,
die auf der
Suche nach der
grenzenlosen
Wirklichkeit
sind*

Herbig

Sensationelle Live-Experimente können aus Zeitmangel in der SAT-1-Fernsehserie »Phantastische Phänomene« nur kurz wissenschaftlich erklärt werden. Dem Leser dieses Begleitbuchs jedoch wird klar, wie wichtig solche Ereignisse für seine eigene geistige Entwicklung sein können und wie reizvoll es ist, selbst aktiv damit umzugehen.